Studienbücher zur Kommunikations- und Medienwissenschaft

Herausgegeben von
G. Bentele, Leipzig, Deutschland
H. Brosius, München, Deutschland
O. Jarren, Zürich, Schweiz

Herausgeber und Verlag streben mit der Reihe "Studienbücher zur Kommunikations- und Medienwissenschaft" an, das Fachgebiet Kommunikationswissenschaft als Ganzes wie die relevanten Teil- und Forschungsgebiete darzustellen. Die vielfältigen Forschungsergebnisse der noch jungen Disziplin Kommunikationswissenschaft werden systematisch präsentiert, in Lehrbüchern von kompetenten Autorinnen und Autoren vorgestellt sowie kritisch reflektiert. Das vorhandene Basiswissen der Disziplin soll damit einer größeren fachinteressierten Öffentlichkeit zugänglich gemacht werden.

Herausgeber und Verlag wollen mit der Reihe dreierlei erreichen:

- Zum ersten soll zur weiteren Entwicklung, Etablierung und Profilierung des Faches Kommunikationswissenschaft beigetragen werden. Kommunikationswissenschaft wird als sozialwissenschaftliche Disziplin verstanden, die sich mit interdisziplinären Bezügen vor allem mit Phänomenen der öffentlichen Kommunkation in der Gesellschaft befasst.
- Zum zweiten soll den Studierenden und allen am Fach Interessierten ein solider, zuverlässiger, kompakter und aktueller Überblick über die Teilgebiete des Faches geboten werden. Dies beinhaltet die Darstellung der zentralen Theorien, Ansätze, Methoden sowie der Kernbefunde aus der Forschung. Die Bände konzentrieren sich also auf das notwendige Kernwissen. Die Studienbücher sollen sowohl dem studienbegleitenden Lernen an Universitäten, Fachhochschulen und einschlägigen Akademien wie auch dem Selbststudium dienlich sein. Auf die didaktische Aufbereitung des Stoffes wird deshalb großer Wert gelegt.
- Zum dritten soll die Reihe zur nötigen Fachverständigung und zur Kanonisierung des Wissens innerhalb der Disziplin einen Beitrag leisten. Die vergleichsweise junge Disziplin Kommunikationswissenschaft soll mit der Reihe ein Forum zur innerfachlichen Debatte erhalten. Entsprechend offen für Themen und Autorinnen bzw. Autoren ist die Reihe konzipiert. Die Herausgeber erhoffen sich davon einen nachhaltigen Einfluss sowohl auf die Entwicklung der Kommunikationswissenschaft im deutschen Sprachraum als auch einen Beitrag zur Aussendarstellung des Faches im deutschen Sprachraum.

Die Reihe "Studienbücher zur Kommunikationswissenschaft" wird ergänzt um ein "Handbuch der Öffentlichen Kommunikation" sowie ein "Lexikon der Kommunikationswissenschaft", das von den gleichen Herausgebern betreut wird. Das Handbuch bietet einen kompakten, systematischen Überblick über das Fach, die Fachgeschichte, Theorien und Ansätze sowie über die kommunikationswissenschaftlichen Teildisziplinen und deren wesentliche Erkenntnisse. Das Lexikon der Kommunikationswissenschaft ist als Nachschlagewerk für das gesamte Lehr- und Forschungsgebiet der Kommunikationswissenschaft konzipiert.

Hartmut Wessler · Michael Brüggemann

Transnationale Kommunikation

Eine Einführung

Hartmut Wessler Michael Brüggemann
Mannheim Zürich
Deutschland Schweiz

ISBN 978-3-531-15008-6   ISBN 978-3-531-94190-5 (ebook)
DOI 10.1007/978-3-531-94190-5

Die Deutsche Nationalbibliothek verzeichnet diese Publikation in der Deutschen Nationalbibliografie; detaillierte bibliografische Daten sind im Internet über http://dnb.d-nb.de abrufbar.

Springer VS
© VS Verlag für Sozialwissenschaften | Springer Fachmedien Wiesbaden GmbH 2012
Dieses Werk einschließlich aller seiner Teile ist urheberrechtlich geschützt. Jede Verwertung, die nicht ausdrücklich vom Urheberrechtsgesetz zugelassen ist, bedarf der vorherigen Zustimmung des Verlags. Das gilt insbesondere für Vervielfältigungen, Bearbeitungen, Übersetzungen, Mikroverfilmungen und die Einspeicherung und Verarbeitung in elektronischen Systemen.

Die Wiedergabe von Gebrauchsnamen, Handelsnamen, Warenbezeichnungen usw. in diesem Werk berechtigt auch ohne besondere Kennzeichnung nicht zu der Annahme, dass solche Namen im Sinne der Warenzeichen- und Markenschutz-Gesetzgebung als frei zu betrachten wären und daher von jedermann benutzt werden dürften.

Einbandentwurf: KünkelLopka GmbH, Heidelberg

Gedruckt auf säurefreiem Papier.

Springer VS ist eine Marke von Springer
DE. Springer DE ist Teil der Fachverlagsgruppe Springer Science+Business Media
www.springer-vs.de

Vorwort

Grenzüberschreitende Kommunikation ist ein zentraler Wesenszug der modernen Welt und gerade die publizistischen Medien sind als Mittel der organisierten kommunikativen Überschreitung räumlicher und zeitlicher Grenzen entstanden. Dennoch blieb die Erforschung der medialen Kommunikation lange Zeit auf den jeweiligen nationalen Rahmen beschränkt. Dies hat sich in den letzten zwei Jahrzehnten zunehmend geändert – mit einer florierenden international vergleichenden Forschung und vielfältigen Studien zu Phänomenen der grenzüberschreitenden und grenzüberwindenden Kommunikation. Im Gefolge der Globalisierungsdiskussion sind dabei besonders solche Formen medialer Kommunikation in den Blick geraten, für die die Grenzen von Nationalstaaten und Nationalgesellschaften an Prägekraft verlieren und die zu neuen kommunikativen Entgrenzungen und Verschränkungen jenseits von und quer zu Nationalstaaten führen. Diese Formen bezeichnen wir als *transnationale Kommunikation*, wobei unser Fokus auf den transnationalen Aspekten der *medienvermittelten öffentlichen* Kommunikation liegt.

Dabei will das Buch zwei Funktionen erfüllen. Es ist zum einen eine Einführung für alle, die sich wissenschaftlich mit transnationaler Kommunikation beschäftigen wollen. Es eignet sich für Bachelor-Studierende ab dem dritten Fachsemester, aber auch als Basislektüre für spezialisierte Kurse in Masterstudiengängen sowie zur ersten Einarbeitung in das Forschungsfeld im Rahmen von Promotions- und anderen Forschungsvorhaben. Der Band kartiert das inzwischen unübersichtlich gewordene Feld der grenzüberschreitenden Kommunikation, lichtet den zuweilen wuchernden Begriffsdschungel und stellt wesentliche Gegenstandsbereiche vertiefend dar.

Zum Zweiten wollen wir mit diesem Band aber auch einen eigenständigen Beitrag zur Weiterentwicklung des Forschungsfeldes leisten. Unsere Darstellung orientiert sich dazu an zwei zentralen Thesen, die wir hier zu Beginn kurz nennen wollen. Die erste These lautet: Transnationale Kommunikation lässt sich nur dann angemessen verstehen, wenn wir zugleich die strukturellen und kulturellen Bedingungen *nationaler* Kommunikation in den Blick nehmen. Transnationale Kommunikation schwebt nicht im luftleeren Raum, sondern baut sowohl historisch, als auch systematisch auf der Entgrenzung national (und regional) begrenzter Kommunikation auf. Aus diesem Grund integriert der Band den internationalen Vergleich als Forschungsmethode und betont die Beharrungskräfte nationaler Kommunikationsstrukturen, wo dies aufgrund empirischer Erkenntnisse geboten ist. Die zweite These dieses Buches ist etwas komplexer: Transnationale Kommunikation lässt sich nur dann angemessen verstehen, wenn wir die verschiedenen Dimensionen medienvermittelter öffentlicher Kommunikation im Zusammenhang betrachten. Kommunikation ist *diskursiv* in dem Maße, wie sie der Verständigung durch Austausch von Argumenten dient. Sie ist *rituell*, insofern sie der Konstruktion und Bestätigung kollektiver Identitäten dient. Und sie ist *strategisch*, indem sie der wechselseitigen Beeinflussung dient. Kommunikation ist nicht eindimensional und erfüllt nicht nur eine Funktion. Auch transnationale Kommunikation lässt sich nicht auf einen der genannten Aspekte reduzieren. Die diskursiven, rituellen und strategischen Aspekte transnationaler Kommunikation sind komplementär und lassen sich nicht aufeinander zurückführen, sondern müssen jeweils eigenständig eingeführt und dann im Hinblick auf ihre Anschlussstellen untersucht werden.

Dieser multiperspektivische Ansatz des Bandes unterscheidet sich von anderen Zugriffen auf das Feld der grenzüberschreitenden Kommunikation in spezifischer Weise: Erstens gehen wir nicht von nur einem theoretischen Modell (etwa „Medienimperialismus", „Kosmopolitismus" oder „Transkulturelle Kommunikation") aus, sondern von Theorienpluralität: Transnationale Kommunikation umfasst, wie deutlich werden wird, unterschiedliche Aspekte medienvermittelter öffentlicher Kommunikation. Zweitens strukturieren wir nicht nach den in der Medien- und Kommunikationswissenschaft üblichen Systemreferenzen – etwa Journalismus, Public Relations, Werbung und Unterhaltung etc. –, sondern konzentrieren uns in den einzelnen Kapiteln auf diejenigen Systembezüge, die wir jeweils benötigen. Drittens schließlich strukturieren wir nicht nach Regionen, Kontinenten oder Kulturkreisen. Darstellungen einzelner Mediensysteme und Medienkulturen sind in anderen Werken nachzulesen (z. B. im Internationalen Handbuch Medien des Hans-Bredow-Instituts oder der International Encyclopedia of Communication). In diesem Buch geht es uns um die Entfaltung der transnationalen Kommunikation unter Berücksichtigung unterschiedlicher theoretischer Zugangsweisen und im Hinblick auf die diskursive, rituelle und strategische Dimension öffentlicher Kommunikation.

Unser Buch reiht sich in die laufenden Bemühungen ein, die Medien- und Kommunikationswissenschaft (MKW), wie sie im deutschsprachigen Raum betrieben wird, weiter zu internationalisieren. Eine ähnliche Diskussion wird auch an anderer Stelle geführt, was an Buchtiteln wie „De-Westernizing Media Studies" (Curran und Park 2000), „Internationalizing Media Studies" (Thussu 2009) oder „De-Westernizing Communication Research" (Wang 2011) deutlich wird. Dabei kann man drei Ebenen unterscheiden.

Auf der Ebene der Internationalisierung der *Forschungsgegenstände* hat die deutschsprachige MKW durchaus eine Tradition ausgebildet, an die wir anknüpfen. Vor allem in der international vergleichenden Forschung über Nachrichtenberichterstattung (vgl. als Überblick Wilke 2008), Journalismus (Löffelholz und Weaver 2008), politische Kommunikation (Esser und Pfetsch 2003) und Mediensysteme (Thomaß 2007) liegen wichtige Einzelarbeiten sowie Überblicks- und Sammelbände vor. Eine Ausweitung über die westliche Welt hinaus ist in Teilbereichen anzutreffen (vgl. etwa Hafez 2005), kann und sollte aber noch deutlich verstärkt werden. Jünger ist in der deutschsprachigen MKW die Beschäftigung mit grenzüberschreitenden Medien- und Kommunikationsphänomen. Seit der Jahrtausendwende verstärkt sich aber auch hier die Forschungs- und Publikationstätigkeit (vgl. z. B. Hepp und Löffelholz 2002; Hepp et al. 2005; Hepp 2006; Wessler et al. 2008). In beiden Forschungssträngen gibt es eine intensive Rezeption der internationalen englischsprachigen Fachliteratur. Die Forschung aus anderen Sprachräumen wird weniger wahrgenommen und eine dezidierte Beschäftigung mit außereuropäischen Räumen findet selten statt. Dies gilt auch für die im weiteren Verlauf des 21. Jahrhunderts ohne Zweifel immer wichtiger werdenden Schwellenländer, die als BRICS-Staaten bezeichnet werden: Brasilien, Russland, Indien, China und Südafrika.

Auf der Ebene der *Forschenden* macht sich die Internationalisierung einerseits an der Herkunft der Wissenschaftlerinnen und Wissenschaftler fest, andererseits an grenzüberschreitenden Forschungskooperationen. Mit der Globalisierung der universitären Ausbildungsphase und der Herausbildung entsprechender internationaler Bildungsmärkte entstehen die Voraussetzungen dafür, dass sich Forschende mit unterschiedlichem kulturellem Hintergrund am Forschungsprozess in westlichen Ländern beteiligen – wie immer man ansonsten die Ökonomisierung der internationalen Bildungsmigration beurteilen mag. Dieser Prozess ist in den deutschsprachigen Ländern allerdings weit weniger fortgeschritten als etwa in Großbritannien und den USA (vgl. Thussu 2009). In puncto Internationalisierung des Universitätspersonals, z. B. auch in Form ständiger Gastprofessuren oder Austauschprogramme für Lehrende, gibt es daher einen deutlichen Nachholbedarf. Grenzüberschreitende Forschungskooperationen sind dagegen schon häufiger anzutreffen, wie beispielsweise die aus Deutschland koordinierten Projekte „Worlds of Journalism" (Thomas Hanitzsch, www.worldsofjournalism.org/) und „Political Communication Cultures" (Barbara Pfetsch, www.communication-cultures.eu/) zeigen.

Eine weitere Herausforderung für die deutschsprachige – und allgemein für die westliche – Medien- und Kommunikationswissenschaft ergibt sich schließlich auf der Ebene der Internationalisierung von *Forschungskonzepten und Theorien*. Zwar hat sich seit dem zweiten Weltkrieg ein intensiver theoretischer Austausch zwischen der deutschsprachigen und der US-amerikanischen Kommunikationswissenschaft entwickelt sowie darüber hinaus im Bereich der Cultural Studies ein Austausch vor allem mit Großbritannien. Schon die Rezeption anderssprachiger europäischer Traditionen der Kommunikations- und Medienforschung ist häufig gering. Darüber hinaus wird in der internationalen Diskussion vielfach die Forderung erhoben, dass außereuropäische und nichtwestliche Kommunikations- und Medientheorien verstärkt ernstgenommen werden sollen und dass ein Theoriedialog auch mit außereuropäischen Kulturen für das Verständnis der globalisierten Medienwelt notwendig sei (vgl. zuletzt Thussu 2009; Sabry 2009; zu außereuropäischen Kommunikationstheorien vgl. z. B. Ayish 2008; Gunaratne 2005; Wang 2011). Wir halten diese Entwicklungsrichtung für anregend und vielversprechend, sie steht jedoch nicht im Zentrum dieses Bandes, sondern bleibt späteren Arbeiten vorbehalten.

In diesem Buch geht es uns darum, die international vergleichende und die transnational ansetzende Forschung besser aufeinander zu beziehen und dabei den geographischen Fokus, wo immer möglich und sinnvoll, über Europa und die westliche Welt hinaus auszudehnen. Schon dies ist für ein einführendes Lehrbuch viel Neuland.

Die Arbeit an diesem Buch hat sich, stärker als wir das zu Beginn vermutet hätten, als eine Reise in unbekannte Gefilde heraus gestellt. Hinter mancher Wegbiegung haben sich neue Entdeckungen aufgetan und die Reise hat deutlich länger gedauert als geplant. Danken möchten wir an dieser Stelle Kolleginnen und Kollegen, die uns in den vergangenen Jahren bei der Beschäftigung mit der transnationalen Kommunikation unterstützt, angeregt, freundschaftlich kritisiert und dadurch voran gebracht haben. Dazu gehören – in alphabetischer Reihenfolge – Manuel Adolphsen, Klaus-Dieter Altmeppen, Stefanie Averbeck-Lietz, Rodney Benson, Sven Engesser, Frank Esser, Gerd Hallenberger, Uwe Hasebrink, Andreas Hepp, Erik Jentges, Matthias Karmasin, Annette Kehnel, Katharina Kleinen-von Königslöw, Swantje Lingenberg, Martin Löffelholz, Johanna Möller, Johannes Paulmann, Barbara Pfetsch, Ulfried Reichardt, Maria Röder, Eike Mark Rinke, Barbara Thomaß und Linards Udris. Danken möchten wir auch Barbara Emig-Roller vom Verlag für Sozialwissenschaften für ihre Geduld beim Warten auf ein Manuskript, das schließlich doch noch eintraf. Ein Teil dieses Buches entstand während eines Forschungsaufenthalts, den Hartmut Wessler im Jahre 2011 an der New York University verbrachte und der durch ein Fulbright-Reisestipendium gefördert wurde. Unser herzlicher Dank gilt schließlich Manuel Adolphsen, Eike Mark Rinke, Maria Röder und Linards Udris, die einzelne Kapitel dieses Buches sachkundig kommentiert haben, sowie Sevda Arslan, die sich um die Textkorrektur und Textgestaltung in gewohnt kompetenter Weise sehr verdient gemacht hat.

Dankbar sind wir schließlich für die Inspiration und die notwendige Erdung durch die, die uns am nächsten sind. Für Hartmut Wessler ist das Marita Hartnack, für Michael Brüggemann ist das seine Familie.

Mannheim und Zürich, im November 2011
Hartmut Wessler
Michael Brüggemann

Inhaltsverzeichnis

Abbildungsverzeichnis XIII

Tabellenverzeichnis XV

Abkürzungsverzeichnis XVII

1 Forschungsfeld und Analyseperspektiven 1
1.1 Das Forschungsfeld 1
1.2 Die wissenschaftliche Publikationslandschaft 5
1.3 Der „magische Würfel" als heuristisches Modell 7
1.4 Gegenstandsbereiche 8
1.5 Analyseebenen 9
1.6 Analyseperspektiven 10
1.7 Das Forschungsfeld in englischsprachigen Fachzeitschriften 13
1.8 Theoriemodelle und Aufbau des Buches 18

2 Der Vergleich als grenzüberschreitende Methode 23
2.1 Der Vergleich als Erkenntnisstrategie in Forschung und Alltag 23
2.2 Die vergleichende Methode 28
2.3 Zwei Forschungslogiken des Vergleichs 29
2.4 Die Kombination von Fallorientierung und Variablendesigns 33

3	**Vergleichen in transnationalen Zeiten**	41
3.1	Die Grenzen des traditionellen Ländervergleichs	42
3.2	Zusätzliche Variablen: Erweiterung des traditionellen Vergleichsdesigns	45
3.3	Zusätzliche Analyseebenen: Einbettung in ein Mehrebenendesign	47
3.4	Neue Vergleichsobjekte: Transkultureller Vergleich	50
3.5	Die Vergleichsansätze im Vergleich	51
4	**Diskursive Kommunikation**	53
4.1	Öffentlichkeit in der Alltagssprache	54
4.2	Begriffsbestimmung und Modellierung von Öffentlichkeit	55
4.3	Die normative Dimension von Öffentlichkeit	58
4.4	Die „postnationale Konstellation" und das Öffentlichkeitskonzept	61
4.5	Ein empirisch-analytisches Modell transnationaler Öffentlichkeit	63
4.6	Öffentlichkeit als kritische Kategorie transnationaler Kommunikation	68
5	**Transnationalisierung von Medienöffentlichkeiten**	73
5.1	Transnationale Öffentlichkeit: Die empirische Erforschung eines Mythos	73
5.2	Die Infrastrukturen transnationaler Öffentlichkeiten	78
	5.2.1 Transnationale Medien	79
	5.2.2 Auslandskorrespondenten	82
5.3	Die Transnationalisierung des Sprecherensembles	83
	5.3.1 Zusammensetzung des Sprecherensembles	85
	5.3.2 Regierungskommunikation zum Thema EU	86
	5.3.3 Medien als Sprecher im Diskurs	87
	5.3.4 Die Kommunikation der europäischen Institutionen	88
5.4	Mehrdimensionaler Strukturwandel der Medieninhalte	90
	5.4.1 Beobachtung des Regierens	90
	5.4.2 Diskursive Integration	91
	5.4.3 Diskurskonvergenz	91
	5.4.4 Kollektive Identität	94
	5.4.5 Nationale und medientypische Europäisierungsmuster	95
5.5	Transnationalisierte Publika	98
	5.5.1 Transnationale Mediennutzung	98
	5.5.2 Transnationale Bürgerpublika	100
5.6	Fazit: Europäische Öffentlichkeit oder Weltöffentlichkeit?	101

6	**Rituelle Kommunikation**	105
6.1	Die rituelle Perspektive: Feiern, Trauern, Trösten	105
6.2	Rituelle Medienevents: Das traditionelle Verständnis	107
6.3	Entzauberung, Entgleisung, Spaltung: Medienevents unter Druck	109
6.4	Medienevents als „zentrierende Aufführungen" im globalen Zeitalter	113
6.5	Schlussfolgerungen für die empirische Medieneventanalyse	116
7	**Transnationale Medienevents**	119
7.1	Typen transnationaler Medienevents	119
	7.1.1 Feiern	121
	7.1.2 Trauern	123
	7.1.3 Trösten	124
7.2	Eurovision Song Contest 2010: Lena gewinnt Europa für Deutschland	124
7.3	Live Aid und Live 8: Bob Geldof als „celebrity diplomat"	128
7.4	Fazit	134
8	**Strategische Kommunikation**	137
8.1	Beeinflussen und Überzeugen: die strategische Perspektive	137
8.2	Mediated Public Diplomacy	141
	8.2.1 Zeitgemäße Konzepte der Mediated Public Diplomacy	142
	8.2.2 Teilprozesse der Mediated Public Diplomacy	143
	8.2.3 Erfolgsfaktoren der Mediated Public Diplomacy	144
	8.2.4 Einflusskanäle der Mediated Public Diplomacy	145
8.3	Fallstudie: Mediated Public Diplomacy im Nahen Osten	147
	8.3.1 Mediated Public Diplomacy der USA nach 9/11	148
	8.3.2 Die Wirkung transnationaler Nachrichtenkanäle	150
	8.3.3 Mediated Public Diplomacy der Konfliktparteien im Nahen Osten	153
8.4	Fazit	157
9	**Folgen grenzüberschreitenden Kulturkontakts bei den Mediennutzern**	159
9.1	Die Folgenperspektive	159
9.2	Kulturelle Homogenisierung als Folge transnationaler Kommunikation?	160
	9.2.1 Der historische Ausgangspunkt: Die These vom Medienimperialismus	160
	9.2.2 Drei Modelle der kulturellen Globalisierung	162
	9.2.3 Methodisches Vorgehen	163

	9.2.4 Nachrichtennutzung, gesellschaftlicher „Kosmopolitismus" und individuelle Wertvorstellungen	167
	9.2.5 Die Folgen medialer Kulturimporte als mehrstufiger Prozess	170
9.3	Kulturspezifische Aneignung „fremder" Medienprodukte	173
9.4	Fazit	176
10	**Zukunftsperspektiven transnationaler Kommunikation**	**179**
10.1	Transnationale Klimakommunikation: Diskursive, strategische und rituelle Aspekte	179
	10.1.1 Nationale Klimadiskurse	180
	10.1.2 Globale inszenierte politische Medienevents (GIPME)	183
	10.1.3 Kommunikationsstrategien auf dem UN-Klimagipfel 2010 in Cancún	184
	10.1.4 Zusammenfassung der Fallstudie zur globalen Klimakommunikation	187
10.2	Digitale Netzwerkmedien und der Arabische Frühling	188
	10.2.1 Eine transnationalisierte Revolution	189
	10.2.2 Zusammenfassung der Fallstudie zum Arabischen Frühling	194
10.3	Schlusswort	194
Literaturverzeichnis		197

Abbildungsverzeichnis

1.1	Kommunikation in Zeiten der Globalisierung	4
1.2	Der „magische Würfel" als heuristisches Modell	7
1.3	Bestandteile medienvermittelter öffentlicher Kommunikation	8
1.4	Analyseperspektiven in ausgewählten englischsprachigen Fachzeitschriften, 2003–2007	16
1.5	Untersuchte Länder in ausgewählten englischsprachigen Fachzeitschriften, 2003–2007	17
1.6	Ableitung der Theorieperspektiven	19
2.1	Forschungslogiken und Typen des Vergleichs	29
2.2	Viele Fälle oder tiefgehendes Fallverständnis?	33
3.1	Hintergrundannahmen des klassischen Ländervergleichs	42
3.2	Erweiterte Hintergrundannahmen des Ländervergleichs	44
4.1	Das Arenen-Modell nationaler Öffentlichkeit nach Ferree et al.	57
4.2	Modell einer transnationalen Öffentlichkeit	64
5.1	Vier Typen transnationaler Medien	80
5.2	Herkunft der zitierten Sprecher in den Medien	85
5.3	Nationale und europäisierte Claims nach Akteuren	86
5.4	Der Zusammenhang von Informationspolitik und Öffentlichkeit	88
5.5	Anstieg der Sichtbarkeit der EU Institutionen	91

5.6	Angleichung der Debatten-Frames zu grüner Gentechnik	93
5.7	Muster der Europäisierung im Vergleich	96
7.1	Eine Typologie transnationaler Medienevents	121
7.2	Live Aid, 13.7.1985: Bob Geldof mit Charles und Diana im Londoner Wembley Stadion	129
7.3	„Face of Famine" von Birhan Woldu (1984)	130
7.4	Cover der DVD-Sets zu Live Aid und Live 8	132
8.1	Das Cascading-activation-Modell der Mediated Public Diplomacy nach Entman	146
8.2	Antiamerikanische Einstellungen erklären: Der moderierende Einfluss des genutzten TV-Sendertyps auf die Wirkung der Aufmerksamkeit für die USA	152
8.3	Legitimitäts- und Zugeständnis-Framing in Bezug auf Israel in der Phase vor dem Gazarückzug 2005	155
8.4	Legitimitäts- und Zugeständnis-Framing in Bezug auf Palästina in der Phase vor dem Gazarückzug 2005	156
9.1	Das Firewall-Modell nach Norris und Inglehart	163
9.2	Das SIM-Modell nach Elasmar	170
10.1	Untersuchungsanlage zur Identifikation von diskursiven Wirkungen der UN-Klimagipfel auf nationale Mediendebatten	182
10.2	Notwendige Bedingungen für globale inszenierte politische Medienevents (GIPME): Heuristisches Modell	184
10.3	Ein Kommunikationsmodell des ägyptischen Aufstands 2011	190

Tabellenverzeichnis

1.1	Modelle der Massenkommunikation	18
5.1	Kriterien zur Messung von Transnationalisierungsprozessen	75
6.1	Die drei Typen von Medienevents nach Dayan und Katz	108
6.2	Typologie transnationaler Medienevents	114
6.3	Kommunikative Konstruktion der globalisierten Welt: Idealtypische Prozessdimensionen	117
8.1	Grundformen strategischer Kommunikation nach Habermas	140
9.1	Zusammenhang von Nachrichtennutzung und gesellschaftlichem „Kosmopolitismus" mit individuellen Wertvorstellungen	168
9.2	Aneignung von „Dallas"	175

Abkürzungsverzeichnis

ABC	American Broadcasting Corporation
BBC	British Broadcasting Corporation
BBG	Broadcasting Board of Governors
BIP	Bruttoinlandsprodukt
CBC	Canadian Broadcasting Corporation
CBS	Columbia Broadcasting System
CNN	Cable News Network
d. A.	der Autor/die Autoren
d. h.	das heißt
DGPuK	Deutsche Gesellschaft für Publizistik- und Kommunikationswissenschaft
DW	Deutsche Welle
ECREA	European Communication Research and Education Association
EMS	European Media Survey
ESC	European Song Contest
EU	Europäische Union
FH	Freedom House
FoE	Friends of the Earth
fsQCA	Fuzzy Set-Qualitative Comparative Analysis
GAU	größter anzunehmender Unfall
GIPME	Globale inszenierte politische Medienevents
GMT	Greenwich Mean Time
IAMCR	International Association of Media and Communication Research
ICA	International Communication Association

IPCC	Intergovernmental Panel on Climate Change
ISI Ranking	Ranking des Institute for Scientific Information
MKW	Medien- und Kommunikationswissenschaft
KOF-Globalisierungsindex	Globalisierungsindex erstellt von der Konjunkturforschungsstelle der Eidgenössischen Technischen Hochschule Zürich
MBC	Middle East Broadcasting Corporation
MDSD	most different systems design
MPD	Mediated Public Diplomacy
MPH	Make Poverty History
MSSD	most similar systems design
NBC	National Broadcasting Company
NGO	Nichtregierungsorganisation
QCA	Qualitative Comparative Analysis
UNFCCC	United Nations Framework Convention on Climate Change (Rahmenübereinkommen der Vereinten Nationen über den Klimawandel)
UNO	Vereinte Nationen
USIA	United States Information Agency
VOA	Voice of America
WTO	Welthandelsorganisation
WVS	World Values Survey
WWF	Worldwide Fund for Nature

Forschungsfeld und Analyseperspektiven 1

> In diesem Kapitel möchten wir den Begriffsdschungel lichten, der um die grenzüberschreitenden Formen medialer Kommunikation in den letzten zwanzig Jahren gewuchert ist. Wir beschreiben, was mit internationaler und interkultureller, mit transkultureller und globaler Kommunikation gemeint ist. Und wir entwickeln unseren Begriff von transnationaler Kommunikation als einer Form von Kommunikation, die nationale Grenzen nicht nur überschreitet, sondern überwindet und so zu neuen Kommunikationsstrukturen jenseits von und quer zu Nationalstaaten und Nationalkulturen führt. Auf dieser Begriffsbestimmung aufbauend beschreiben wir die Gegenstandsbereiche, die Analyseebenen und die Analyseperspektiven, die wir in einem „magischen Würfel" zusammenfassen. Wir beschreiben die wissenschaftliche Publikationslandschaft in unserem Forschungsfeld und untersuchen, wie stark transnationale Kommunikation als Forschungsthema in die englischsprachigen Fachzeitschriften der Medien- und Kommunikationswissenschaft vorgedrungen ist. Schließlich führen wir die theoretischen Ansätze ein, mit denen wir in den späteren Kapiteln dieses Buches die grenzüberschreitende Kommunikation untersuchen werden.

1.1 Das Forschungsfeld

Im Jahre 2009 hat die International Association of Media and Communication Research (IAMCR), eine der beiden internationalen Fachvereinigungen der Medien- und Kommunikationswissenschaft, eine Studie in Auftrag gegeben, die das Forschungsfeld, das uns hier interessiert, klarer definieren sollte. Die Studie, die unter Leitung von Professor Naren Chitty von der australischen Macquarie Universität durchgeführt wurde, bediente sich der Delphi-Methode: In drei Befragungsrunden unter insgesamt 52 Wissenschaftlerinnen und Wissenschaftlern auf der ganzen Welt wurde nach einem fachlichen Konsens in der Bestimmung und Abgrenzung des Forschungsfeldes gesucht. Die Studie ging dabei zunächst von der traditionellen Bezeichnung des Forschungsfeldes – *inter*nationale Kommunikation – aus. Obwohl wir in diesem Buch einen anderen Kernbegriff verwenden (siehe dazu genauer weiter unten) – nämlich den der *trans*nationalen Kommunikation –, sind die Ergebnisse der Studie aufschlussreich. Sie geben einen guten Einblick in das Verständnis der Gegenstände, Theorietraditionen, auch der angrenzenden Forschungsfelder und der Teilgebiete, die weltweit in der Forschung zu grenzüberschreitender Kommunikation bedeutsam sind. Wir stellen die Kernergebnisse hier jeweils so dar, wie sie erhoben wurden und konturieren unser eigenes Verständnis von transnationaler Kommunikation in Auseinandersetzung mit diesen Ergebnissen. Auf einer Skala von 1 („strongly disagree") bis 5 („strongly agree") erhielt die folgende Definition eine durchschnittliche Zustimmung unter den befragten Wissenschaftlern von 4,0 (Chitty 2009).

> „Das **Forschungsfeld der ‚internationalen Kommunikation'** untersucht Kommunikation über Grenzen hinweg – sei es zwischen staatlichen, transnationalen, zwischenstaatlichen, nationalen, zivilgesellschaftlichen, diasporischen oder individuellen Akteuren. Das Feld stützt sich unter anderem auf Entwicklungs-, Globalisierungs-, interkulturelle, Image-, Propaganda-, Rezeptions- sowie Systemtheorien und ist an Fragen der politischen Regulierung interessiert. Im Hinblick auf Medien- und Kommunikationstechnologien beschäftigt sich das Feld mit deren strategischem und dialogischem Gebrauch über nationale und kulturelle Grenzen hinweg." (Chitty 2009; Übersetzung durch die Autoren)

Mit 4,14 auf der fünfstufigen Skala stimmten die befragten Forscher der Auffassung zu, dass das Feld „Internationale Kommunikation" genannt werden sollte, vor allem weil Nationen und Nationalstaaten nach wie vor wichtige Akteure in der gegenwärtigen Welt darstellen (4,67). Eine Minderheit war dagegen der Meinung, dass das Feld dem Begriff „international" entwachsen sei (durchschnittliche Zustimmung 2,67). Als alternative Benennung wurde am häufigsten die Bezeichnung „globale Kommunikation" bevorzugt (3,3; vgl. Chitty 2009).

Das Forschungsfeld, das wir in diesem Buch behandeln, ist also terminologisch nicht eindeutig und konsensuell definiert. Das spiegelt sich auch in der Benennung der entsprechenden Sektionen der internationalen und nationalen Fachvereinigungen wider. Während in der IAMCR die entsprechende Sektion „International Communication" heißt, wurde in der anderen großen internationalen Fachvereinigung, der International Communication Association (ICA), im Jahre 2008 eine neue Division für „Global Communication and Social Change" gegründet. Daneben existiert weiterhin eine Division für „Intercultural Communication". In der europäischen Fachvereinigung, European Communication Research and Education Association (ECREA), heißt die entsprechende Sektion wiederum „International and Intercultural Communication". Das Gleiche gilt für die Deutsche Gesellschaft für Publizistik- und Kommunikationswissenschaft (DGPuK), in der seit 2010 eine Fachgruppe für „Internationale und Interkulturelle Kommunikation" existiert. Die österreichische und die schweizerische Fachgesellschaft haben keine eigenen Fachgruppen für dieses Themengebiet.

Die Kontroverse über „international" versus „global" ist keineswegs nur begriffliche Spiegelfechterei. Dahinter verbergen sich unterschiedliche theoretische und politische Auffassungen über die Bedeutung der Nationalstaaten und nationalstaatlich verfasster Gesellschaften für die grenzüberschreitende Kommunikation (vgl. Krotz 2005; Hepp 2006, S. 19–80; Hafez 2005). In diesem Buch bevorzugen wir den aus unserer Sicht heute vielfach sachlich angemesseneren Begriff der *trans*nationalen Kommunikation. Das „trans" in „transnationale Kommunikation" weist darauf hin, dass sich grenzüberschreitende Kommunikationsprozesse im Zeitalter der Globalisierung *nicht mehr nur zwischen* Ländern abspielen („inter"), *sondern auch jenseits von und quer zu* Nationalstaaten und Nationalkulturen („trans"). Die Kommunikation zwischen Angehörigen der chinesischen Diaspora überall auf der Welt oder die Produktionsstrukturen eines weltumspannenden Nachrichtenkanals wie Al-Jazeera English lassen sich mit der Semantik des „inter" nicht mehr angemessen fassen. Beide Phänomene überspannen nationale Grenzen und unterminieren zugleich deren Prägekraft für die jeweiligen Kommunikationsprozesse. Wir entwickeln diesen Grundgedanken und die damit einhergehende *Entgrenzungsperspektive* in der Forschung zur transnationalen Kommunikation unten in Abschn. 1.6 noch genauer.

Natürlich gibt es weiterhin Kommunikationsprozesse, die im traditionellen Sinne *zwischen* Nationalstaaten oder nationalen Kulturen verlaufen. Kernbereiche der Auslandsberichterstattung und der Mediated Public Diplomacy sind Beispiele dafür. Dabei fließen Informationen aus einem Land in ein anderes und werden dort in den Medien präsentiert und von einheimischen Mediennutzern wahrgenommen. Um diese Form der *inter*nationalen Kommunikation von *trans*nationaler Kommunikation abzugrenzen, verwenden wir die Unterscheidung zwischen Grenzüberschreitung und Grenzüberwindung.

▶ **Internationale Kommunikation** bezeichnet Kommunikation, die die Grenzen von Nationalstaaten und Nationalkulturen überschreitet, ohne sie anzutasten.
Transnationale Kommunikation bezeichnet Kommunikation, die die Grenzen von Nationalstaaten und Nationalkulturen überwindet, d. h. ihre Prägekraft für Kommunikationsprozesse herabsetzt.

Sowohl internationale als auch transnationale Kommunikation überschreitet Grenzen, weshalb wir beide im Forschungsfeld der grenzüberschreitenden Kommunikation zusammen fassen (vgl. Abb. 1.1). Transnationale Kommunikation ist darüber hinaus durch Grenzüberwindung geprägt, also die abnehmende Prägekraft der nationalen Grenzen für mediale Kommunikation. Internationale und transnationale Kommunikation werden jedoch auch im Zeitalter der Globalisierung durch Formen der grenzgebundenen, national begrenzten Kommunikation ergänzt und konterkariert, die nicht vernachlässigt werden dürfen. Abbildung 1.1 veranschaulicht die begrifflichen Abgrenzungen, die wir in diesem Buch zugrunde legen.

Dass wir den Begriff der transnationalen Kommunikation verwenden, bedeutet zugleich, dass wir zwei verwandte Begriffe, die ebenfalls auf Entgrenzung abheben, nicht in das Zentrum unserer Argumentation rücken. Dies gilt zum einen für den Begriff der *transkulturellen Kommunikation* (vgl. Robins 2010; Hepp 2006). Zwar teilen wir das Anliegen

Kommunikation in Zeiten der Globalisierung		
	Forschungsfeld: *Grenzüberschreitende Kommunikation*	
Grenzgebundenheit	Grenzüberschreitung	Grenzüberschreitung + Grenzüberwindung
Nationale Kommunikation	Internationale Kommunikation	Transnationale Kommunikation

Abb. 1.1 Kommunikation in Zeiten der Globalisierung

der transkulturellen Kommunikationsforschung, Kulturen nicht als abgeschlossene Einheiten zu verstehen, zwischen denen lediglich ein Austausch möglich ist, sondern als durch Kommunikation selbst veränderliche und „gemischte" Komplexe aus Bedeutungen und Handlungsweisen. Und wir sehen auch, dass Kultur heute als weiträumig vernetzt angesehen werden muss. Insofern teilen wir das „trans" in transkulturelle Kommunikation. Allerdings möchten wir mit dem „national" in transnationale Kommunikation stärker auf den historischen und systematischen Bezugs- und Ausgangspunkt der Grenzüberschreitungen und -überwindungen hinweisen: die Nationalstaaten und nationalstaatlich verfassten Gesellschaften, deren Prägewirkung zwar in bestimmten Bereichen abnimmt, aber keineswegs am Ende ist. Wir sehen uns hier im Einklang mit ähnlichen Ansätzen in der Soziologie, etwa bei Mau (2007, „Transnationale Vergesellschaftung") und Pries (2008, „Die Transnationalisierung der sozialen Welt"). Es kommt hinzu, dass es für unsere Beschäftigung mit grenzüberschreitenden und grenzüberwindenden Kommunikationsphänomenen nicht entscheidend ist, dass wir uns an ein Kultur-Paradigma im Allgemeinen oder die Cultural Studies im Besonderen ankoppeln. Auch wenn die Cultural Studies in vielerlei Hinsicht inspirierend für die klassische Kommunikationswissenschaft sind, so erscheint es uns als unnötige Einschränkung, Kommunikation ausschließlich aus dieser Perspektive zu sehen. Der Begriff der transnationalen Kommunikation, den dieses Buch verwendet, scheint in dieser Hinsicht neutraler und offener für verschiedene theoretische Ansätze als derjenige der transkulturellen Kommunikation.

Zum Zweiten vermeiden wir mit dem Begriff der transnationalen Kommunikation auch die Rede von *globaler Kommunikation*. Wiederum teilen wir mit der Globalisierungsperspektive das Anliegen, die weiträumigen kommunikativen Vernetzungen in den Blick zu nehmen, die unsere Medienumwelt heute prägen. Allerdings besitzen die allermeisten grenzüberschreitenden oder -überwindenden Kommunikationsphänomene gerade keine wirklich weltweite Ausdehnung, auch wenn sie, wie wir zeigen werden, in einem großregionalen Maßstab (z. B. Europa, arabische Welt etc.) durchaus Ländergrenzen überwinden und unterminieren können. „Globale Kommunikation" verweist für uns lediglich auf die maximale Ausdehnung transnationaler Kommunikationsphänomene.

Innerhalb des breiteren Forschungsfeldes der grenzüberschreitenden Kommunikation konzentrieren wir uns in diesem Buch auf grenzüberschreitende und grenzüberwindende Aspekte der medienvermittelten öffentlichen Kommunikation (siehe dazu genauer Abschn. 1.4 unten). Nicht-öffentliche, private Kommunikation behandeln wir hier nicht, auch wenn sie medienvermittelt und/oder grenzüberschreitend ist (z. B. Handy-Gespräche zwischen Familienmitgliedern auf unterschiedlichen Kontinenten). Die nicht über Medien vermittelte Face-to-face-Kommunikation steht ebenfalls nicht im Fokus unseres Interesses, auch wenn sie nationale oder kulturelle Grenzen überschreitet (wie etwa beim unmittelbaren Kontakt zwischen Migranten und Mitgliedern der Aufnahmegesellschaft). Dieser letztgenannte Typus von Kommunikation ist Gegenstand der Forschung zur *interkulturellen Kommunikation*, die immer einen starken Fokus auf interpersonale Kommunikation gelegt hat (vgl. Jandt 2003). Neuere Phänomene am Rande des Kernfeldes der medienvermittelten, öffentlichen Kommunikation wie etwa halböffentliche Formen der grenzüberschreitenden medialen Kommunikation im Internet behandeln wir im abschließenden Kap. 10.

Neben der inhaltlichen Bestimmung der Forschungsgegenstände „im Innern" des Forschungsfeldes lohnt sich ein Blick auf die benachbarten Forschungsfelder. Auch dieser Frage ist die Studie von Chitty nachgegangen, indem sie die beteiligten Wissenschaftler danach fragte, welche Forschungsfelder ihrer Meinung nach an das in der Studie sogenannte Feld der „internationalen Kommunikation" angrenzen. Die größte Zustimmung erhielten die Felder „Globale Kommunikation" (4,5 auf einer Skala von 1 bis 5; siehe unsere Anmerkungen dazu oben) sowie „Internationale Beziehungen", eine Teildisziplin der Politikwissenschaft (4,43). Als wichtige benachbarte Felder wurden ferner genannt: „Globalisierung", „interkulturelle Kommunikation" und „internationale Soziologie" (jeweils 4,17) sowie „public policy" (öffentliche Politik im Sinne politischer Regulierung und Steuerung von Medien und Kommunikation; 4,0) und internationales Recht (3,67) (Chitty 2009). Hierin spiegelt sich ein Verständnis des Forschungsfeldes, das wir teilen: Es handelt sich bei dem Forschungsfeld, das wir in diesem Buch darstellen, um eine Teildisziplin der Medien- und Kommunikationswissenschaft, die sich im Konzert mit den entsprechenden Teildisziplinen der angrenzenden Sozial- und Kulturwissenschaften (Politikwissenschaft, Soziologie, Kultur- und Rechtswissenschaft) sowie in engem Austausch mit der Globalisierungsforschung mit grenzüberschreitenden und grenzüberwindenden Dimensionen medialer Kommunikation beschäftigt.

1.2 Die wissenschaftliche Publikationslandschaft

Für die Orientierung im Forschungsfeld ist die Liste der wissenschaftlichen Fachzeitschriften aufschlussreich, die von der internationalen Forschergemeinschaft als wichtig für das Feld eingestuft wurden (vgl. Chitty 2009). Die Liste wird angeführt von drei Zeitschriften, die sich ausschließlich oder überwiegend mit diesem Feld beschäftigen (auch wenn sie andere Ausdrücke zur Benennung verwenden):[1]

- **Journal of International Communication** (seit 1994) (4,57)
  Global Media and Communication (seit 2005) (4,33)
  International Communication Gazette (seit 1955) (4,33)
  In jüngster Zeit wird diese Kategorie ergänzt durch:
  Journal of Global Mass Communication (seit 2008)

Eine zweite Kategorie wichtiger Fachzeitschriften, die in der Studie genannt wurden, betrifft grenzüberschreitende Aspekte angrenzender Disziplinen, die für den Bereich der grenzüberschreitenden Kommunikation bedeutsam sind:

- **Foreign Affairs** (seit 1922)
  International Affairs (1924)
  International Journal of Intercultural Relations (seit 1977)
  Journal of Asian Studies (1941)

Die dritte Gruppe besteht zum einen aus Zeitschriften, die sich in ihrem Titel für bestimmte Weltregionen zuständig erklären, zum anderen aus nationalen, englischsprachigen Fachzeitschriften, die eine Offenheit für Themen der grenzüberschreitenden Kommunikation aufweisen. Dazu gehören:

- **Asian Journal of Communication** (seit 1990)
  Canadian Journal of Communication (seit 1974)
  Chinese Journal of Communication (seit 2008)
  European Journal of Communication (seit 1986)
  Nordicom Review (seit 1981)

Hinzu kommt schließlich eine Gruppe von Zeitschriften, die keinen besonderen Fokus auf das Forschungsfeld der grenzüberschreitenden Kommunikation und auch keine explizite regionale Identifikation aufweisen, aber gleichwohl öfter oder regelmäßig Beiträge zur internationalen und transnationalen Kommunikation veröffentlichen. Als wichtig für das Feld wurden hier beispielsweise eingestuft:

- **International Journal of Press/Politics** (seit 1996)
  Media, Culture & Society (seit 1979)
  Communication, Culture & Critique (seit 2008)

Interessanterweise konnten sich die von Chitty (2009) befragten 52 internationalen Kommunikationsforscher nicht auf eine Liste der wichtigsten Buchpublikationen zum

---

[1] Die Zahlenwerte hinter den drei erstgenannten Zeitschriften geben wieder die durchschnittliche Zustimmung der 52 befragten Wissenschaftler an (gemessen auf einer Skala von 1 „strongly disagree" bis 5 „strongly agree"). Im deutschsprachigen Raum ist die einzige wissenschaftliche Fachzeitschrift, die sich auf den Bereich der inter- und transnationalen Kommunikation spezialisiert, die deutsche Ausgabe des Global Media Journal, eines Online-Journals im Open-Access-Format, das in verschiedenen Länder- und Sprachversionen existiert (www.globalmediajournal.de).

1.3 Der „magische Würfel" als heuristisches Modell

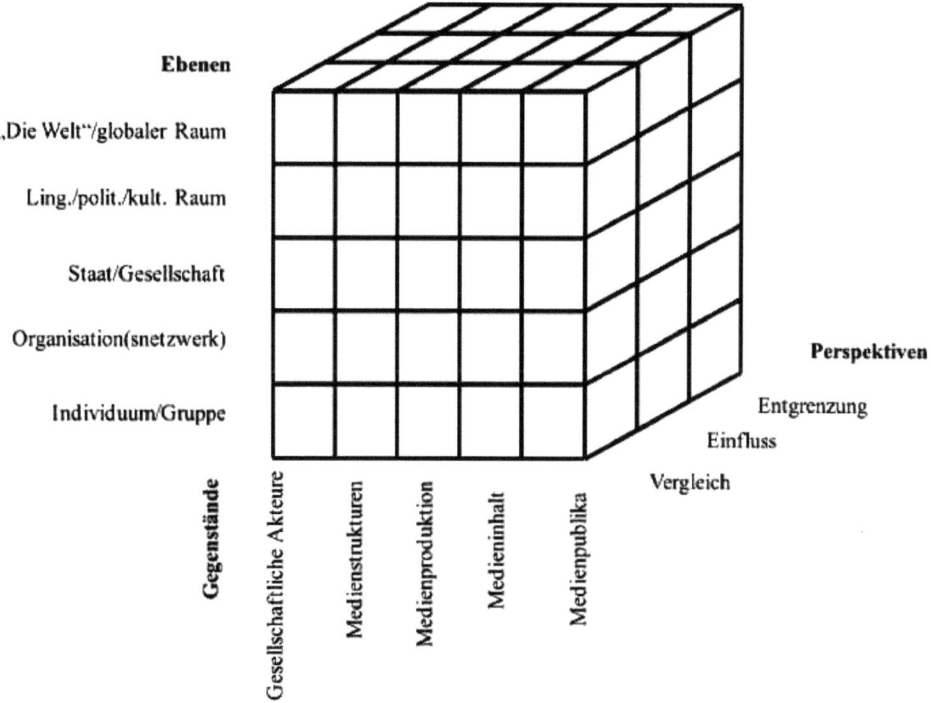

Abb. 1.2 Der „magische Würfel" als heuristisches Modell

Thema einigen. Das Feld scheint für einen solchen Kanon sowohl thematisch als auch regional zu fragmentiert zu sein. Es soll deshalb hier genügen, auf unsere Empfehlungen zum Weiterlesen am Ende dieses Kapitels zu verweisen.

1.3 Der „magische Würfel" als heuristisches Modell

Eine Anregung des US-amerikanischen Kommunikationsforschers Robert L. Stevenson (1941–2006) variierend, konzipieren wir die Forschung zur Kommunikation im Zeitalter der Globalisierung als dreidimensionalen Raum (vgl. Stevenson 1992, S. 548f.). Auf der horizontalen Achse unterscheiden wir verschiedene Gegenstandsbereiche medienvermittelter öffentlicher Kommunikation, auf der vertikalen Achse die möglichen Analyseebenen und in der Tiefendimension drei unterschiedliche, aber komplementäre Analyseperspektiven (Abb. 1.2).

Alle Phänomene, die in diesem Buch behandelt werden, lassen sich in diesem „magischen Würfel" verorten und so in ihrer Besonderheit wie auch in ihren Beziehungen zu anderen Phänomenen besser verstehen. Der Sinn des Würfels besteht darin, Kommunikation im Zeitalter der Globalisierung zu systematisieren und so neue Einsichten vorzuberei-

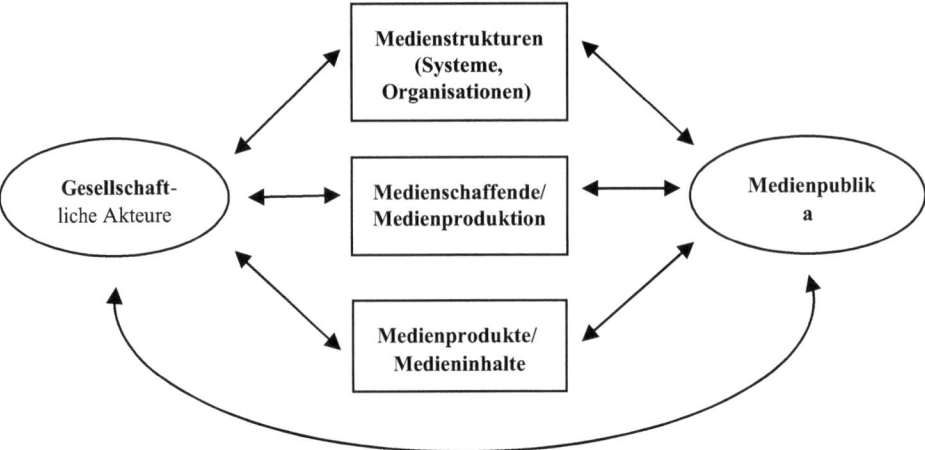

Abb. 1.3 Bestandteile medienvermittelter öffentlicher Kommunikation

ten. Es ist ein heuristisches Modell und enthält daher selbst noch keine Theorie. Theorien betrachten jeweils selektiv nur bestimmte Felder aus dem Würfel und machen spezifische Aussagen über sie und ihre Beziehungen untereinander. Der „magischen Würfel" hilft dabei, diese Aussagen präzise zu formulieren und sich ihren Gehalt anschaulich vor Augen zu führen, aber er generiert diese Aussagen nicht selbst.

1.4 Gegenstandsbereiche

Wir unterscheiden die Phänomene, die wir untersuchen, zunächst danach, welchen Aspekt von medienvermittelter öffentlicher Kommunikation sie vorrangig betreffen. Diese Kommunikation ist von der Dynamik zwischen gesellschaftlichen Akteuren, Medien und Publika geprägt, die jeweils ins Zentrum der Analyse rücken können (vgl. Wessler 2002, S. 32f.; siehe Abb. 1.3). Gesellschaftliche Akteure der unterschiedlichsten Art versuchen mit ihren Themen und Meinungen Aufmerksamkeit bei den Medien und beim Publikum zu erringen. Publika nutzen Medienangebote nach ihren Interessen, sind dadurch indirekt den Kommunikationen von Akteuren ausgesetzt und interpretieren diese vor ihrem jeweiligen kulturellen und persönlichen Hintergrund. Im Zentrum dieses Prozesses stehen die Medien, bei denen sich noch einmal drei unterschiedliche Aspekte unterscheiden lassen:

- Medienstrukturen (Mediensysteme, Medienorganisationen),
- Medienschaffende/Medienproduktion sowie
- Medienprodukte/Medieninhalte.

Dieses Modell der medienvermittelten öffentlichen Kommunikation ist für die Analyse journalistischer Kommunikation entwickelt worden. Es muss ausgeweitet werden, wenn es als Heuristik für medienvermittelte öffentliche Kommunikation insgesamt nützlich sein soll. Deshalb wird im Bereich der Medienproduktion nicht nur die Informations- sondern auch die Unterhaltungsproduktion einbezogen, bei den Medienschaffenden liegt der Fokus nicht allein auf Journalisten, sondern auf allen am Medienproduktionsprozess Beteiligten. Gleiches gilt für den Bereich der Medienprodukte und Medieninhalte.

Um diesen Kern der über Massenmedien vermittelten, öffentlichen Kommunikation herum bilden sich Grenzbereiche und Hybridzonen, bei denen die hier genannten Bestandteile nicht mehr so eindeutig voneinander zu trennen sind (vgl. Beck 2007, S. 80). Zum einen gibt es insbesondere in der Internet-Kommunikation nutzergenerierte Inhaltsformen, so dass Medienproduktion und Publika hier bisweilen verschwimmen. Zum anderen bilden sich ebenfalls vornehmlich durch das Internet vermittelte halböffentliche, netzwerkartige Kommunikationsgemeinschaften, bei denen die Akteurs- und die Publikumsrollen stärker zur Deckung kommen und weniger klar durch eine professionalisierte Inhalteproduktion voneinander getrennt werden als bei herkömmlicher Massenkommunikation (symbolisiert durch den geschwungenen Pfeil in Abb. 1.3). Diese neuen, hybriden Formen öffentlicher oder halböffentlicher Kommunikation spielen auch in der grenzüberschreitenden Kommunikation eine Rolle. Sie verändern alle Gegenstände der Kommunikationswissenschaft und liegen somit quer zum hier vorgestellten Analyserahmen. Zweitens verändern sie die Beziehungen zwischen Medienpublika, Inhalten und Medienschaffenden und führen zu einer Hybridisierung dieser vormals analytisch getrennten Kategorien. Sie lösen diese Kategorien aber auch nicht gänzlich auf, sondern müssen bei der Analyse von Medienschaffenden, Medieninhalten, Publika usw. immer mitgedacht werden.

1.5 Analyseebenen

Für einen klaren empirischen Blick auf die Phänomene der transnationalen Kommunikation ist es wichtig, genau zu benennen, in Bezug auf welche Analyseebenen die genannten Gegenstandsbereiche jeweils untersucht werden sollen. Auf den ersten Blick mag dies trivial erscheinen: Müssen nicht Medienschaffende auf der Mikroebene, Medienorganisationen auf der Meso- und Mediensysteme auf der gesellschaftlichen Makroebene analysiert werden? Zwar gibt es in diesen Fällen tatsächlich bestimmte Affinitäten zwischen einzelnen Gegenstandsbereichen und Analyseebenen. Aber das Feld der grenzüberschreitenden Kommunikation stellt sich aus drei Gründen wesentlich komplexer dar als die Analyse innergesellschaftlicher Medienkommunikation.

Erstens gibt es in der grenzüberschreitenden Kommunikation *oberhalb des einzelnen Landes weitere wichtige Analyseebenen*. Dazu zählen vor allen die linguistischen, politischen oder kulturellen Räume oberhalb von Nationalstaaten (vgl. Sinclair et al. 1996). Es ist für die grenzüberschreitende Medienproduktion eben entscheidend, dass sich beispielsweise Medienmärkte und Verbreitungsräume auf Weltregionen mit gleicher Sprache und ähnlicher Kultur ausgedehnt haben (etwa der arabische Raum oder das spanischsprachige Lateinamerika) oder dass sich politische Kommunikationsstrukturen – wenn auch langsam und gebrochen – an supranationale politische Räume angleichen (wie etwa bei der zögerlichen Entstehung einer „europäischen Öffentlichkeit" in der gleichwohl vielsprachigen Europäischen Union). Hinzu kommt, dass bestimmte Kommunikations- und Medienphänomene tatsächlich eine weltweite Ausdehnung haben (wie etwa bei global wahrgenommenen Medienevents vom 11. September bis zu den Olympischen Spielen) und dass sich bestimmte Medienangebote an ein global verstreutes Publikum richten (so etwa CNN International oder Al Jazeera English).

Neben diesen Analyseebenen oberhalb von Nationalstaaten und Nationalgesellschaften ist zweitens zu beachten, dass auch die Einheiten „unterhalb" dieser Ebene – Individuen/Gruppen sowie Organisationen/Organisationsnetzwerke – keineswegs umstandslos als interne Bestandteile einzelner Staaten oder Gesellschaften gesehen werden können. Im Gegenteil: Sie werden für die grenzüberschreitende Kommunikation dann besonders relevant, wenn sie Grenzen überschreiten oder überwinden – etwa in Form global agierender Unternehmen oder translokal vernetzter Internet-Gemeinschaften. Die Analyseebenen sind also *nicht zwangsläufig ineinander verschachtelt*, sondern prinzipiell als unabhängig voneinander zu betrachten. Erst so kann mit ihnen die Vielfalt der grenzüberschreitenden Kommunikations- und Medienphänomene einfangen werden.

Drittens schließlich ist im Fall der transnationalen Kommunikation die *Unterscheidung zwischen Analyseeinheit und Erhebungseinheit* besonders wichtig. So werden etwa Journalisten als Individuen (= Erhebungseinheit) nach Elementen ihres journalistischen Selbstverständnisses befragt, ihre Antworten werden dann aber auf Länderebene aggregiert und zwischen verschiedenen Ländern (= Analyseeinheit) verglichen (vgl. Hanitzsch und Seethaler 2009). Ein Ländervergleich bedeutet also keineswegs, dass die verglichenen Elemente auch auf der gesellschaftlichen Makroebene (Staat, Gesamtgesellschaft) erhoben werden. Wie sinnvoll es ist, Medien- und Kommunikationsphänomene generell auf Länderebene zu vergleichen, ist in der Forschung heftig umstritten. Wir kommen auf diesen Punkt gleich zurück. Hier genügt es, sich den Unterschied zwischen Erhebungseinheit und Analyseeinheit vor Augen zu führen.

1.6 Analyseperspektiven

Die Tiefendimension des „magischen Würfels" wird durch drei unterschiedliche, wenn auch komplementäre, Analyseperspektiven markiert:[2]

---

[2] Stevenson hatte nicht von Analyseperspektiven gesprochen, sondern von „the delineation of national or cultural boundaries" und dabei vier Varianten unterschieden: „foreign studies", „comparative studies", „international/intercultural studies" und „global studies". Wir weichen hier in dreifacher Weise von Stevensons Unterscheidung ab. Zum einen betrachten wir die Varianten nicht als Merk-

1.6 Analyseperspektiven

- Die vergleichende Perspektive, in der Kommunikations- und Medienphänomene aus unterschiedlichen Gesellschaften, Staaten, Organisationen, Sprach-, Kultur- und politischen Räumen etc. auf *Gemeinsamkeiten und Unterschiede* untersucht werden (vgl. etwa Hallin und Mancini 2004; Esser und Pfetsch 2003; Thomaß 2007; Liebes und Katz 1990; Curran und Park 2000)
- Die Einflussperspektive, bei der *Beziehungen* zwischen Einheiten verschiedener Art untersucht werden, die zu bestimmten Mustern des Einflusses, der Dominanz oder auch des gleichberechtigten Austauschs führen (vgl. beispielsweise Thussu 2007; Boyd-Barrett 1977, 1998)
- Die Entgrenzungsperspektive, die Strukturbildungen und Prozesse in den Blick nimmt, die *jenseits von oder quer zu* Nationalstaaten und Nationalkulturen liegen (vgl. z. B. Hepp 2004; Wessler et al. 2008; Tomlinson 1999).

Die *vergleichende Perspektive* verfolgt zwei übergreifende Erkenntnisziele. Zum einen geht es darum, durch den Vergleich bestimmte Determinanten herauszuarbeiten, die die Besonderheiten der verglichenen Elemente erklären können. Es reicht also nicht aus, einfach Gemeinsamkeiten und Unterschiede zwischen Fällen zu beschreiben. Dies ist zweifellos ein erster wichtiger Schritt; Erklärungskraft gewinnt die vergleichende Perspektive aber nur, wenn sie darüber hinaus empirisch diejenigen Faktoren identifiziert, die ein bestimmtes Muster an Gemeinsamkeiten und Unterschieden hervorrufen.

Das zweite Erkenntnisziel, das mit Hilfe der Vergleichsperspektive verfolgt wird, besteht in der Beschreibung und Erklärung von Konvergenz- und Divergenzprozessen. Konvergenz bedeutet Zunahme von Ähnlichkeiten im Zeitverlauf, Divergenz entsprechend deren Abnahme. Zur Feststellung von Konvergenz und Divergenz benötigt man mindestens zwei, besser mehrere Messzeitpunkte. Will man Konvergenz- oder Divergenzprozesse erklären, muss man die zu untersuchenden Fälle so auswählen, dass sie unterschiedliche Ausprägungen auf der Konvergenz auslösenden Variablen repräsentieren.

Die relative Abstraktheit dieser Ausführungen macht deutlich: Die Vergleichsperspektive ist eine methodische Herangehensweise. Sie lässt sich auf alle Phänomene anwenden, bei denen die Erklärung von Gemeinsamkeiten und Unterschieden sowie von Konvergenz- oder Divergenzprozessen aus theoretischer oder praktischer Sicht wichtig erscheint. Sie ist dabei aber nicht an ganz bestimmte Theorien gebunden, sondern ermöglicht die Entwicklung, Bestätigung oder Widerlegung von Theorien durch die empirische Identifikation von Erklärungsvariablen. Die Stärke dieser Analyseperspektive liegt in eben dieser kausalen Logik. Die Vergleichsperspektive wird in den Kap. 2 und 3 dieses Bandes genauer ausgeführt.

---

male des Gegenstands sondern als Merkmale des wissenschaftlichen Blicks auf die Gegenstände (eben *Perspektiven* der Analyse). Zum Zweiten beziehen wir Fallstudien über ein einzelnes Land außerhalb Deutschlands (foreign studies) nicht in das Forschungsfeld mit ein. Und zum Dritten betrachten wir das Globale als die oberste Analyseebene, also als eine Ausprägung der *Ausdehnung* von Kommunikation und Medien, nicht als Perspektive; die dritte Analyseperspektive ist stattdessen die Entgrenzungsperspektive.

In der *Einflussperspektive* stehen Austausch-, Einfluss- und Dominanzbeziehungen im Mittelpunkt des Interesses. Beispiele aus dem Bereich der medienvermittelten öffentlichen Kommunikation sind etwa Nachrichtenflüsse zwischen verschiedenen Ländern oder der Handel mit Filmen oder Fernsehformaten (wie im Falle von „Wer wird Millionär?"). Die Einflussperspektive entspricht deshalb unserer Definition von *inter*nationaler Kommunikation als grenzüberschreitender Kommunikation, die die Grenzen selbst unangetastet lässt. Häufig werden hier Länder oder nationale Mediensysteme als Analyseeinheiten in ihren Beziehungen untersucht. Das ist in dieser Analyseperspektive aber keineswegs notwendig. Auch die Beziehungen zwischen Organisationen, Individuen und Gruppen „unterhalb" oder zwischen Sprach-, Kultur- und politischen Räumen „oberhalb" der Länderebene können mit dieser Perspektive analysiert werden. Die Einflussperspektive ist in der Geschichte der grenzüberschreitenden Kommunikationsforschung vorzugsweise mit bestimmten Theorien verbunden gewesen, die starke, einseitige Dominanzverhältnisse zwischen „dem Westen" und dem Rest der Welt postuliert haben, vor allem der Theorie des Medienimperialismus (Boyd-Barrett 1977; 2010; Tomlinson 1991). Unter anderem gegen diese Vorstellungen hat sich in den 1990er Jahren die Globalisierungstheorie gewandt, die von der Vorstellung feststehender (nationaler) Einheiten Abschied nimmt und die Entgrenzung, Vernetzung und Verschränkung vormals getrennter Einheiten in den Mittelpunkt rückt (vgl. Krotz 2005).

Die *Entgrenzungsperspektive* schließlich untersucht Strukturbildungen und Prozesse, die nicht zwischen, sondern jenseits von und quer zu Nationalstaaten und Nationalkulturen liegen. Solche Strukturen und Prozesse entwickeln sich empirisch zwar oft aus einer Verdichtung von Austauschbeziehungen, wie sie die Einflussperspektive in den Blick nimmt, sie bilden aber eine neue Stufe der Strukturbildung. Die Entgrenzungsperspektive setzt sich dabei explizit von Konzepten der „Beziehungs-Perspektive" ab, indem sie die Abgegrenztheit und Festigkeit der Einheiten verneint oder relativiert, um die es jeweils geht. Um dieses zusätzliche Moment deutlich zu machen, sprechen wir eben von *trans*nationaler Kommunikation. Wann genau Einflussbeziehungen in Entgrenzungen übergehen, wo also der Umschlagspunkt zwischen internationaler und transnationaler Kommunikation anzusetzen ist, lässt sich nicht allgemein sagen, sondern muss empirisch und jeweils am konkreten Gegenstand untersucht werden.

Ein wesentlicher Aspekt von Globalisierungsprozessen besteht in der vermehrten Herstellung und der Verdichtung eben solcher Verbindungen – oder „komplexer Konnektivitäten" (Tomlinson 1999; Hepp 2004) – durch die Medien. Komplex sind diese medienvermittelten Konnektivitäten, weil sie sich nicht nur auf eine Dimension der sozialen Welt – etwa die wirtschaftliche oder die politische – beschränken, sondern mehrere Dimensionen gleichzeitig betreffen, vor allem auch politische und kulturelle. Die Zunahme und Verdichtung komplexer Konnektivitäten durch Medien trägt auch dazu bei, dass lokal ein verstärktes Bewusstsein von der Folgenhaftigkeit sozialen Handelns an entfernten, aber „konnektierten" Orten entsteht. Der Begriff der Konnektivität ist dabei so formal gehalten (vgl. Krotz 2006, S. 23), dass er die Qualität der dabei entstehenden ortsübergreifenden Beziehungen nicht vorwegnimmt: emotionale Nähe oder Ferne, Homogenisierung oder Heterogenisierung, Solidarität oder Abstoßung – der Inhalt der medial vermittelten Beziehungen und kulturellen Ausprägungen bleibt offen und muss Gegenstand genauer empirischer Analysen sein. Zudem muss zwischen zwei Varianten transnationaler Strukturbildung unterschieden werden:

- Bei der *territorialen* Variante erweitert sich die Ausdehnung der Kommunikationsstrukturen und -prozesse über den Rahmen einzelner Nationalstaaten bzw. Nationalkulturen hinaus. Dies ist z. B. bei der Entstehung europäischer Öffentlichkeit als territorial erweiterter Form von Öffentlichkeit der Fall. Der Bezug auf ein erweitertes, aber dennoch klar definiertes Territorium macht gerade den Sinn dieser kommunikativen Strukturbildung aus.
- Bei der *deterritorialen* Variante ist der Rückbezug auf abgrenzbare Territorien für die neuen Kommunikationsstrukturen und -prozesse demgegenüber nicht mehr entscheidend. Dies gilt zum Beispiel für global vernetzte soziale Bewegungen, aber auch für manche globalen Medienevents, bei denen die Herkunft der mitfeiernden oder -trauernden Menschen für die Wirksamkeit des Erlebnisses nicht mehr so entscheidend ist. Deterritorialisierte Kommunikationsstrukturen haben bisweilen noch ein residuales räumliches Zentrum mit gewisser Steuerungsfunktion (z. B. Rom im Falle der katholischen Kirche). Oder sie gehen aus kommunikativen Austauschbeziehungen zwischen lokalen Initiativen oder Einheiten hervor (wie etwa bei der transnationalen Anti-Globalisierungsbewegung). Aber für den sozialen Sinn ist gerade die Ortsunabhängigkeit der dabei entstehenden neuen Kommunikationsstrukturen das Entscheidende.

Die Entgrenzungsperspektive bildet wie die Einflussperspektive eine spezifische Blickrichtung auf Kommunikations- und Medienphänomene in Zeiten der Globalisierung und ist ebenfalls an bestimmte Theorietraditionen gebunden: die seit Anfang der 1990er Jahre entstehenden Globalisierungstheorien, die Literatur zur transnationalen Vergesellschaftung (vgl. Mau 2007; Pries 2008) sowie die Diskussion über transnationale Formen der demokratischen Steuerung (vgl. Habermas 1998; Wessler et al. 2008).

1.7 Das Forschungsfeld in englischsprachigen Fachzeitschriften

Nachdem wir die unterschiedlichen Analyseperspektiven kennen gelernt haben, mit denen man Kommunikation in Zeiten der Globalisierung untersuchen kann, stellt sich die Frage, wie stark welche dieser Perspektiven inzwischen die kommunikationswissenschaftliche Forschungstätigkeit prägt. Eine guter Indikator für Trends in der Forschungslandschaft sind Veröffentlichungen in wissenschaftlichen Fachzeitschriften. Wie steht es also um die Beachtung der Vergleichs-, der Einfluss- und der Entgrenzungsperspektive in der internationalen Fachzeitschriftenliteratur?

Um eine erste Antwort auf diese Frage geben zu können, haben wir eine kleine Analyse von sechs wichtigen englischsprachigen Fachzeitschriften durchgeführt, die sich in ihrer Selbstbeschreibung explizit als international bezeichnen. Zentrales Auswahlkriterium war dabei, dass es sich um Zeitschriften mit „double-blind peer review" handelt, also mit einem anonymen Begutachtungsverfahren für die eingereichten Manuskripte, bei dem weder die Einreichenden wissen, wer ihr Manuskript bewertet, noch die Gutachter wissen, von wem der eingereichte Beitrag stammt. Dieses Verfahren soll sicher stellen, dass nur Beiträge von hoher wissenschaftlicher Qualität Eingang finden und dass die Beiträge noch vor ihrer Veröffentlichung im Lichte der anonymen fachlichen Kritik verbessert wurden. Die ausgewählten Zeitschriften sollten zudem ein ISI Ranking aufweisen, d. h. auf ihren Impact-Faktor, also die Häufigkeit der Zitation in anderen Fachzeitschriften geprüft sein. Mit diesem Verfahren wird die Beachtung einer Fachzeitschrift in der jeweiligen Disziplin quantifiziert.[3] Wir haben zwei thematisch breite und besonders hoch gerankte Mainstream-Zeitschriften ausgewählt (*Journal of Communication* und *Communication Research*), zwei führende Zeitschriften aus dem Bereich der politischen Kommunikation (*Political Communication* und *International Journal of Press/Politics*) sowie zwei der oben bereits genannten regional verorteten Fachzeitschriften (*Asian Journal of Communication* und *European Journal of Communication*). Die drei letztgenannten Zeitschriften gehören zu denjenigen, die auch von der internationalen Forschergemeinschaft als relevant für das Feld der „internationalen Kommunikation" eingestuft wurden (siehe Abschn. 1.2 oben; vgl. Chitty 2009). Die drei erstgenannten sind führende Fachzeitschriften ohne besondere erkennbare Relevanz für das Feld der grenzüberschreitenden Kommunikation. Alle sechs Zeitschriften nennen internationale oder globale Aspekte in ihren Selbstbeschreibungen.

- **Journal of Communication (JoC) (Impact-Faktor 2007: 1,16)**
  „the flagship journal of the International Communication Association and an essential publication for all communication specialists and policy makers."
- **Communication Research (Impact-Faktor 2007: 1,48)**
  „the cutting-edge of research and theory in all areas within the field of communication. It serves as the international forum aimed at the academic or professional interested in current research in communication and its related fields."
- **Political Communication (Impact-Faktor 2007: 1,04)**
  „an interdisciplinary, international journal, [...] Its expansive subject is the site of rapid changes and pressing policy concerns worldwide.
- **International Journal of Press/Politics (Impact-Faktor 2007: 0,56)**
  „journal for the analysis and discussion of the role of the press and politics in a globalized world"

---

[3] Ein Impact-Faktor von 1,16 wie beim Journal of Communication bedeutet, dass ein Beitrag aus der betreffenden Zeitschrift im Laufe eines Jahres nach der Veröffentlichung durchschnittlich 1,16 mal in den anderen im ISI Ranking erfassten Fachzeitschriften zitiert wird. Die genannten Werte beziehen sich auf das Ende unseres Untersuchungszeitraums (2007).

Asian Journal of Communication[4]
„flagship publication of the Asian Media Information and Communication Centre [...] aims to facilitate the understanding of the systems and processes of communication in the Asia-Pacific region and among Asian populations around the world"
European Journal of Communciation (Impact-Faktor 2007: 0,63)
„reflects the international character of communication scholarship and is addressed to a global scholarly community [...] publishes the best of research on communications and media, either by European scholars or of particular interest to them"

Alle Forschungsbeiträge dieser sechs Fachzeitschriften aus den Jahren 2003 bis 2007 wurden auf Basis der Abstracts im Hinblick auf die in ihnen jeweils verfolgte Analyseperspektive hin kodiert. Ein Beitrag konnte

- an der Analyse von Phänomenen in einem Land orientiert sein (national)
- sich der oben beschriebenen Vergleichsperspektive bedienen (vergleichend),
- sich an der Einflussperspektive orientieren (international),
- sich der Entgrenzungsperspektive verpflichtet fühlen (transnational),
- rein theoretisch ausgerichtet sein oder
- sich überwiegend methodologischen Fragestellungen widmen.

Insgesamt enthielten die sechs untersuchten Zeitschriften in den fünf Untersuchungsjahren (2003–2007) 744 Forschungsbeiträge. Von diesen konnten 82 (11 %) als vergleichend, international oder transnational klassifiziert werden.

Abbildung 1.4 macht deutlich, dass sich die Artikel aus dem uns interessierenden Forschungsfeld recht ungleich auf die sechs Zeitschriften verteilen. Es lassen sich klar zwei Gruppen von Zeitschriften ausmachen: In den Mainstream-Journals und in *Political Communication* liegen vergleichende, internationale und transnationale Zugänge zusammen im unteren einstelligen Bereich, während sie beim *International Journal of Press/Politics* sowie den beiden regionalen Zeitschriften jeweils ein Fünftel bis ein Viertel aller Beiträge ausmachen. In *Press/Politics* und dem *Asian Journal* ist dabei die Vergleichsperspektive stärker vertreten, während das *European Journal* mehr transnationale Perspektiven aufweist. Dies erklärt sich durch Forschungsarbeiten (und sogar ein Themenheft) zur Entstehung einer europäischen Öffentlichkeit, einem der prominenten Themen in der Entgrenzungsperspektive. Generell aber dominiert die nationale Perspektive; die Analyse eines einzigen Landes macht gut die Hälfte bis drei Viertel aller Beiträge in den Zeitschriften aus.

Rund die Hälfte der Abstracts nennt ein oder mehrere Länder, auf die sich die Untersuchung bezieht. Schlüsselt man diese Ländernennungen auf, so zeigt sich, dass bei allen

---

[4] Für das Asian Journal of Communication existiert bisher kein ISI Ranking. Aufgrund der Bedeutung Asiens für die transnationale Kommunikation wurde hier eine Ausnahme von der Regel gemacht.

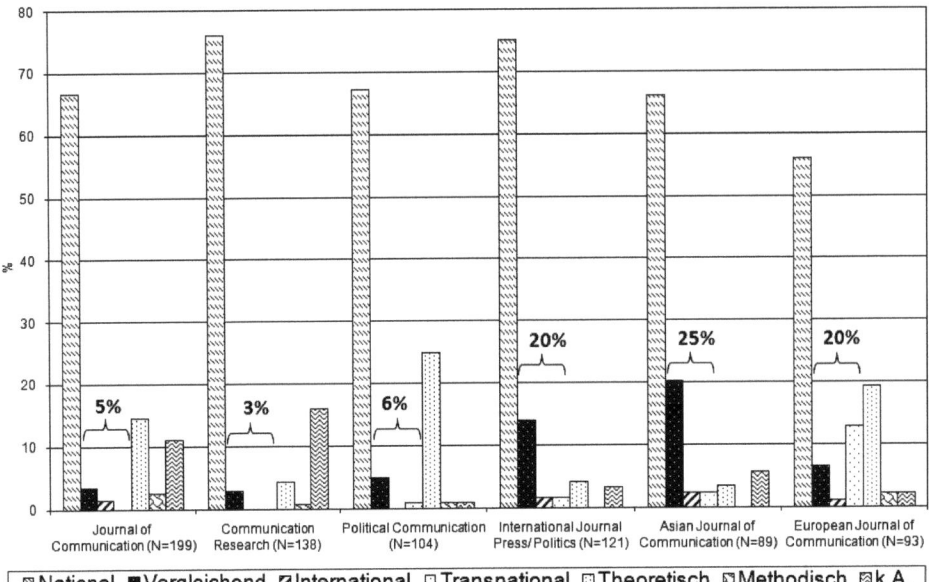

Abb. 1.4 Analyseperspektiven in ausgewählten englischsprachigen Fachzeitschriften, 2003–2007 (Basis: $N = 744$ Fachzeitschriftenartikel, Quelle: Eigene Erhebung)

vier in den USA erscheinenden Zeitschriften die USA als Untersuchungsland stark dominieren (Abb. 1.5).[5] Lediglich die beiden regionalen Titel weisen ein ausgeglicheneres Länderspektrum auf, wobei im *Asian Journal* China, Südkorea und Hongkong dominieren, im *European Journal* dagegen Großbritannien, Deutschland und die Niederlande.

Insgesamt zeigt unsere kleine Analyse unterschiedlicher Fachzeitschriften-Typen, dass Beiträge mit grenzüberschreitendem Fokus (vergleichend, international oder transnational) in den nicht auf dieses Feld spezialisierten Fachzeitschriften nur eine untergeordnete Rolle spielen. Dies gilt insbesondere für die in den USA erscheinenden Mainstream-Titel *JoC* und *CommResearch*, die eine nationale Perspektive verfolgen und stark auf die USA selbst fokussieren. Diese Verengung der Perspektive und des geographischen Bezugs markiert ein klares Defizit der Mainstream-Journals. Leider ist die Forschung mit grenzüberschreitendem Fokus noch nicht im Mainstream der medien- und kommunikationswissenschaftlichen Publikationslandschaft angekommen. Etwas besser schneiden die regionalen Zeitschriften sowie das *International Journal of Press/Politics* ab. Die regionale Diversifizierung der internationalen Publikationslandschaft trägt also auch zu einer the-

---

[5] Ausgewiesen sind der Übersichtlichkeit halber nur die acht insgesamt am häufigsten untersuchten Länder. Da Hongkong in den Abstracts als eigene geographische Kategorie genannt wurde, taucht es hier trotz seiner Zugehörigkeit zu China getrennt auf.

1.7 Das Forschungsfeld in englischsprachigen Fachzeitschriften

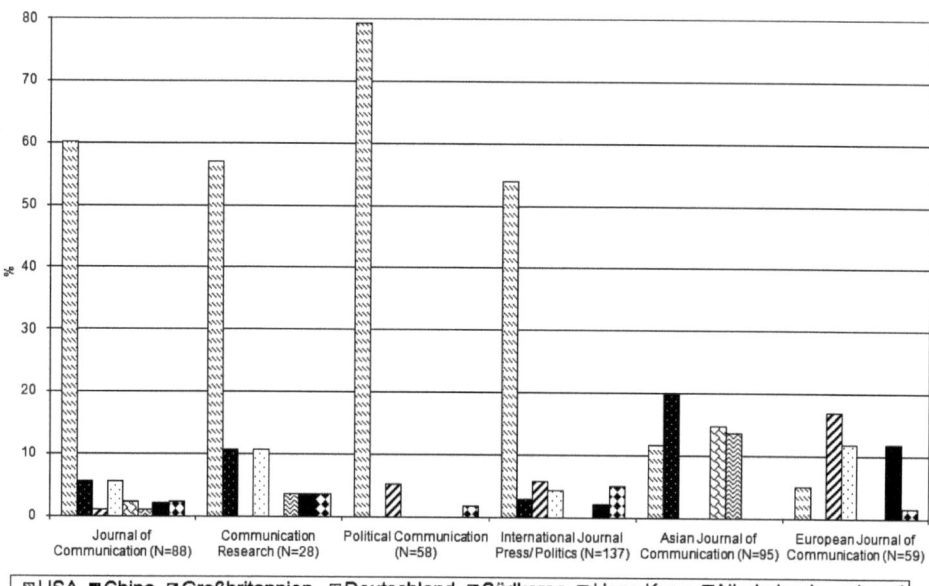

Abb. 1.5 Untersuchte Länder in ausgewählten englischsprachigen Fachzeitschriften, 2003–2007 (Basis: $N = 465$ Länder, erwähnt in 387 Fachzeitschriftenartikeln, Quelle: Eigene Erhebung)

matischen Erweiterung in Richtung grenzüberschreitende Fragestellungen bei. Insofern stellen die außerhalb der USA erscheinenden Fachzeitschriften sowie einzelne Titel, die sich wie *Press/Politics* aufgrund konzeptioneller Entscheidungen grenzüberschreitenden Fragen öffnen, eine wichtige Ergänzung zu denjenigen Titeln dar, die sich ausschließlich diesem Themenfeld widmen (wie *Journal of International Communication, Global Media and Communication* oder *International Communication Gazette*).

Die regionale Diversität und thematische Verstreutheit der aktuellen Forschungsliteratur zur grenzüberschreitenden Kommunikation führt allerdings auch dazu, dass es durchaus eine Herausforderung sein kann, sich einen Überblick über das boomende Forschungsfeld zu verschaffen oder gesicherte Forschungsstände zu Einzelaspekten zu identifizieren. Dies gilt selbst dann, wenn man nur die englischsprachige Publikationslandschaft betrachtet und anderssprachige Organe und Beiträge nicht einmal einbezieht. Gerade dieser Umstand macht es notwendig, den Stand des Wissens in Überblickswerken und Lehrbüchern zur Verfügung zu stellen, auch wenn dies natürlich tendenziell einen Verlust an Aktualität der präsentierten Forschungsergebnisse mit sich bringt. Wie die Literaturhinweise am Ende dieses Kapitels zeigen, hat sich hier seit der Jahrtausendwende viel getan. Das Forschungsfeld der grenzüberschreitenden Kommunikation befindet sich aktuell in einer Phase des Wachstums und der Konsolidierung.

Tab. 1.1 Modelle der Massenkommunikation (Quelle: McQuail 2010, S. 74, übersetzt und ergänzt)

	Orientierung des …	
	Senders	**Empfängers**
Übertragungsmodell	Übertragung von Bedeutungen	Kognitive Verarbeitung
Ritualmodell	Aufführung	Zweckfreiheit/gemeinsame Erfahrung
Publicity-Modell	Konkurrenzfähige Darbietung	Aufmerksamkeitszuwendung; Zuschauerrolle
Aneignungsmodell	Kodierung im Sinne einer bevorzugten Bedeutung	Differentielle Dekodierung, Bedeutungskonstruktion
Deliberationsmodell	Argumentativer Überzeugungsversuch	Bildung durchdachter Meinungen

1.8 Theoriemodelle und Aufbau des Buches

Der „magische Würfel", den wir oben eingeführt haben, stellt ein heuristisches Modell dar, das theoretische Erkenntnisse vorbereiten und systematisieren hilft, sie aber nicht selbst generiert. Abschließend wollen wir deshalb die theoretischen Ansätze skizzieren, die wir in den weiteren Kapiteln dieses Buches schrittweise entwickeln und anwenden. Wir beziehen uns dabei auf die Unterscheidung verschiedener theoretischer Modelle von Massenkommunikation, die Denis McQuail (2010, S. 69–75) vorgelegt hat. McQuail unterscheidet ein Übertragungsmodell, ein Ritualmodell, ein Publicity-Modell und ein Aneignungsmodell von Massenkommunikation. Wir ergänzen als fünften Ansatz das Modell der medienvermittelten Deliberation, das ebenfalls für die grenzüberschreitende Kommunikation wichtig ist. Tabelle 1.1 fasst die Modelltypologie zusammen, aus der wir dann drei Theorieperspektiven ableiten, die wir in diesem Buch genauer verfolgen wollen (siehe Abb. 1.6).

Das *Übertragungsmodell* bildet die lange Zeit dominante Vorstellung von Massenkommunikation wie auch von Kommunikation insgesamt. Das Modell geht davon aus, dass Massenkommunikation in der Übertragung einer bestimmten Menge an Information – der Botschaft – von einem Sender zu vielen Empfängern besteht. Das Übertragungsmodell gründet daher in der sogenannten Lasswell-Formel: „Who says what to whom, through what channel and with what effect?" (Lasswell 1948). Es beinhaltet somit ein wirkungsorientiertes Kommunikationsverständnis, das dem Empfänger die Rolle der mehr oder weniger angemessenen, d. h. intentionsgemäßen kognitiven Verarbeitung der ausgesendeten Botschaft zuweist. Die Massenmedien erscheinen in diesem Modell als relativ neutrale Service-Einrichtungen, die die Botschaften gesellschaftlicher Akteure selektieren, aufbereiten und an ein großes Publikum weiterreichen (McQuail 2010, S. 70).

Gegen diese wirkungsorientierte Vorstellung von Massenkommunikation hat James Carey in den 1970er Jahren sein *Ritualmodell* gesetzt, mit dem er auf die gemeinschaftsstiftenden Aspekte von Massenkommunikation aufmerksam machte: „A ritual view is not

1.8 Theoriemodelle und Aufbau des Buches

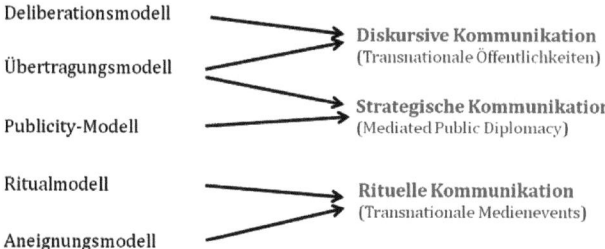

Abb. 1.6 Ableitung der Theorieperspektiven

directed towards the extension of messages in space, but the maintenance of society in time; not the act of imparting information but the representation of shared beliefs." (Carey 1988 [1975]). Die Massenmedien bieten Austragungsorte für publikumswirksame Aufführungen geteilter Werte, etwa bei Feierstunden, Papstbesuchen oder Sportereignissen (vgl. Dayan und Katz 1992), aber auch bei der rituellen Verarbeitung von Katastrophen und Attentaten (vgl. Riegert und Olsson 2007). Die aktive, unterstützende Teilnahme des Publikums an solchen öffentlichen Ritualen ist eine wesentliche Voraussetzung ihres Gelingens. Die Erfahrung des Publikums ist nicht auf einen äußeren Zweck gerichtet, sondern erschöpft sich im Erlebnis von Gemeinschaftlichkeit selbst.

Das *Publicity-Modell* legt den Schwerpunkt demgegenüber auf die Maximierung der reinen Aufmerksamkeit beim Publikum. „Much effort in media production is devoted to devices for gaining and keeping attention by catching the eye, arousing emotion, stimulating interest [...], with the *substance* of a message often subordinated to the devices for presentation." (McQuail 2010, S. 72, basierend auf Altheide und Snow 1979). Das Publicity-Modell von Massenkommunikation folgt der Vorstellung, dass die reine Bekanntheit wichtiger sei als der Inhalt von Botschaften – gemäß der Devise, dass ein negatives Medienecho besser ist als gar kein Medienecho. Das Publicity-Modell gewinnt Plausibilität in der werbenden Kommunikation, in der die Bekanntheit von Marken oder auch politischer Kandidaten einen wichtigen Teil ihres Erfolgs ausmacht.

Demgegenüber legt das *Aneignungsmodell* von Massenkommunikation den Fokus auf die je spezifische Bedeutungskonstruktion auf Seiten der Rezipienten. „The essence of the 'reception approach' is to locate the attribution and construction of meaning (derived from media) with the receiver. Media messages are always open and 'polysemic' (having multiple meanings) and are interpreted according to the context and culture of receivers" (McQuail 2010, S. 73, basierend auf Hall 1999). Erst die Aneignung von Medienprodukten im kulturellen Kontext der Rezipienten verleiht diesen Bedeutung. Zwar sind diese Produkte mit einer bevorzugten Lesart imprägniert, aufgrund ihrer prinzipiellen Vieldeutigkeit jedoch haben die Rezipienten die Möglichkeit, dieser Lesart zu folgen oder sich kritisch zu ihr zu verhalten und sie in ihrer Aneignung zu unterlaufen.

Das *Deliberationsmodell* schließlich fasst Massenkommunikation als öffentlich ausgetragene Debatte vor großem Publikum auf (vgl. Peters 2007a; Neidhardt 1994; Wessler

2008a). Gesellschaftliche Akteure und Medienkommentatoren wollen sich nicht gegenseitig, sondern das Publikum von ihren Anliegen überzeugen, indem sie Deutungsrahmen und Begründungen äußern und auf gegnerische Frames und Gründe kritisch eingehen. Das Publikum beobachtet solche öffentlichen Debatten, wägt dabei die verschiedenen Positionen ab und bildet sich eine mehr oder weniger wohldurchdachte Meinung. Das Deliberationsmodell enthält einige Elemente des Übertragungsmodells, insofern es bei medienvermittelter Deliberation auch um Wirkungen beim Publikum geht, die intentional herbeigeführt werden sollen. Allerdings wird den Medien und ihren Vertretern die aktivere Rolle zugeschrieben, ein Forum für öffentliche Debatten zu organisieren und sich mit eigenen Beiträgen an solchen Debatten zu beteiligen. Und der Prozess der Meinungsbildung ist an die aktive Auseinandersetzung mit sich widersprechenden Positionen auf Seiten des Publikums geknüpft (vgl. Neidhardt 1994).

Wie lassen sich diese allgemeinen Modelle der Massenkommunikation nun für die Analyse grenzüberschreitender Kommunikation fruchtbar machen? Oder umgekehrt: Welche Modelle von Massenkommunikation liegen explizit oder implizit den prominenten Forschungssträngen zur grenzüberschreitenden Kommunikation zugrunde? Abbildung 1.6 verdeutlicht die drei zentralen Theoriestränge, die wir in diesem Buch aufgreifen, kritisch reflektieren und weiterführen wollen und verankert sie in spezifischen Kombinationen der soeben skizzierten Modelle der Massenkommunikation. Grenzüberschreitende Kommunikation kann demnach als diskursive, als rituelle oder als strategische Kommunikation verstanden werden.

Betrachtet man grenzüberschreitende Kommunikation als *diskursive Kommunikation*, so steht die Frage nach der *Entstehung transnationaler Öffentlichkeiten* im Mittelpunkt. Inwiefern, wie und warum richten gesellschaftliche Akteure ihre Debattenbeiträge über die Medien auch an Publika jenseits der jeweiligen Landesgrenzen? Gibt es überhaupt eine entsprechende grenzüberschreitende mediale Infrastruktur? Und inwiefern beginnen die Medien, grenzüberschreitende Debatten zu organisieren, die über Ländergrenzen hinweg ähnliche Funktionen für die Meinungsbildung des Publikums erfüllen können wie Mediendebatten innerhalb von Nationalstaaten? Wir widmen uns der Herausbildung transnationaler Öffentlichkeiten sowohl aus der Sicht der normativen und empirisch-analytischen Theorie (Kap. 4) als auch im Hinblick auf empirische Befunde (Kap. 5).

Untersuchen wir grenzüberschreitende Kommunikation als *rituelle Kommunikation*, so rücken *transnationale Medienevents* als potentiell gemeinschaftsstiftende Medienrituale ins Zentrum. Aus der Sicht des Ritualmodells fragt sich, inwiefern überhaupt grenzüberschreitend geteilte Werte existieren und wie sie gegebenenfalls in Medienevents inszeniert werden. Das Aneignungsmodell sensibilisiert dabei besonders für die kulturelle Pluralität im grenzüberschreitenden Publikumserleben und die Möglichkeit subversiver und verweigernder Aneignungsformen. Der Theoretisierung transnationaler Medienevents widmen wir uns in Kap. 6, während wir in Kap. 7 empirische Analysen solcher Events präsentieren.

Verstehen wir demgegenüber grenzüberschreitende Kommunikation als *strategische Kommunikation*, so kommen Prozesse der *Mediated Public Diplomacy* in den Blick. Aus der Sicht des Publicity-Modells stellt sich die Frage, wie gesellschaftliche Akteure für sich

1.8 Theoriemodelle und Aufbau des Buches

grenzüberschreitend Aufmerksamkeit erzeugen und ob diese Aufmerksamkeit bereits für ein positives Image beim grenzüberschreitenden Publikum sorgt oder im Gegenteil sogar Ablehnung hervorruft. Das Übertragungsmodell wirft die ergänzende Frage auf, welche inhaltlichen Botschaften weshalb beim grenzüberschreitenden Publikum verfangen und welche Rolle die Massenmedien im Zielland für die Wirkung von Mediated Public Diplomacy spielen. Diesen Fragen gehen wir in Kap. 8 nach.

In Kap. 9 lösen wir uns von den konkreten Gegenständen der vorangegangenen Kapitel und fragen noch einmal übergreifend nach den *Folgen grenzüberschreitenden medienvermittelten Kulturkontakts bei den Mediennutzern*. Dabei fokussieren wir im ersten Schritt – ganz im Sinne des Übertragungsmodells – auf Prozesse des Wertewandels als mögliche Folgen grenzüberschreitender Kommunikation. Im zweiten Schritt betrachten wir umgekehrt – mit Hilfe des Aneignungsmodells –, wie die unterschiedlichen kulturellen Prägungen von Mediennutzern weltweit die Aneignung ein und desselben Medienprodukts in verschiedenen kulturellen Kontexten konditionieren. In der Zusammenschau zeigt sich, dass die Folgen grenzüberschreitender Kommunikation bei den Mediennutzern als eine Dynamik verstanden werden müssen, die sich zwischen Medienangebot, kulturellem Kontext und Nutzeraktivität abspielt. Kapitel 10 schließlich resümiert die Argumentation und zeigt an zwei aktuellen Beispielstudien Perspektiven für die Forschung zur transnationalen Kommunikation auf.

Zuvor jedoch widmen wir uns, wie angekündigt, dem Vergleich als methodische Herangehensweise in Zeiten der Globalisierung. Kapitel 2 führt in die Logik und konkreten Strategien des erklärungsorientierten grenzüberschreitenden Vergleichs ein, während Kap. 3 zeigt, wie der klassische Ländervergleich in Zeiten der Transnationalisierung erweitert und in größere analytische Kontexte eingebettet werden muss.

Empfohlene Basislektüre zur Ergänzung dieses Kapitels:

Hafez, K. 2005. *Mythos Globalisierung: Warum die Medien nicht grenzenlos sind*, (Einleitung und Kap. 1, S. 9–38). Wiesbaden: Verlag für Sozialwissenschaften.

Krotz, F. 2005. Von Modernisierungs- über Dependenz- zu Globalisierungstheorien. In Hepp, A., Krotz, F., Winter, C. (Hg.) *Die Globalisierung der Medienkommunikation: Eine Einführung*, (S. 21–43). Wiesbaden: Verlag für Sozialwissenschaften.

Weiterführende Literatur:

Curran, J., Park, M.-J. (Hg.) 2000. *De-Westernizing media studies*. London, New York: Routledge.

Esser, F., Pfetsch, B. (Hg.) 2003. *Politische Kommunikation im internationalen Vergleich: Grundlagen, Anwendungen, Perspektiven*. Wiesbaden: Westdeutscher Verlag.

Gudykunst, M. (Hg.) 2002. *Handbook of international and intercultural communication*. Thousand Oaks: Sage.

Hafez, K. 2005. *Mythos Globalisierung. Warum die Medien nicht grenzenlos sind*. Wiesbaden: Verlag für Sozialwissenschaften.

Hepp, A. 2004. *Netzwerke der Medien: Medienkulturen und Globalisierung*. Wiesbaden: Verlag für Sozialwissenschaften.

Hepp, A. 2006. *Transkulturelle Kommunikation*. Konstanz: UVK.

Hepp, A., Krotz, F., Winter, C. (Hg.) 2005. *Die Globalisierung der Medienkommunikation: Eine Einführung*. Wiesbaden: Verlag für Sozialwissenschaften.

Hepp, A., Löffelholz, M. (Hg.) 2002. *Grundlagentexte zur transkulturellen Kommunikation*. Konstanz: UVK.

Löffelholz, M., Weaver, D. 2008. *Global journalism research: Theories, findings, future*. Malden, Oxford, Victoria: Blackwell Publishing.

McMillin, D. 2007. *International media studies*. Malden, Oxford, Victoria: Blackwell Publishing.

Thussu, D.K. 2006. *International communication. Continuity and change*. New York: Hodder Arnold.

Thussu, D.K. (Hg.) 2009. *Internationalizing media studies*. London, New York: Routledge.

Thussu, D.K. (Hg.) 2010. *International communication: A reader*. London, New York: Routledge.

Tunstall, J. 2008. *The media were American: US mass media in decline*. New York, Oxford: Oxford University Press.

Der Vergleich als grenzüberschreitende Methode 2

> In diesem Kapitel führen wir in den Vergleich als eine Forschungsstrategie ein, die die grenzüberschreitende Forschung prägt. Es handelt sich um einen methodischen Ansatz, mit dem Gemeinsamkeiten und Unterschiede von Untersuchungsgegenständen identifiziert und durch unterschiedliche Kontextbedingungen erklärt werden. Dabei ist der Ländervergleich nur eine mögliche Form des grenzüberschreitenden Vergleichens. Auch oberhalb und unterhalb der Länderebene kann und darf verglichen werden, wobei für dieses Lehrbuch Vergleiche relevant sind, die nationale oder kulturelle Grenzen überschreiten. Dabei haben sich zwei Forschungstraditionen des Vergleichs entwickelt: der fallorientierte Vergleich, dem es auf ein tiefes Verständnis einzelner ausgewählter Fälle ankommt, und der variablenorientierte Vergleich, der durch die Analyse einer größeren Anzahl von Fällen auf systematische Zusammenhänge zwischen Variablen schließen will. Empirische Studien, die im Folgenden beispielhaft vorgestellt werden, zeigen, wie beide Ansätze die Kommunikationsforschung bereichern und komplementäre Beiträge zu einem besseren Verständnis medienvermittelter öffentlicher Kommunikation liefern. Zudem hat sich mit der sogenannten „Qualitative Comparative Analysis" (QCA) eine Methode entwickelt, die die Vorteile beider Vergleichsstrategien vereinen will und die für die Analyse öffentlicher Kommunikation einen vielversprechenden Ansatz darstellt, der bisher noch kaum genutzt wurde.

2.1 Der Vergleich als Erkenntnisstrategie in Forschung und Alltag

Der Vergleich ist eine Forschungsstrategie, auf die fast alle grenzüberschreitende Forschung zurückgreift. Zwar gibt es auch Einzelfallstudien von Medienphänomenen in anderen Ländern, aber auch diese sind zumindest implizit häufig vergleichend angelegt. Denn selbst wenn ein Autorin aus Deutschland eine Fallstudie über Medien in Kenia verfasst, dann wird sie häufig einen impliziten Vergleich der dortigen Erfahrungen mit den eigenen Erwartungen ziehen, die von den eigenen Erfahrungen mit der deutschen Medienkultur und dem stark auf westliche Medien konzentrierten Forschungsstand geprägt sind. Zugespitzt lässt sich in Abwandlung des berühmten Diktums von Paul Watzlawick („Man kann nicht nicht kommunizieren") feststellen:

▸ Man kann nicht nicht vergleichen. Denn jegliche neue Erfahrung wird mit vorhandenen Erfahrungen und Erwartungen abgeglichen und insofern ist jeder Mensch praktizierender Komparatist. Wissenschaftliches Vergleichen zeichnet sich dadurch aus, dass explizit im Hinblick auf vorher festgelegte Kriterien und eine zu beantwortende Forschungsfrage verglichen wird. Wissenschaft reflektiert zudem die Logik, die Möglichkeiten und die Grenzen ihrer Vergleiche.

Mit komparativer Forschung ist zudem häufig solche Forschung gemeint, die *grenzüberschreitend* vergleicht. So definiert Esser (2010), ebenso wie vorher schon grundlegend Blumler et al. (1992), komparative Forschung als einen Ansatz, der unterschiedliche Systeme und Kulturen miteinander vergleicht. Komparative Forschung ist folglich nicht auf den Vergleich zwischen Staaten eingeschränkt, aber doch grenzüberschreitend angelegt. Die jeweiligen Vergleichsgegenstände – Individuen, Gruppen, Organisationen, Kommunikationsräume etc. – werden in ihrer systemischen Einbettung und kulturellen Ausprägung verstanden und miteinander verglichen. Damit ist nicht gesagt, dass es kein Vergleichen innerhalb von einzelnen Ländern oder Kulturen geben kann. Nur wird diese Art des nicht-grenzüberschreitenden Vergleichs dann nicht dem Forschungsfeld komparativer Kommunikationsforschung zugeschlagen, das abgrenzbar bleiben soll gegenüber anderen Forschungsbereichen. Auch im Rahmen dieses Buches interessiert uns vorrangig die grenzüberschreitend komparative Forschung, wenngleich die im Folgenden diskutierten Logiken des Vergleichens allgemein anwendbar sind.

Weil die grenzüberschreitend interessierte Kommunikationswissenschaft häufig auf die vergleichende Methode zurückgreift, sind dem Vergleichen zwei Kapitel dieses Buches gewidmet. In diesem Kapitel geht es darum, die vergleichende Methode und ihre aktuellen Weiterentwicklungen vorzustellen. Im folgenden Kap. 3 wird reflektiert, inwiefern der Ländervergleich, der immer noch den klassischen Fall des Vergleichs bildet, in Zeiten transnationaler Kommunikation erweitert oder ergänzt werden muss.

Die Vorteile der vergleichenden Methode fasst Frank Esser (2004) wie folgt zusammen:

Fallbeispiele und Fallstudien

Fünf Vorteile eines komparativen Ansatzes – „Erstens hilft international vergleichende Forschung, dem Ethnozentrismus vorzubeugen, also der provinziellen Annahme, dass die aus dem eigenen Land bekannten kommunikationswissenschaftlichen Gesetzmäßigkeiten auch in anderen Ländern gelten. Damit bietet der Vergleich zweitens die Chance zum besseren Verständnis der eigenen Gesellschaft, indem die bekannten Strukturen und Routinen mit denen anderer Systeme kontrastiert werden können. Die eigenen Kommunikationsverhältnisse erscheinen in neuem Licht und können kritisch am Beispiel anderer Länder überprüft werden. Drittens ist der Vergleich wesentlicher Schlüssel zur Entdeckung allgemeiner, im Verhältnis zu besonderen Gesetzmäßigkeiten, wodurch die spezifische Identität von Journalismussystemen und -kulturen bestimmbar wird. Viertens ist der Vergleich wesentlicher Schlüssel zur Analyse globaler Diffusions- und Integrationsprozesse von Politik, Kommunikation, Wirtschaft und Technologie, deren unterschiedliche Auswirkungen sich komparativ präzise bestimmen lassen. Aus praktischer Sicht ist der Vergleich fünftens eine fruchtbare Quelle für Handlungsalternativen, Problemlösungen oder Reformanregungen: Nationale Missstände und Kontroversen können beigelegt werden, indem der vergleichende Blick im Ausland Vorbilder findet, wo Länder in ähnlichen Problemlagen funktionsfähige Lösungen gefunden haben, die sich auch in den eigenen Kontext übertragen lassen" (Esser 2004, S. 176).

Somit hat der Vergleich nicht nur einen akademischen Wert, weil er dabei helfen kann, Theorien zu entwickeln, die über die Besonderheiten des eigenen Mediensystems hinaus Bestand haben, sondern auch einen praktischen Nutzen, wenn auf der Suche nach Innovationen und Problemlösungen der Blick über die Grenzen des eigenen Systems hinaus schweift. Der Vergleich erweist sich so als eine vielversprechende Strategie zum Erkenntnisgewinn.

Drei Ziele leiten den wissenschaftlichen Vergleich (vgl. die ähnlich gelagerten Unterscheidungen in Esser 2010, S. 29f. und Landman 2008, S. 3–11). Das erste Ziel besteht in der *Identifikation von Gemeinsamkeiten und Unterschieden* zwischen den Vergleichsgegenständen. Diese „kontextualisierende Beschreibung" (Landman 2008) wird heute oft gering geschätzt, weil es in der Wissenschaft letztendlich um Erklärungen geht. Dennoch ist Landman zuzustimmen, wenn er schreibt: „All systematic research begins with good description" (2008, S. 5).

Das zweite Ziel des Vergleichs ist die *Bildung von Typologien*. Hier geht es darum, Klassen von Fällen zu identifizieren, die bestimmte systematisch zusammenhängende Merkmalsausprägungen teilen. Die berühmteste und älteste Typologie ist die um 330 vor Christus von Aristoteles entworfene Typologie verschiedener Herrschaftsformen. Er unterscheidet nach Zahl der Herrschenden und nach Güte der Herrschaft (gute Herrschaft nach Aristoteles: Monarchie, Aristokratie, Politie; schlechte Herrschaft: Tyrannei, Oligarchie, Ochlokratie/Demokratie). In der international vergleichenden Kommunikationsforschung haben Mediensystemtypologien Tradition. Lange Jahre hat die Typologie von „Four Theories of the Press" (Siebert et al. 1956) mit der Unterscheidung von vier Mediensystemtypen („authoritarian, libertarian, social responsibility, Soviet communist") das Feld geprägt. Heute wird diese Unterscheidung allgemein als veraltet angesehen und ein Großteil der Forschung greift auf die von Daniel Hallin und Paolo Mancini 2004 entworfene Typologie von drei Mediensystemen zurück, die sich allerdings ausschließlich auf westliche Länder bezieht. Vor allem die große Anzahl an autoritären Staaten mit stark eingeschränkter Pressefreiheit wird damit nicht erfasst.

> **Studie**
>
> **Drei Typen von Mediensystemen nach Hallin und Mancini (2004)** – Zur Klassifizierung von Mediensystemen setzen Hallin und Mancini (2004) bei vier Dimensionen von Merkmalen an, mit denen sich das Verhältnis von Medien und Politik in einem Land erfassen lässt:
>
> | Dimension/Merkmal | Beispiele für Indikatoren |
> |---|---|
> | Medienentwicklung | Grad der Verbreitung einer auflagenstarken Tagespresse |
> | Politischer Parallelismus | Grad der parteipolitischen Ausrichtung von Medienbetrieben |
> | Professionalisierung des Journalismus | Grad der Ausdifferenzierung des Journalismus als autonomer Berufsstand mit einem Berufsethos, Ausbildungs- und Qualitätsstandards |
> | Staatliche Intervention | Grad der Einmischung staatlicher Organe bei der Entwicklung der Medienordnung (Regulierung, Subventionen etc.) |
>
> Die Mediensysteme westlicher Demokratien gruppieren sich entlang dieser Dimensionen zu drei Typen, wobei es sich dabei um Idealtypen handelt, die in der Reinform empirisch kaum vorkommen. Sie spannen vielmehr ein Raster auf, in das sich Mediensysteme einordnen lassen. Dem liberalen Modell können Staaten wie die USA, Großbritannien und Kanada zugeordnet werden. Es ist durch die Dominanz von Marktmechanismen und kommerziell orientierten Medien sowie eine zurückhaltende staatliche Regulierung geprägt. Das demokratisch-korporatistische Modell ist in Mitteleuropa (Deutschland, Österreich, Schweiz), den Benelux-Ländern und den skandinavischen Staaten beheimatet. Es zeichnet sich durch eine duale Struktur von kommerziellen und öffentlich-rechtlichen Medien und eine aktiv regulierende Rolle der Medienpolitik aus. Das polarisiert-pluralistische Modell ist in südeuropäischen Staaten am stärksten ausgeprägt. Die Medien sind wenig kommerzialisiert, wenig autonom und werden intensiv als Instrumente im parteipolitischen Machtkampf instrumentalisiert.
>
> | Modell
Dimensionen | Polarisiert-
pluralistisch | Demokratisch-
korporatistisch | Liberal |
> |---|---|---|---|
> | Entwicklung der Massenpresse | *schwach* | *stark* | *stark* |
> | Parallelismus | *stark* | *stark* | *schwach* |
> | Professionalisierung | *schwach* | *stark* | *stark* |
> | Staatsintervention | *stark* | *stark* | *schwach* |
>
> Quelle: Hallin und Mancini (2004, S. 299), übersetzt

Zwar wurde die Typologie von Hallin und Mancini (2004) vielfach kritisiert, weil sie nicht-westliche Staaten nur bedingt erfassen kann, da sie entscheidende Unterscheidungsdimensionen wie die der Pressefreiheit vernachlässigt und weil auch einige westliche Länder in dieses Raster nicht sauber einzuordnen sind (siehe z. B. Norris 2009). Dennoch ist die Zuordnung zu den drei Typen von Mediensystemen zu einer häufig genutzten Orientierung bei der Auswahl von Ländern für vergleichende Studien geworden. Es gibt keine andere Einzelstudie, die die jüngere international vergleichende Kommunikationsforschung so stark geprägt hat wie das Buch von Hallin und Mancini. Und auch keiner der Kritiker hat bisher einen Alternativvorschlag präsentiert, der in ähnlich eleganter Form die Vielfalt westlicher Mediensysteme modellieren kann. Aus unserer Sicht sind zwar die genannten Kritikpunkte durchaus berechtigt, problematisch ist aber weniger die Studie von Hallin und Mancini als ihre unreflektierte Anwendung in der Forschung: So beziehen sich die Modelle im Kern auf das Verhältnis von politischem System und Mediensystem in westlichen Ländern. Im Hinblick auf andere Forschungsfragen sind andere Unterscheidungsdimensionen von Mediensystemen relevant und darum sollten die drei Modelle nicht als Allzweck-Instrument genutzt werden. In jedem Fall zeigt sich an der Wirkung des Buches von Hallin und Mancini, ebenso wie an dem Vorgängermodell von Siebert et al. (1956), wie wichtig Typologien als Produkt vergleichender Forschung sind.

Das dritte Ziel vergleichender Forschung besteht in der *Erklärung* von Gemeinsamkeiten und Unterschieden zwischen den verglichenen Fällen. Letztlich geht es beim Vergleich immer auch darum, zu erklären, warum etwas so ist, wie es ist. Dabei werden „Unterschiede bzw. Gemeinsamkeiten zwischen Untersuchungsobjekten mit den Kontextbedingungen der sie umgebenden Systeme bzw. Kulturen erklärt" (Esser 2010, S. 22). So zeigen zum Beispiel Hallin und Mancini (2004, S. 64), dass der Grad der heutigen Verbreitung von Tageszeitungen (= zu erklärendes Phänomen) mit den national unterschiedlichen Graden der Alphabetisierung der Bevölkerung Ende des 19. Jahrhunderts (= Kontext) korreliert: Wenn die Bevölkerung früh lesen lernte, dann gibt es heute im entsprechenden Land einen stark ausgeprägten Zeitungskonsum.

Wenn hier behauptet wird, dass es in der Forschung fast immer auch um Erklärung geht, dann sind damit unterschiedliche Verständnisse von Erklären inkludiert. Einerseits geht es um das „verstehende Erklären" in der Tradition von Max Weber (1988 [1922]) und auch der Geistes-, Kultur- und Geschichtswissenschaften allgemein, die interpretierend, rekonstruierend und kontextualisierend die Ursachen von sozialen Phänomenen identifizieren (z. B. Wie kam es zum Fall der Berliner Mauer im Jahre 1989?). Andererseits gibt es das an der Naturwissenschaft orientierte Erklärungsmodell, das vor allem an der Identifikation allgemeiner Ursache-Wirkungs-Beziehungen interessiert ist und dabei kausale Beziehungen zwischen unabhängigen und abhängigen Variablen untersucht (z. B. Führen Wirtschaftskrisen zum Sturz von autoritären Regimen?). Beides sind komplementäre Ansätze wissenschaftlichen Erklärens, die zu unterschiedlichen Anwendungen der vergleichenden Methode geführt haben, wie im Folgenden erläutert wird. Zunächst müssen wir aber die Grundlagen der vergleichenden Methode noch präziser fassen.

2.2 Die vergleichende Methode

Jeder Vergleich hat mindestens drei Elemente: zwei Fälle, die miteinander verglichen werden, und ein Kriterium, anhand dessen die Fälle verglichen werden. Das Vergleichskriterium wird auch „tertium comparationis" genannt. Als Fälle kommen in der international vergleichenden Kommunikationsforschung alle Einheiten in Frage, die sich auf einer der im Einleitungskapitel genannten Analyseebenen ansiedeln lassen (also z. B. Individuen, Gruppen, Organisationen, Länder, kulturelle und politische Regionen). Lediglich die globale Analyseebene eignet sich nicht für den Vergleich, weil von ihr kein zweiter Fall existiert, der sich vergleichen ließe. Zwar dominiert in der komparativen Kommunikationsforschung der Vergleich von Ländern, aber er ist nicht die einzige oder „natürliche" Vergleichsebene für alle Fragestellungen. Als Vergleichskriterien kommen alle Aspekte oder Merkmale der Fälle in Frage, die im Rahmen kommunikationswissenschaftlicher Fragestellungen bedeutsam sind.

Ein Vergleich beruht auf der Gegenüberstellung von Fällen. Dabei determiniert die Forschungsfrage oder die Hypothese einer Studie, was ein Fall ist: „Die abhängige Variable definiert den Fall." (Muno 2009, S. 128) Wenn man also etwas über Crossmedia-Strategien im internationalen Vergleich herausfinden will, dann sind Redaktionen oder Verlage die Einheiten des Vergleichs. Wenn man dagegen eine Hypothese über Mediensysteme überprüfen will, dann wird der Vergleich auf der Ebene der Länder angesiedelt sein.

Die Fälle vergleichender Forschung sollen weder völlig unterschiedlich, noch völlig gleich sein (Kleinsteuber 2003), so die zunächst einmal etwas banal erscheinende Grundvoraussetzung des vergleichenden Vorgehens. Erstens ist also ein Vergleich nur dann sinnvoll, wenn sich die Fälle in dem Merkmal, auf das hin sie verglichen werden, unterscheiden. Sie müssen in dem jeweils interessierenden Vergleichskriterium Varianz aufweisen. Zweitens gibt es auch ein Zuviel der Varianz. Der Volksmund meint, man könne Äpfel nicht mit Birnen vergleichen. Aber das ist so allgemein gesagt natürlich nicht richtig (Jahn 2006). Denn es gibt durchaus sinnvolle Kriterien, anhand derer Äpfel und Birnen verglichen werden können, z. B. ihr Vitamingehalt oder ihre Form. Hinter der Redensart des Volksmunds steckt aber auch eine richtige Intuition: Die Fälle, die verglichen werden, dürfen nicht auf zu vielen Dimensionen gleichzeitig unterschiedlich sein. Sie müssen einer gemeinsamen Klasse von Fällen angehören, sich also in einer Reihe von Merkmalen gleichen; sonst lassen sich keine Vergleichskriterien benennen, die in allen untersuchten Fällen aufzufinden sind. Aus diesem Grund sind beispielsweise „Affen und Steine oder Platon und die Insel Rügen nicht sinnvoll vergleichbar" (Jahn 2006, S. 165). Verglichen werden können also nur Fälle, die sich auf einigen Dimensionen gleichen, die derselben Klasse von Einheiten angehören, und die sich andererseits auf den jeweils interessierenden Dimensionen unterscheiden (vgl. Berg-Schlosser und De Meur 2009, S. 20).

In der sozialwissenschaftlichen Forschung spielen mehr oder weniger formalisierte Strategien des Vergleichens eine wichtige Rolle. Dabei ist die vergleichende Forschung in den angrenzenden Disziplinen, insbesondere der Politikwissenschaft und der Soziologie, weiter vorangeschritten als in der Medien- und Kommunikationswissenschaft. Die längere

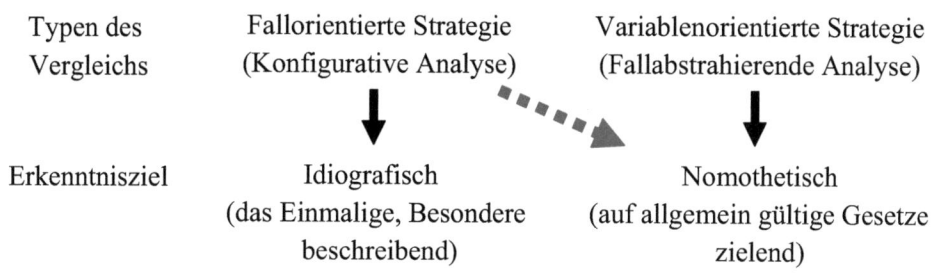

Abb. 2.1 Forschungslogiken und Typen des Vergleichs

Tradition des Vergleichs in diesen Disziplinen und die größere Anzahl entsprechender Untersuchungen hat auch die methodologische Reflexion erheblich befördert. Deshalb beziehen wir uns in der Darstellung unterschiedlicher Formen und Ziele des Vergleichs vor allem auf politikwissenschaftliche Literatur (z. B. Jahn 2006; Lauth et al. 2009; Ragin 1987, 2008).

2.3 Zwei Forschungslogiken des Vergleichs

Grundlegend wichtig ist die Unterscheidung zwischen zwei Forschungsstrategien in der vergleichenden Sozialwissenschaft: der fallorientierten Strategie auf der einen und der variablenorientierten Strategie auf der anderen Seite (vgl. Abb. 2.1).

In der *fallorientierten* Strategie werden die Vergleichsfälle als „bedeutungsvolle Ganzheiten" („meaningful wholes", Ragin 1987, S. 16) betrachtet. Jeder Einzelfall ist dadurch charakterisiert, dass er eine ganz spezifische Konfiguration von Merkmalen aufweist. Die fallorientierte Strategie des Vergleichs zielt darauf ab, diese für den jeweiligen Fall charakteristische Konfiguration von Merkmalen herauszuarbeiten, weshalb wir hier von *konfigurativer Analyse* sprechen können.

> **Beispiel**
>
> **Die Bollywoodisierung der Fernsehnachrichten in Indien** – Daya Kishan Thussu untersucht im vierten Kapitel seines Buches „News as Entertainment" (2007b) die Bollywoodisierung der Fernsehnachrichten in Indien. Unter Bollywoodisierung versteht er den verstärkten Einfluss der indischen Unterhaltungsindustrie auf den Nachrichtenjournalismus. Die Unterhaltungsindustrie, vor allem die Filmindustrie, in Indien ist vornehmlich in Mumbai angesiedelt (früher Bombay, daher *Bollywood*). Die Fallstudie enthält eine Reihe deskriptiver Ausführungen über:
>
> - die gesellschaftlichen Rahmenbedingungen in Indien (Bevölkerungsreichtum, Vielsprachigkeit, soziale Ungleichheit, koloniale Vergangenheit, große Diasporagemeinschaft der im Ausland lebenden Inder; S. 91f.)

- die Entwicklung und Organisationsform der Massenmedien in Indien, insbesondere der privatwirtschaftlichen Zeitungs- und Filmindustrie sowie des ursprünglich staatlich beeinflussten Fernsehens, einschließlich der Deregulierungsprozesse und der Entstehung privat-kommerziellen und zum Teil durch ausländische Investitionen finanzierten Fernsehens seit den 1990er Jahren (S. 92–96)
- die Vielzahl an reinen TV-Nachrichtenkanäle in Indien mit regionaler, nationaler und internationaler Reichweite (S. 96–100)
- die Investitionspolitik des global tätigen Medienunternehmers Rupert Murdoch in Indien und den Aufbau seines Star TV-Imperiums, das Unterhaltungs-, Sport-, Spielfilm-, Musik- und Nachrichten-/Informationskanäle vereint (S. 100–103) sowie
- die Erscheinungsformen und Auswüchse der Boulevardisierung im Inhalt der indischen TV-Nachrichtenkanäle anhand der drei als wesentlich herausgestrichenen Inhaltskategorien: Cinema, Crime und Cricket (S. 103–110).

Thussus Fallstudie verbindet abschließend die beschriebenen Elemente in (zumindest implizit) kausaler Weise, in dem die Boulevardisierung als „Murdoch-Effekt" gebrandmarkt wird. "By overwhelming public discourse with the three Cs [cinema, crime und cricket; d. A.], national and transnational infotainment conglomerates – some time in concert, some time in competition – are 'colonizing the communication space' (Boyd-Barrett 1998) in India at a time when it is integrating with the US-led neo-liberal economic and political system – both as a producer and consumer of commodity capitalism [...]." (Thussu 2007b, S. 110) Leicht vereinfacht lautet Thussus Argument daher wie folgt: Die Konfiguration von staatlicher Deregulierungspolitik, ausländischen Investitionsstrategien, der traditionell starken indischen Unterhaltungsindustrie und der Entstehung eines westlich orientierten städtischen Bürgertums führen zu einer Boulevardisierung der Nachrichten, durch die die großen sozialen Probleme der Bevölkerungsmehrheit aus dem Blickfeld der Öffentlichkeit verdrängt werden.

Typisch für den fallorientierten Ansatz ist bei Thussu die Fallauswahl: Es geht um Indien, weil Indien ein global bedeutender und von der Medien- Kommunikationswissenschaft vernachlässigter Staat mit einem der vielfältigsten Mediensysteme der Welt ist. Der Fall ist als solcher bedeutend, nicht nur als Beispiel für allgemeinere Prozesse und Gesetzmäßigkeiten. Bedeutung und Relevanz sind dabei natürlich relativ. Auch kleinere Länder können für die Forschung bedeutsam sein, wenn sie Besonderheiten aufweisen, die sie einzigartig machen.

Die Studie von Thussu könnte nun Teil eines komparativen Ansatzes werden, wenn sie explizit in Beziehung zu einem Vergleichsfall gesetzt wird (z. B. Vergleich der Bedeutung Bollywoods für die indischen Medien mit der Bedeutung Hollywoods für die US-Medien). Einen solchen Schritt geht eine Untersuchung von Manfred Redelfs (1996), die sich empirisch mit den USA auseinandersetzt und erklärt, wie dort die Praxis des investigativen Journalismus entstand. Dies wird in Beziehung zum Fall Deutschland gesetzt, der eben durch eine nur zögerliche Ausprägung investigativer Praktiken des Journalismus bestimmt war. Typisch ist die relativ konkrete Warum-Fragestellung, um die es in fallorientierten Studien häufig geht. Zum Beispiel nennt Andreas Wrobel-Leipold (2010) sein (populärwissenschaftlich orientiertes) Buch über das französische Mediensystem, das als Gegenstück zum deutschen Mediensystem präsentiert wird: „Was gehen uns Frankreichs Medien an? Warum gibt es die Bild-Zeitung nicht auf Französisch?" Komparative Warum-Fragen klärt auch Jean Chalaby (1996), wenn er rekonstruiert, warum sich der Nachrichtenjournalismus moderner Prägung in den USA und nicht in Frankreich entwickelt hat.

Das Gegenstück zum bisher vorgestellten fallorientierten Ansatz bildet die *variablenorientierte* Strategie des Vergleichs. Sie betrachtet die Vergleichsfälle nicht als einmalige Konfigurationen von Merkmalen, sondern als Träger von Variablenausprägungen: Die Schweiz wird beispielsweise als Fall interessant, weil es sich um ein mehrsprachiges Land handelt. Und als solches könnte es dann mit Kanada, Belgien oder Indien verglichen werden. Der Vergleich zielt darauf ab, über alle Fälle hinweg die relative Bedeutung einzelner Erklärungsfaktoren (also etwa der Vielsprachigkeit im Mediensystem) für einen bestimmten Outcome (zum Beispiel das Wissen der Mediennutzer über die anderssprachigen Landesteile) bestimmen zu können. Die Logik ist die einer Regressionsanalyse, bei der einzelne kausale Faktoren sozusagen als Konkurrenten in das Rennen um die größte Erklärungskraft geschickt werden. So ist Vielsprachigkeit nicht der einzig mögliche Faktor, der das Wissen über die anderssprachigen Landesteile beeinflusst. Die Größe des Landes, die Qualität der Berichterstattung usw. mögen ebenfalls eine Rolle spielen. Im Ergebnis werden bei der variablenorientierten Strategie allgemeine Aussagen über die relative Bedeutung unterschiedlicher Erklärungsfaktoren möglich, die wiederum zur Stützung oder Falsifizierung von Theorien beitragen. Przeworski und Teune (1970, S. 29f.) gehen so weit zu verlangen, dass vergleichende Forscher die Namen ihrer Fälle vergessen und durch die Variablenausprägungen ersetzen sollen. Dies zeigt, dass die variablenorientierte Strategie des Vergleichs von den Fällen als Fällen abstrahiert; interessant sind in dieser Perspektive nur die Ausprägungen der Fälle auf den jeweils interessierenden Variablen.

Beispiel

Führen Medienzugang und Medienfreiheit zu gutem Regieren? – Pippa Norris vergleicht in ihrer Studie „Globale politische Kommunikation: Freie Medien, Gutes Regieren und Wohlstandsentwicklung" (2003) alle Länder dieser Erde, für die die entsprechenden Daten verfügbar waren, im Hinblick auf Medienzugang und Medienfreiheit. Unter Medienzugang versteht sie die Versorgung der Bevölkerung mit Zeitungen, Radio, Fernsehen und Internet. Als Indikator für Medienfreiheit verwendet sie den von der US-amerikanischen Nichtregierungsorganisation „Freedom House" zur Verfügung gestellten „Press Freedom Survey". Sie möchte wissen, welchen Zusammenhang es zwischen diesen Medien-Variablen einerseits und dem gesellschaftlichen Wohlstand sowie der Qualität des Regierens andererseits gibt. Auch Wohlstand und gutes Regieren werden anhand von quantitativen Daten über alle Länder hinweg gemessen, die Norris verschiedenen amtlichen und wissenschaftlichen Datenquellen entnimmt. Gehen also eine gute Versorgung der Bevölkerung mit Medien und eine effektive Sicherung der Medienfreiheit im Allgemeinen mit Wohlstand und gutem Regieren einher? Ein wesentliches Ergebnis der Analyse von Norris besteht in Zusammenhangsmaßen zwischen diesen Variablen(bündeln) und sie kann generell starke Zusammenhänge zwischen Medienfreiheit und Medienzugang einerseits sowie Wohlstand und gutem Regieren andererseits nachweisen. Für ihr Erkenntnisinteresse spielt es keine Rolle, wie die Versorgung mit (welchen?) Medien und wie die Ausprägung der Medienfreiheit in einem bestimmten Land (wie etwa Indien) genau beschaffen ist – und wie diese Ausprägungen mit (welchen?) Aspekten von Wohlstand und gutem Regieren in diesem speziellen Fall konfiguriert sind. Entscheidend ist vielmehr, dass die gefundenen Zusammenhänge verallgemeinerbar sind, also mit einer gewissen Wahrscheinlichkeit über alle Fälle hinweg Gültigkeit besitzen. Ungeklärt bleibt in der Studie von Norris auch die Wirkungsrichtung: Führen Medienzugang und Medienfreiheit zu gutem Regieren oder investieren gute Regierungen umgekehrt mehr in die Versorgung der Bevölkerung mit Medien und die Sicherung von Medienfreiheit?

Traditionell werden die fallorientierte und die variablenorientierte Strategie des Vergleichs mit zwei entgegengesetzten allgemeinen Erkenntniszielen assoziiert (vgl. auch im Folgenden Jahn 2006). Die fallorientierte Strategie, so die herkömmliche Annahme, ziele auf *Idiografie*, die Beschreibung des Einmaligen und Besonderen (vgl. Abb. 2.1). Idiografische Forschung fördert zwar das Verständnis des Einzelfalls, trägt aber nicht zur Theoriebildung bei, weil sie nicht an fallübergreifenden Aussagen von allgemeiner Gültigkeit interessiert ist. So lässt sich aus der oben zitierten Fallstudie zur Bollywoodisierung der Fernsehnachrichten in Indien (Thussu 2007b) allein noch nicht ableiten, ob die genannten Erklärungselemente (Deregulierung, Auslandsinvestitionen in Medien, starke Unterhaltungsindustrie und städtisches Bürgertum) auch in anderen Ländern zu einer Boulevardisierung führen. Es bleibt also unklar, welche Bedingungen als fallspezifisch und welche als verallgemeinerbar gelten können. Zwar kann die Fallbeschreibung eine Voraussetzung für Theoriebildung sein, weil sie den Blick auf wichtige *mögliche* Erklärungen auch in anderen Fällen lenkt, aber man kann eben nicht sicher sein, dass es nicht noch *andere* wichtige Einflussfaktoren gibt, die in *anderen* Konfigurationen ebenfalls zu Boulevardisierung führen. Die in einer Fallstudie ermittelten Ergebnisse gehen in ihrer Geltung daher nicht über den jeweils untersuchten Einzelfall hinaus.

Dies sei, so die landläufige Auffassung, nur durch die variablenorientierte Strategie zu beheben, weil sie *nomothetisch* ausgerichtet ist, also genau auf allgemein gültige Gesetzesaussagen zielt. Hinzu kommt, dass die fallorientierte Strategie mit der Untersuchung nur weniger Fälle assoziiert wird („Small-N-Forschung"), weil ein komplexes, tiefes Fallverständnis aus praktischen Gründen nicht für beliebig viele Fälle erreicht werden kann. Die variablenorientierte Strategie wird dagegen mit der Untersuchung vieler Fälle assoziiert („Large-N-Forschung"), weil sich Regressionsanalysen mit wenigen Fällen nicht durchfüh-

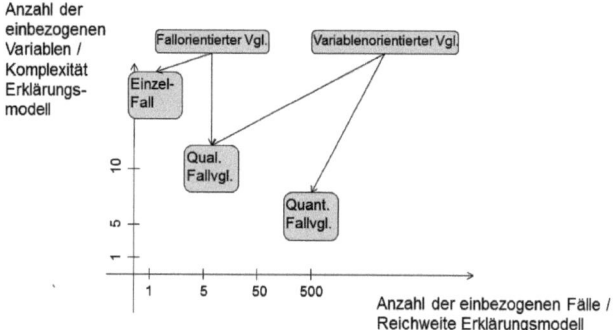

Abb. 2.2 Viele Fälle oder tiefgehendes Fallverständnis?

ren lassen und weil allgemeine Gesetzesaussagen nicht auf der Basis einzelner Fälle gemacht werden können.

Die Entscheidung für einen eher fall- oder eher variablenorientierten Ansatz führt in ein forschungspraktisches Dilemma: Der quantitative Fallvergleich erlaubt die Integration einer großen Anzahl von Fällen, allerdings auf Kosten eines tiefergehenden Verständnisses der Fälle (Abb. 2.2). Die Einzelfallstudie erlaubt ein tiefes Verständnis und die detaillierte Rekonstruktion sozialer Prozesse, fördert aber keine allgemeinen Gesetzmäßigkeiten zu Tage. Ein standardisiert quantitatives Vorgehen bringt eine stark reduktionistisches Erklärungsmodell mit sich, das sich auf die Analyse weniger Erklärungsvariablen beschränkt. Einzelfallstudien können das komplexe Zusammenspiel einer Vielzahl an Faktoren analysieren, was aber auch mit einer aufwendigen Datenerhebung für jeden untersuchten Fall verbunden ist und darum auf wenige Fälle beschränkt bleiben muss. Gerade bei einer mittleren Fallanzahl von mehr als zehn Fällen ist aber eine Kombination von beiden Ansätzen möglich, wie im Folgenden noch ausführlicher gezeigt wird.

2.4 Die Kombination von Fallorientierung und Variablendesigns

Die oben genannte einfache Dichotomisierung der vergleichenden Forschungstraditionen ist jedoch zu schlicht. So gibt es in der vergleichenden Politikwissenschaft inzwischen eine lebhafte Diskussion über die Rolle von Fallvergleichen für die Identifikation von Gesetzmäßigkeiten im Sinne der nomothetischen Forschungstradition (vgl. Jahn 2006, S. 320–354, 412–438). Diese Diskussion kann hier nicht in voller Breite nachvollzogen werden, aber es erscheint uns wichtig, durch einige zielgerichtete Hinweise auf die Bedeutung von Fallvergleichen für die nomothetische Forschung hinzuweisen. Drei Aspekte sind dabei zentral.

(1) Zunächst lassen sich Vergleiche mit relativ kleinen Fallzahlen durch die Formalisierung der Fallauswahl in sinnvoller Weise an Theorien ankoppeln. Dahinter stehen Überle-

gungen, die auf John Stuart Mill („A system of logic", 1848) zurückgehen. Bei der „method of agreement" werden möglichst unterschiedliche Fälle ausgewählt, die einen gemeinsamen Outcome haben. Im Idealfall haben die Fälle nur eine Gemeinsamkeit, die dann als Ursache dieses Outcomes angesehen wird. Aus dieser Strategie hat sich das most different systems design (MDSD) Przeworski und Teune 1970) entwickelt: Es werden also beim Ländervergleich möglichst unterschiedliche Länder ausgewählt, um ein weit verbreitetes Phänomen zu erklären. Als Alternative hat Mill die „method of difference" entwickelt, bei der Fälle mit unterschiedlichen Outcomes ausgewählt werden, die sich ansonsten aber in möglichst allen anderen relevanten Randbedingungen ähnlich sein sollten. Dies entspricht dem heutigen most similar systems design (MSSD).

Methodik
Zwei Logiken der Fallauswahl

Cases	Most different systems	Most similar systems
Outcome	Similar outcome	Different outcome

Diese Strategien der Fallauswahl werden auch als quasiexperimentell bezeichnet, weil sie sich an die Logik von Experimenten anlehnen, die darin besteht, dass bei der Erklärung eines Outcomes möglichst nur ein einziger Faktor isoliert wird. Geschieht dies in Experimenten durch die Künstlichkeit der Laborsituation und die Manipulation eines Stimulus, dessen Wirkung dann untersucht werden kann, so geschieht dies in der vergleichenden Forschung über die Auswahl der Fälle. Die zu vergleichenden Einheiten werden nicht um ihrer selbst willen ausgewählt, sondern so, dass sie jeweils eine bestimmte Ausprägung der erklärenden Variablen repräsentieren. Die An- oder Abwesenheit dieses Faktors kann dann das Vorkommen oder Nichtvorkommen des zu erklärenden Outcomes erklären.

Beispiel
Daniel Hallin und Paolo Mancini untersuchen in ihrem Buch „Comparing media systems. Three models of media and politics" (2004) ausschließlich westliche Demokratien im Hinblick auf die Strukturen ihrer Mediensysteme sowie auf politische Kontextfaktoren, die das Zusammenspiel von Politik und Medien strukturieren. Diese Einschränkung wurde kritisiert, weil natürlich ein Großteil der Welt damit nicht untersucht wurde. Diese Kritik ignoriert allerdings, dass es eine durchaus bewusste Fallauswahl sein kann, sich auf eine Gruppe relativ ähnlicher Länder zu beschränken. Hätten die Autoren gleich eine zu große Vielfalt an Ländern mit untersucht, so wären sie gar nicht in der Lage gewesen, die zentralen systematischen Zusammenhänge zwischen politischem System und Mediensystem zu erkennen und ihre Mediensystemmodelle zu entwickeln. So unterscheiden sich auch westliche Demokratien in einer Reihe von Grundbedingungen (z. B. im Hinblick auf den Einfluss von organisierten

Interessengruppen in der Gesellschaft), die dann mit bestimmten variablen Merkmalen der westlich-demokratischen Mediensysteme in Verbindung stehen (z. B. mit der Organisation der Aufsicht im öffentlich-rechtlichen Rundfunk, die mehr oder weniger stark durch Interessengruppen dominiert sein kann).

Untersuchungen nach dem MSSD können unterschiedliche Outcomes in relativ homogenen Fallgruppen recht gut erklären helfen, ihre Ergebnisse sind aber nicht auf Fälle außerhalb dieser Gruppe übertragbar (vgl. Jahn 2006, S. 235).

Beim *most different systems design* (MDSD) werden Fälle ausgewählt, die sich in den zugrundeliegenden Bedingungen möglichst stark unterscheiden. Zu dieser Art von Studie werden bisweilen weltweite Vergleiche wie etwa die bereits zitierte Untersuchung des Zusammenhangs von Medienzugang und Medienfreiheit mit Wohlstand und gutem Regieren von Norris (2003) gezählt, weil sie ja höchst unterschiedliche Länder einbeziehen. Diese Zuordnung zum MDSD ist jedoch nicht ganz einleuchtend, weil im Fall von weltweiten Vergleichen ja gerade keine Fallauswahl vorgenommen, sondern eine Untersuchung der Grundgesamtheit durchgeführt wird. Interessanter ist die Anwendung des MDSD in Untersuchungen mit kleinen Fallzahlen, die allerdings in den Sozialwissenschaften bisher kaum durchgeführt wurden, obwohl dieser Ansatz, wie Jahn ausführt „zu sehr starken Bestätigungen von Hypothesen führen kann, wenn sich diese in höchst verschiedenen Systemen bewähren" (Jahn 2006, S. 236). Eine wohldurchdachte Fallauswahl kann also die Erklärungskraft von Vergleichsstudien auch bei kleineren Fallzahlen deutlich steigern.

(2) Eine zweite Möglichkeit, wie mit einer fallorientierten Strategie zur nomothetischen Forschung beigetragen werden kann, besteht darin, sogenannte „crucial cases" (Eckstein 1975) auszuwählen. Sollte sich eine Theorie in einem zunächst unwahrscheinlich anmutenden Fall (*least likely case*) als richtig erweisen, dann kann sie dadurch als besser bestätigt gelten als ohne diesen Test. Umgekehrt kann man von einer Theorie ausgehend diejenigen Fälle auswählen und untersuchen, in denen die Theorie am wahrscheinlichsten zutrifft. Die mangelnde Bestätigung einer Theorie in solch einem *most likely case* gibt dann Hinweise auf Defizite in der Theorie und mögliche Weiterentwicklungen. Auch die Analyse von *abweichenden Fällen*, in denen ein allgemein geltender Zusammenhang nicht oder nur sehr schwach zutrifft, kann helfen, Theorien zu verfeinern oder deren Grenzen aufzeigen (Jahn 2006, S. 329). In der zitierten Studie von Norris (2003, S. 148) gibt es im Hinblick auf den Zusammenhang von Medienfreiheit und Medienzugang – freie Länder weisen tendenziell auch eine bessere Medienversorgung der Bevölkerung auf – einen solchen Fall: Mali. Trotz geringer Medienversorgung hat dieses westafrikanische Entwicklungsland ein recht freies Mediensystem. Medienfreiheit muss also noch andere Ursachen haben als eine gute Medienversorgung. Und für solche zusätzlichen oder neuen Erklärungen öffnet der abweichende Fall den Blick.

(3) Stärker formalisierte Methoden der nomothetisch orientierten fallorientierten Forschung hat schließlich Charles Ragin (1987, 2008) entwickelt. Mit diesen Entwicklungen

verfolgt Ragin explizit das Ziel, die komplexe Konfiguration von Bedingungen in einem Fall zu bewahren und durch einen fallübergreifenden Vergleich dieser Konfigurationen zu verallgemeinerbaren Aussagen zu kommen, also die fallorientierte und die variablenorientierte Strategie nicht nur zu kombinieren, sondern synthetisch miteinander zu verbinden. Ragin nennt die zu diesem Zweck entwickelte Methode „Qualitative Comparative Analysis" (QCA). Ein deutschsprachiges Lehrbuch zur Anwendung dieser Methode haben Schneider und Wagemann (2007) verfasst; die Beiträge in Rihoux und Ragin (2009) diskutieren die Methode weitergehend.

Die Bezeichnung „Qualitative Comparative Analysis" wird auch in deutschsprachigen Texten beibehalten und mit QCA abgekürzt. Qualitativ heißt die QCA, weil in ihrer Grundform „qualitative" Entscheidungen über das Vorkommen oder Nicht-Vorkommen von Bedingungen und Outcomes gemacht werden, d. h. Entweder-oder-Entscheidungen und keine Mehr-oder-weniger-Entscheidungen. Diese Entscheidungen werden auf Basis der erforderlichen tiefen Fallkenntnis getroffen und betreffen durchaus komplexe Konzepte, wie zum Beispiel das Vorhandensein eines bestimmten Mediensystemtyps. Die QCA basiert auf logischen Operationen aus der Mengenlehre. Es geht nicht um unabhängige und abhängige Variablen, sondern darum, ob ein Fall Teil einer Menge ist: z. B. Teil der Menge liberaler Mediensysteme. Nicht gemeint ist damit, dass im Rahmen der QCA keine quantifizierenden Erhebungsmethoden eingesetzt werden dürfen, um die Teilhabe eines Falls an einer Menge zu determinieren.

Die Weiterentwicklung der QCA, die Fuzzy Set-Analyse (fsQCA), ermöglicht es, graduelle Teilhabe an Mengen (fuzzy = verschwommen, unscharf) in die Analyse einzubeziehen. Dies stellt einen enormen Fortschritt dar, weil reale Mediensysteme zum Beispiel selten der Reinform des liberalen Modells von Hallin und Mancini entsprechen, sondern nur zu einem gewissen Grad Teil dieser Menge sind.

Der QCA liegt ein anderes Verständnis von Kausalität zugrunde, als es die variablenorientierte Strategie normalerweise kennzeichnet. Die variablenorientierte Strategie geht von unabhängig voneinander wirkenden, konkurrierenden, gleichförmig wirkenden Erklärungsfaktoren aus. Im Zentrum der QCA steht dagegen „multiple conjunctural causation" (Ragin 1987; Rihoux und Ragin 2009), also mehrfache und zusammenwirkende Kausalität. Zusammenwirkend meint hier, dass einzelne Bedingungsfaktoren ihre kausale Wirkung erst im Verbund mit anderen entwickeln mögen und auch, dass die Stärke der kausalen Wirkung von dem Zusammenwirken mit anderen kausalen Faktoren abhängt, also nicht uniform ist. Mehrfache Kausalität bedeutet, dass verschiedene kausale Konstellationen zu ein und demselben Outcome führen können (auch Äquifinalität genannt). Schließlich beinhaltet das Konzept auch die Möglichkeit, dass ein bestimmter Faktor in einem Fall (zusammen mit anderen Faktoren) zu einem Outcome führt, in einem anderen Fall der Outcome aber nur ausgelöst wird, wenn der bestimmte Faktor abwesend ist (und seine Abwesenheit in Kombination mit dem Vorhandensein anderer Faktoren den Outcome auslöst). Es gehört zu den Grundannahmen der QCA, dass die soziale Welt im Wesentlichen von solchen komplexen Arten der Kausalität geprägt ist und nur sehr selten von unabhängigen, konkurrierenden und uniform wirkenden Kausalfaktoren.

2.4 Die Kombination von Fallorientierung und Variablendesigns

Das Konzept der mehrfachen, zusammenwirkenden Kausalität schlägt sich in der QCA in Analysetechniken nieder, die auf die notwendigen und die hinreichenden Bedingungen für das Auftreten eines Outcomes abgestellt sind. Welche Bedingungen müssen (einzeln oder gemeinsam) gegeben sein, damit der gesuchte Outcome auftritt (notwendige Bedingungs-Konfiguration)? Und welche Bedingungen lösen (einzeln oder gemeinsam) den Outcome aus, ohne dass sie immer vorhanden sein müssen, weil nämlich auch anderen Bedingungskonstellationen den gleichen Outcome auslösen können (hinreichende Bedingungs-Konfigurationen)? Kern der QCA ist nun, dass sie alle untersuchten Fälle als Merkmalskombinationen auflistet und dann mit Hilfe logischer Überlegungen aus der Booleschen Mathematik (die mittlerweile mithilfe der Freeware fsQCA 2.0 ausgeführt werden können) vereinfachte Merkmalskombinationen identifiziert, die als notwendige oder hinreichende Bedingungen für das Vorkommen eines Outcomes angesehen werden. Diese vereinfachten Merkmalskombinationen werden „causal recipes" genannt, Kausalrezepte, die die Zutaten einer Erklärung des Outcomes zusammen fassen, die vorhanden sein müssen (wie auch diejenige, die nicht dabei sein dürfen).

Die QCA ist dabei besonders gut geeignet für Vergleiche mit mittleren Fallzahlen; bei sehr kleinen Fallzahlen (z. B. drei oder vier Fällen) beschränkt die empirische Vielfalt in den Fällen die Aussagekraft der Analyse von Bedingungs-Konfigurationen stark, bei großen Fallzahlen ist die QCA grundsätzlich anwendbar, jedoch stellt sich die Frage, inwieweit eine genuine Fallorientierung dann noch gegeben ist, weil die Forscher eben nicht mehr in der Lage sind, alle Fälle gut genug zu kennen, um die notwendigen qualitativen Entscheidungen bei der Zuschreibung von Merkmalen zu treffen (Schneider und Wagemann 2007, S. 271f.).

Studie

Kommerzielle Rahmenbedingungen und TV-Nachrichtenqualität – Die Dissertation von Angie Nguyen Vu (2010) stellt die erste umfassenden Anwendung der fsQCA auf eine kommunikationswissenschaftliche Fragestellung dar. Die Autorin untersucht, inwiefern kommerzielle Rahmenbedingungen die Qualität von TV-Nachrichten in 22 öffentlich-rechtlichen und privaten Sendern aus elf Staaten beeinflussen. Was viele Forscher vermuteten, aber niemals in dieser Breite und Tiefe empirisch untersucht haben, bestätigt sich: Kommerzielle Sender und allgemein ein kommerziell geprägter Fernsehmarkt liefern schlechtere Nachrichtensendungen. Indikatoren von Qualität waren eine an politischer *Relevanz* orientierte Themenauswahl, eine große *Vielfalt* an Themen (die auch eine viele Länder berücksichtigende Auslandsberichterstattung und eine breite Einbeziehung verschiedener sozialer Akteure umfasst), und der *Verzicht auf sensationalistische Aufbereitung* der Inhalte. Jede dieser drei Dimensionen wurde separat mittels einer fsQCA untersucht, wobei die erklärenden Bedingungen auf Ebene des einzelnen Fernsehsenders (Eigentümerstruktur, Abhängigkeit von Werbeeinnahmen, Orientierung an Marktforschung) und des Fernsehmarktes (Wettbewerbsdruck; Abhängigkeit von Werbeeinnahmen; Stärke des öffentlich-rechtlichen Rundfunks) gesucht wurden. Als zentrales „Kausalrezept" für politisch relevante Nachrichtenauswahl in seriöser Aufbereitung mit ausgeprägter und vielfältiger Auslandsberichterstattung erweist sich die Kombination aus öffentlich-rechtlicher Trägerschaft in einem Fernsehmarkt mit einer starken Position des öffentlich-rechtlichen Rundfunks, eine Kombination die vor allem in den europäischen Ländern des Samples vorliegt. Es greifen also Faktoren auf Ebene des Medienbetriebs und des ihn umgebenden Medienmarktes ineinander – ein Beispiel für die konfigurative Erklärungslogik der QCA.

Obwohl sich die QCA seit ihrer Erfindung durch Charles Ragin in den 1980er Jahren in der vergleichenden Politikwissenschaft wachsender Beliebtheit erfreut und stetig weiterentwickelt wurde, hat sie in der Medien- und Kommunikationswissenschaft noch den Status des Exotischen. Mittlerweile gibt es jedoch einzelne Anwendungsbeispiele (Downey und Stanyer 2010; Howard 2011). Dabei hätte der Ansatz gerade in der komparativen Kommunikationswissenschaft durchaus das Potential, zu einer der etablierten Methoden aufzusteigen. Mit ihrer komplexen Kausalitätsvorstellung kann die QCA komplexe Erklärungszusammenhänge erfassen. Zudem hat es gerade die international vergleichende Forschung mit einer hierarchischen Datenstruktur zu tun. Die oberste Ebene stellen die verglichenen Länder dar und hier kommen nur wenige Studien über 20 oder 30 Fälle hinaus, was die Anwendung komplexer multivariater statistischer Methoden erschwert. Mit ihrer effektiven Anwendbarkeit im Bereich ab etwa zehn Fällen findet die QCA in der KMW und gerade auch in der komparativen Forschung viele Anwendungsmöglichkeiten. Ein Beispiel wäre die Analyse komplexer Bedingungskonstellationen im Rahmen von Mediensystemvergleichen mit relativ wenigen Fällen. So erscheint etwa eine QCA-Replikation der oben zitierten Studie von Hallin und Mancini (2004) als vielversprechend, da sie die Zuordnung einzelner Länder zu Mediensystem-Typen aufgrund des fallübergreifenden Musters notwendiger und hinreichender Bedingungen ermöglichen würde (vgl. zum typologischen Nutzen der QCA Ragin 1987, S. 149–160). Aber auch ein bestimmter Einzel-Outcome – wie etwa die Existenz eines starken öffentlich-rechtlichen Rundfunks – kann durch die Identifikation der dafür notwendigen und hinreichenden Bedingungen in den untersuchten Fällen erklärt werden.

Wie wir gesehen haben, hat die vergleichende Methode ein großes Erkenntnispotential, wobei sich Einzelfallstudien, konfigurative Analysen einer mittleren Fallanzahl und statistische Analysen einer großen Anzahl von Fällen ergänzen können. Da sowohl die statistische Analyse als auch die rein qualitative Einzelfallstudie schon bestens etabliert sind, haben wir uns in diesem Abschnitt auf eine ausführlichere Darstellung von Methoden der Fallauswahl and Datenauswertung konzentriert, die die Stärken beider klassischer Methoden kombinieren wollen. Diese Einführung sollte dazu ermuntern, von den inzwischen entwickelten Möglichkeiten vergleichender Forschungsmethodik zu profitieren. Sie sollte zugleich für die jeweils zugrundeliegenden impliziten Vorstellungen über die kausale Struktur der Zusammenhänge sensibilisieren. Denn im Sinne von Hall (2003) sollen die Vorstellungen über die Struktur der Wirklichkeiten (Ontologien) möglichst den verwendeten Methodologien entsprechen – was keineswegs immer der Fall ist.

Empfohlene Basislektüre zur Ergänzung dieses Kapitels:

Jahn, D. 2006. *Einführung in die vergleichende Politikwissenschaft*. Wiesbaden: Verlag für Sozialwissenschaften.

Lauth, H.J., Pickel, G., Pickel, S. 2009. *Methoden der vergleichenden Politikwissenschaft: Eine Einführung*. Wiesbaden: Verlag für Sozialwissenschaften.

Schneider, C.Q., Wagemann, C. 2007. *Qualitative Comparative Analysis (QCA) und Fuzzy Sets: Ein Lehrbuch für Anwender und jene, die es werden wollen*. Opladen, Farmington Hills: Barbara Budrich.

Weiterführende Literatur:

Hallin, D.C., Mancini, P. 2004. *Comparing media systems: Three models of media and politics*. Cambridge: Cambridge University Press.

Ragin, C. 2008. *Redesigning social inquiry: Fuzzy sets and beyond*. Chicago: The University of Chicago Press.

Rihoux, B., Ragin, C. (Hg.) 2009. *Configurational comparative methods: Qualitative comparative analysis (QCA) and related techniques*. Thousand Oaks u. a.: Sage Publications.

Vergleichen in transnationalen Zeiten 3

▸ International vergleichende Studien laufen bisweilen Gefahr, die Bedeutung ihrer Fälle, der Nationalstaaten oder Nationalgesellschaften zu verabsolutieren. Indem sie eine Analyseeinheit auswählen und Fälle nur auf dieser Ebene untersuchen, lenken sie den Blick weg von dem Einfluss, den Einheiten auf anderen Ebenen auf die Fälle haben können. Und sie tendieren dazu, den gegenseitigen Einfluss zwischen den Fällen zu vernachlässigen und diese in sachwidriger Weise als unabhängig voneinander zu betrachten. Dadurch kann ein verzerrter Blick auf die Fälle entstehen, der wichtige Einflussquellen missachtet und daher letztlich die Besonderheit des einzelnen Falles falsch zuschreibt. Demgegenüber stehen transnational, transkulturell oder global ansetzende Studien in der Gefahr, die Besonderheiten einzelner Subkontexte zu unterschätzen und allgemeine Zustände oder Trends zu postulieren. Insbesondere die nach Ländern variierende Verarbeitung und Adaption von gleichgerichteten transnationalen Einflüssen droht so aus dem Blick zu geraten. Dieses Kapitel weist auf diese Gefahren des Vergleichs hin und zeigt Strategien auf, wie die vergleichende Methode in Zeiten der Transnationalisierung erweitert werden kann.

Wir schreiben das Jahr 1889. Im Royal Anthropological Institute präsentiert Sir Edward Tylor eine Studie zu Eherecht und Abstammungsregeln in verschiedenen Kulturen. Unter den Zuhörern ist auch Sir Francis Galton, der ein für die Methode des internationalen Vergleichs folgenschweres Problem aufwirft: Kann es sein, dass die in verschiedenen Kulturen beobachteten Zusammenhänge als solche gar nicht existieren, sondern dass einige Kulturen die anderen beeinflusst haben? Gibt es möglicherweise eine gemeinsame Ursache, die gleichförmige Entwicklungen in verschiedenen Kulturen hervorgerufen hat? (Jahn, 2006). Galtons Problem ist in die Annalen der Methodendebatte zum internationalen Vergleich eingegangen und sein Problem ist aktueller denn je: Je stärker Länder in globaler wechselseitiger Abhängigkeit stehen und durch Austauschprozesse miteinander verwoben sind, desto weniger taugen sie als unabhängige Vergleichseinheiten. Hat damit die vergleichende Methode in transnationalen Zeiten ausgedient? Der bequemste Ausweg wäre, auf den

```
┌──────────────┐  ┌──────────────┐  ┌──────────────┐
│   Land A     │  │   Land B     │  │   Land C     │
│              │  │              │  │              │
│ Mediensystem │  │ Mediensystem │  │ Mediensystem │
│Organisationen│  │Organisationen│  │Organisationen│
│Kommunikatoren│  │Kommunikatoren│  │Kommunikatoren│
│   Inhalte    │  │   Inhalte    │  │   Inhalte    │
│  Rezeption   │  │  Rezeption   │  │  Rezeption   │
└──────────────┘  └──────────────┘  └──────────────┘
```

Abb. 3.1 Hintergrundannahmen des klassischen Ländervergleichs

grenzüberschreitenden Vergleich zu verzichten und stattdessen wieder nur national begrenzte Forschung zu betreiben. Aber das ist offensichtlich keine Lösung, denn auch hier müsste ein Sir Galton wütend hereinstürzen und rufen: Woher wissen wir denn, dass wir die Ursachen für Entwicklungen im eigenen Land auch im eigenen Land zu suchen haben? Gerade in Zeiten der Transnationalisierung ist Forschung gefragt, die über die nationalen Grenzen hinausschaut. Die Frage, der sich dieses Kapitel stellt, lautet daher: Wie muss der traditionelle Ländervergleich in Zeiten transnationaler Kommunikation aussehen? Dazu werden zunächst die Grenzen des traditionellen Ländervergleichs reflektiert, um dann verschiedene Erweiterungsmöglichkeiten zu diskutieren.

3.1 Die Grenzen des traditionellen Ländervergleichs

Bis heute stehen Länder im Zentrum vieler explizit komparativer Untersuchungen. Etwas zugespitzt steckt dahinter eine Vorstellung, wie sie in Abb. 3.1 zum Ausdruck kommt. Länder werden als natürliche, relativ geschlossene, im Hinblick auf die verschiedensten Vergleichsabsichten vergleichbare Einheiten gedacht: Jedes Land zeichnet sich durch ein bestimmtes Mediensystem, eine besondere Journalismuskultur usw. aus.

Dass Länder geschlossene Einheiten, voneinander unabhängige Fälle und in jeder Hinsicht vergleichbar sind, ist natürlich ein dreifacher Irrtum. Zum Beispiel gibt es die Auffassung, dass die Schweiz mit ihren drei größeren Sprachregionen auch drei Mediensysteme habe (Blum 2003). So kann man die Länder Österreich und Schweiz in dieser Hinsicht eben nicht vergleichen. Könnte man dann die Schweiz mit ihrer Sprachenvielfalt zum Beispiel mit Indien vergleichen? Oder sollte man ein Land wie Indien mit einem der vielfältigsten Mediensysteme der Welt nicht eher mit dem ganzen Kontinent Europa vergleichen als mit einem einzelnen anderen Land? Auf diese Fragen gibt es keine pauschale Antwort. Es kommt eben auf die Forschungsfrage und die Vergleichskriterien an – dies wird aber nicht immer reflektiert. Denn in der Forschung erscheinen Länder vielfach immer noch als die natürlichen Vergleichseinheiten. Beck und Sznaider (2006) haben dies als „methodologischen Nationalismus" kritisiert.

Methodik

Kosmopolitismus statt methodologischem Nationalismus? – Erstens kritisieren Beck und Sznaider (2006) den „methodologischen Nationalismus" sozialwissenschaftlicher Forschung, der mit Gesellschaften und Kulturen automatisch nationalstaatlich begrenzte Gebilde gleichsetzt. Beck wirft den Sozialwissenschaften vor, dass sie Nationalstaaten als geschlossene Container modellieren und deshalb viele Aspekte des Globalisierungsprozesses systematisch ausblenden (Beck 1997). Zweitens seien wir längst in einer „kosmopolitischen Konstellation" angekommen, in der Nationalstaaten nicht mehr als souveräne, abgeschlossene und homogene Gebilde gelten könnten. Drittens bestehe Kosmopolitismus als Methode darin, die Dualität von Nation und Transnationalem aufzuheben. Zum Beispiel gebe es längst eine Weltinnenpolitik; nicht-nationale Untersuchungseinheiten sollten in den Fokus der vergleichenden Forschung rücken. Gerade die Medien markieren nach Beck und Sznaider den Unterschied zu früheren Epochen, als es auch schon transnationale Interdependenzen gab, aber noch kein öffentliches Bewusstsein dieser Wechselwirkungen: „[T]he (forced) mixing of cultures is not anything new in world history but, on the contrary, the rule [...]. What is new is not forced mixing but global awareness of it, its self-conscious political affirmation, its reflection and recognition before a global public via the mass media, in the news and in the global social movements [...] [P]eople view themselves simultaneously as part of the world and as part of their local situations and histories" (Beck und Sznaider 2006, S. 10f.).

Länder sind weder geschlossene, noch unabhängige Vergleichseinheiten, sondern, wie Galton schon vermutet hatte, seit Langem (z. B. durch Kolonialismus, Kriege, Handelsverbindungen) miteinander im Austausch stehende und teilweise voneinander abhängige Gebilde. Im Bereich der internationalen Kommunikation beruhen zwei traditionell einflussreiche Theorien, die Dependenztheorie und die Theorie des Medienimperialismus gerade auf dieser Annahme: Mediensysteme beeinflussen sich gegenseitig bzw. die Mediensysteme im globalen Süden sind von den Medienangeboten der westlichen Länder und insbesondere der USA abhängig (siehe im Überblick: Krotz 2005; Thussu 2006 sowie Kap. 9 in diesem Band). In der Darstellung des indischen Mediensystems, das weiter oben skizziert wurde, schreibt Thussu externen westlichen Einflüssen (dem Murdoch-Konzern) eine Mitverantwortung für die Boulevardisierung der Medienkultur in Indien zu. Heutige Theorien betonen eher neutral die zunehmenden und wechselseitigen kommunikativen „Konnektivitäten" im Rahmen der Globalisierung (Hepp 2006) und das Wechselspiel von westlichen „Flows" und nicht-westlichen „Contra-flows" (Thussu 2007a). Die These einer *Determinierung* globaler Medienkultur durch die USA wird kaum mehr vertreten (siehe Tunstall 2007).

Mögliche Diffusionsprozesse sind also beim Ländervergleich zu berücksichtigen. Die Frage ist nur wie – und ob das reicht, um die Nationalstaaten als problematisch gewordene Grundeinheit der klassischen komparativen Forschung ins 21. Jahrhundert zu retten. Denn Nationalstaaten beeinflussen sich nicht nur gegenseitig, sie „zerfasern" in verschiedene Richtungen (Leibfried und Zürn 2006). Sie werden außen umhegt von den inter- und

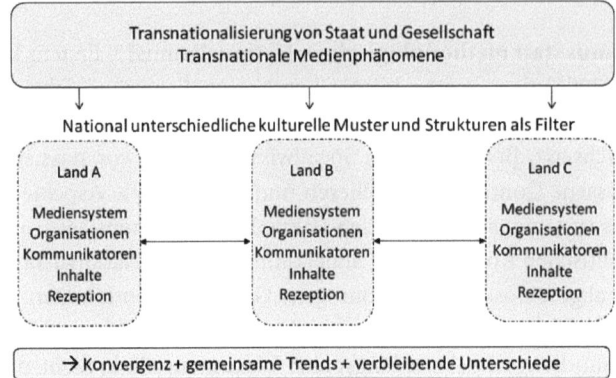

Abb. 3.2 Erweiterte Hintergrundannahmen des Ländervergleichs

supranationalen Institutionen der EU (in Europa zumindest) und des globalen Finanz- und Handelssystems (Internationaler Währungsfond und Welthandelsorganisation). Von innen höhlt sich der Nationalstaat aus, indem er zunehmend Macht und Verantwortung an privatwirtschaftliche Akteure abgibt (auch an die global agierenden Medienkonzerne, wie sich zum Beispiel am Einfluss von Rupert Murdoch auf die britische Innenpolitik zeigt). Im Rahmen der subsidiären Regelung und Dezentralisierung hoheitlicher Aufgaben werden zudem Kompetenzen an regionale oder lokale Akteure abgegeben (autonome Regionen, Bundesländer/Kantone, Kommunen). Andererseits wird damit der Nationalstaat nicht bedeutungslos. Er bleibt der zentrale Weichensteller, der globale Einflüsse domestiziert. Die Wandlungen des alten Nationalstaats stellen nicht nur einen Zerfaserungsprozess dar, sondern einen Prozess der Selbsttransformation. Im Ergebnis führt dies nicht zu global uniformen Phänomenen des sozialen Wandels. Es kommt zu einer national gefilterten Umwandlung globaler Antriebskräfte in vielfältige lokale Ausprägungsformen (vgl. die Ergebnisse des Sonderforschungsbereichs „Staatlichkeit im Wandel" in Bremen; www.sfb597.uni-bremen.de).

Auch in der Medienwelt gibt es diese Gleichzeitigkeit von transnationalen Kommunikationsphänomenen und nationalen Besonderheiten. Die impliziten Hintergrundannahmen der vergleichenden Methode haben sich dadurch geändert von einer Vorstellung wie sie in Abb. 3.1 dargestellt wurde, zu einem Modell, wie es in Abb. 3.2 skizziert ist. Das Vergleichsmodell muss erweitert werden, um der neuen kosmopolitischen Konstellation gerecht zu werden.

Bei der Weiterentwicklung der vergleichenden Methode lassen sich drei alternative Strategien unterscheiden:

1. die Berücksichtigung von Diffusionsprozessen im traditionellen Vergleichsdesign durch das Hinzunehmen zusätzlicher Variablen;

2. die Einbeziehung zusätzlicher Untersuchungsebenen: Der Ländervergleich wird dann zum Mehrebenenvergleich;
3. die Einbeziehung neuer Vergleichsgegenstände: Der Vergleich setzt dann bei transnationalen Medien- Kommunikationsphänomenen selbst an und vergleicht diese.

3.2 Zusätzliche Variablen: Erweiterung des traditionellen Vergleichsdesigns

Die vergleichende Politikwissenschaft hat sich mit Galtons Problem schon intensiver befasst als die Medien- und Kommunikationswissenschaft. So unterscheidet Jahn (2009) drei Strategien, mit dem Problem der zwischenstaatlichen Diffusion umzugehen.

Methodik

Drei Strategien zur Integration von Diffusionsphänomenen – Erstens: Die Drop-Cases-Strategie. Fälle, bei denen ein Diffusionseinfluss erkennbar wird, werden aus der Analyse ausgeschlossen.

Zweitens: Die Sample-Solution-Technik, die von vornherein solche Fälle weglässt, bei denen wir von wechselseitiger Beeinflussung ausgehen müssen. Wenn man z. B. das deutsche Mediensystem mit anderen vergleichen will, dann sollte es nach dieser Logik keinesfalls mit Österreich oder der Schweiz verglichen werden, weil hier auf Grund der Nachbarschaft und der Sprachgemeinschaft eine starke Diffusion anzunehmen ist. Problematisch sind diese Strategien natürlich, wenn es um Fragestellungen geht, bei denen für praktisch alle Länder Einflussprozesse vorhanden sind, z. B. wenn es um TV-Unterhaltungsinhalte geht, wo wohl die Fernsehprogramme der meisten Länder von US-amerikanischen Serien, Filmen und Fernsehformaten beeinflusst sind.

Drittens: Die Additional-Variable-Strategie. Sie nimmt, wie der Name schon sagt, eine zusätzliche Variable ins Vergleichsdesign auf, die Aussagen über den Grad von Diffusionsprozessen macht. Zum Beispiel könnte die gemeinsame Mitgliedschaft in der EU ein Indikator für Staaten sein, die sich möglicherweise wechselseitig stark beeinflussen.

Neben diesen methodischen Strategien besteht eine weitere Möglichkeit mit Diffusionsprozessen umzugehen darin, diese selbst zum Gegenstand der Analyse zu machen und dabei zum Beispiel die Diffusionsprozesse zwischen verschiedenen Ländern zu vergleichen. Kleinsteuber (2003) unterscheidet in diesem Zusammenhang vier Ansätze. Das Grundmodell bildet die *Diffusion* selbst: Phänomene in einem Land werden beobachtet und von Akteuren in anderen Ländern freiwillig übernommen. Davon zu unterscheiden sind *Dependenz*-Beziehungen, bei denen die Übernahme von Modellen nicht freiwillig geschieht, sondern z. B. im Rahmen von Kolonialverhältnissen. Möglich ist weiterhin, dass bestimmte Länder die gleichen Entwicklungen zeitversetzt vollziehen (*Temporanz*) oder dass z. B.

Innovationen bewusst übernommen werden, weil sie als überlegene Problemlösungen erscheinen (*Performanz*). Mit dieser Perspektive der wechselseitigen Beeinflussung und der Diffusion kommt also auch der Zeitvergleich mit ins Spiel: Wenn sich Länder zu einem gegebenen Zeitpunkt unterscheiden, dann können sich darin stabile Länderunterschiede ausdrücken oder auch nur die Tatsache, dass sich die gleichen Entwicklungen in einem Land früher vollzogen haben als in dem anderen Land. Wechselseitige Beeinflussung ist also ein Prozess, der nur analysiert werden kann, wenn die statische Perspektive des Vergleichs zugunsten von Untersuchungen aufgegeben wird, die Entwicklungen und Prozesse nachzeichnen. Dies verkompliziert natürlich das Vergleichsdesign, weil ein Ländervergleich mit einem Zeitvergleich kombiniert wird, führt aber zu erweiterten Erkenntnismöglichkeiten.

Die oben erwähnte Strategie, Diffusionsprozesse als zusätzliche Variable in den Vergleich hineinzunehmen (vgl. auch Esser 2003) zielt letztlich darauf ab, die traditionelle vergleichende Methode nur zu erweitern, aber nicht substantiell verändern zu müssen. Darum sprechen wir in diesem Fall vom *erweiterten Vergleich*. Dabei können Einflüsse, die als zusätzliche Variable operationalisiert werden, nicht nur von anderen Ländern (wie oben diskutiert), sondern auch z. B. von einer supra- oder internationalen Organisation wie der EU oder der WTO, oder von einer transnationalen Nichtregierungsorganisation wie etwa Greenpeace oder Transparency International ausgehen.

▶ **Definition: Erweiterter Vergleich** Beim erweiterten Vergleich werden zur Erklärung nationaler Gegebenheiten oder Zustände neben nationalen Erklärungsfaktoren auch Faktoren jenseits der nationalen Ebene miteinbezogen. Dadurch werden die einzelnen Fälle (Länder) nicht mehr als abgeschlossene und voneinander unabhängige Einheiten verglichen, sondern als Einheiten betrachtet, die sich auch gegenseitig beeinflussen und gemeinsamen äußeren Einflüssen unterliegen.

Um die unterschiedliche Wirkkraft solcher Einflüsse auf das Geschehen in verschiedenen Untersuchungsländern nachweisen zu können, muss einerseits das nationale Geschehen in verschiedenen Ländern zu *mehreren Zeitpunkten* erhoben werden und andererseits ein *Mechanismus* nachgewiesen werden, durch den der transnationale Einfluss auf das jeweilige Land einwirkt (z. B. durch rechtlich bindende Vorschriften, ökonomische Anreize, persönliche Netzwerke usw.). Ein gutes Beispiel für diese Art der Analyse stellt die international vergleichende Forschung zur Professionalisierung von Wahlkämpfen dar (vgl. Plasser und Plasser 2003; als Überblick Holtz-Bacha 2003). Sie hat gezeigt, dass sich außerhalb der USA durchaus Übernahmen von amerikanischen Wahlkampfstrategien feststellen lassen, dass diese aber im Kontext nationaler politischer und medialer Strukturen und Kulturen jeweils spezifisch adaptiert werden und so zu unterschiedlichen hybriden Formen von Wahlkampfführung in verschiedenen Ländern führen. Der Pfad des externen Einflusses läuft dabei stark über länderübergreifende Personennetzwerke zwischen politischen Beratern und Auftraggebern. Das Spektrum der Aktivitäten reicht dabei vom einfachen Erfahrungsaustausch bis zur Beschäftigung ausländischer, insbesondere US-amerikanischer Berater in anderen Ländern.

Die Herausforderung bei dieser Art von erweitertem Vergleichsdesign besteht darin, den Einfluss endogener und exogener Faktoren auf das nationale Geschehen angemessen zu rekonstruieren. Dabei können gerade auch qualitative Ansätze wie das „Process-Tracing" zum Einsatz kommen, die genau rekonstruieren, wie sich der Prozess der Diffusion vollzieht (George und Bennett 2005). Der quasiexperimentellen Logik folgend können exogene und endogene Faktoren dadurch voneinander getrennt werden, dass die Länder (zumindest auch) nach dem Grad ihrer Eingebundenheit und Anfälligkeit für solche externen Einflüsse ausgewählt werden, dass also das Vorhandensein/Nichtvorhandensein bzw. die Stärke solcher Einflüsse als unabhängige Variable in die Fallauswahl einbezogen wird. Gelingt es dann noch zusätzlich, für die differentiellen exogenen Einflüsse kausale Pfade oder Mechanismen anzugeben, also nachzuweisen, auf welchem Wege sich der Einfluss mehr oder weniger stark geltend macht, dann verspricht dieses Herangehen sehr robuste Erklärungen für das jeweilige nationale Geschehen (vgl. Esser und Pfetsch 2003).

3.3 Zusätzliche Analyseebenen: Einbettung in ein Mehrebenendesign

Der erweiterte Vergleich unterscheidet sich vom traditionellen Ländervergleich dadurch, dass er für Phänomene grenzüberschreitender Beeinflussung zusätzliche Variablen hinzufügt, ohne vom Grundmodell substantiell abzurücken. Wesentlich weiter geht der Vorschlag, die Länder nur noch als eine Ebene in einem politischen und kulturellen Mehrebenensystem zu betrachten: Der Ländervergleich wird eingebettet in eine Mehrebenenanalyse oder es wird gleich auf mehreren Ebenen parallel verglichen. Die neuen Untersuchungsebenen liegen oberhalb und unterhalb der nationalen Ebene (Pfetsch und Esser 2008). Länder als Subsysteme eines größeren Ganzen zu analysieren, war schon ein Anliegen von Blumler und Gurevitch (1995), den „Vätern" der jüngeren komparativen Kommunikationswissenschaft.

▸ "A comparative analysis [...] should be able to reveal both the characteristics of the national ‚subsystems', the similarities and differences between the different components of the global system, and the linkages and relationships that are binding such units into a more constituent whole" (Blumler und Gurevitch 1995 S. 77).

Oberhalb der nationalen Ebene gibt es aber nicht nur die globale Ebene, sondern vor allem die der Großregionen, die sich politisch oder sprachlich-kulturell konstituieren können (vgl. Abschn. 1.5 in diesem Buch). Solche geolinguistischen Regionen finden wir etwa im Falle des arabischen oder des angelsächsische Kulturraums (Hepp 2006). Während hier noch Vergleiche zwischen verschiedenen Regionen möglich sind und man dabei vom Erkenntnispotential der vergleichenden Methode profitieren kann, so ist dies bei der globalen Ebene nicht mehr der Fall.

Eine hilfreiche Modellierung des Verhältnisses von globaler und nationaler Ebene besteht darin, die oberen Einheiten als Ergebnis der Interaktionen der unteren Einheiten zu konzeptionalisieren. Dies ist bei dem Modell von McMichael (1990, 2000) der Fall, der den Ländervergleich als „eingebetteten Vergleich" („incorporated comparison") modelliert. Länder werden als Elemente eines übergreifenden Ganzen verglichen. Die Teile werden dabei aber nicht vom Ganzen „regiert" oder determiniert, sondern das Ganze wird umgekehrt durch die Analyse sich gegenseitig bedingender Teile erst erkennbar (McMichael 2000, S. 391). Die zu vergleichenden Begebenheiten – McMichael spricht von „instances", nicht von „cases" – werden dabei nicht wie beim erweiterten quasiexperimentellen Design als Variablenbündel aufgefasst und nach ihren Ausprägungen auf den erklärenden Variablen ausgewählt, sondern „aufgrund ihrer Beziehungen untereinander sowie ihrer Beziehungen zum großen Ganzen, das sie formen", wie Esser (2003, S. 487) formuliert. Der Vergleich wird damit in die substanzielle Analyse „eingebettet". Er wird zum integralen Teil historisch spezifischer Analyse, nicht zu einer „äußerlichen" Methode, deren Anwendung erst im Nachhinein Schlussfolgerungen über die Gültigkeit zeit- und ortlos formulierter, allgemeiner Theorien erlaubt.

Nach der Strategie von McMichael wird die übergeordnete Struktur erst durch die Analyse der Teile erkennbar. Das Ganze bildet sich durch diese Interaktionen gewissermaßen erst selbst („self-forming whole") (Mc Michael 2000, S. 387). Daher braucht der eingebettete Vergleich auch nicht von einer vorher feststehenden Gesamtstruktur oder einem feststehenden Gesamtprozess – etwa der kapitalistischen Weltökonomie, der Globalisierung oder einer allumfassenden funktionalen Differenzierung – auszugehen, die dann lediglich als externe Einflussquelle wahrgenommen würden.

▶ **Definition: Eingebetteter Vergleich** Beim eingebetteten Vergleich („incorporated comparison") nach McMichael (1990, 2000) werden einzelne Begebenheiten oder Elemente als Teile eines übergreifenden Ganzen miteinander verglichen, das sie zugleich selbst formen. Der Charakter des Gesamtzusammenhangs wird dabei aus den Interaktionen der Teile untereinander sowie der Teile mit dem emergenten Ganzen erklärt. Der eingebettete Vergleich zielt dabei auf die Erklärung historisch spezifischer Totalität.

Die Ähnlichkeit zu einem um externe Variablen erweiterten Länder-Vergleich besteht in der empirischen Untersuchung von Beziehungen und Prozessen, die zwischen Einheiten, Begebenheiten, Orten, Fällen etc. stattfinden. Der zentrale Unterschied zwischen dem erweiterten und dem eingebetteten Vergleich besteht allerdings im Ziel der Analyse: Während der erweiterte Vergleich letztlich auf den Test allgemeiner erklärender Theorien zielt, strebt der eingebettete Vergleich die Erklärung historisch und räumlich spezifischer Zusammenhänge an (analog zur Unterscheidung zwischen variablenorientiertem und fallorientierten Vergleich). Die beiden Vergleichstypen bleiben damit ihrer Herkunft aus unterschiedlichen Wissenschaftsparadigmen treu: universelle Theorien nach dem Muster naturwissenschaftlicher Erkenntnis auf der einen und kontextualisiertes Verständnis im Sinne der Geschichts- und Kulturwissenschaften auf der anderen Seite. Beide Paradigmen haben ihren Platz in einer breit und integrativ verstandenen Sozialwissenschaft. Die Forschung im Feld der transnationalen Kommunikation würde von der gegenseitigen Anerkennung und Nicht-Ausgrenzung beider Paradigmen profitieren.

Ein weiterer Schritt der Fortentwicklung des klassischen Ländervergleichs zum Mehrebenenvergleich besteht schließlich in der Berücksichtigung derjenigen Ebene, die in traditionellen Mehrebenenmodellen wie dem Zwiebelmodell von Weischenberg (1995) oder den Modellen von Shoemaker und Reese (1996; siehe auch Reese 2001) unterhalb der nationalen Ebene angesiedelt werden: bestimmte Medientypen und Medienorganisationen. Man könnte nun argumentieren, dass diese Sicht auf Medienorganisationen als Ebene unter der nationalen Ebene dem kritisierten Container-Modell entspricht: Wir schauen hinein und entdecken in allen nationalen Containern zum Beispiel populäre und Elite-Medien. Da es sich dabei aber um länderübergreifend geteilte Strukturen handelt, könnte man sie als Strukturen eines transnationalen Mediensystems ansehen. Da aber Boulevardzeitungen in England anders aussehen als etwa in Deutschland oder der Schweiz, ist auch diese Zuordnung kritisierbar. Es handelt sich um grenzüberschreitend vorhandene Strukturen, die *gleichzeitig* auch von der jeweiligen nationalen Medienkultur geprägt werden. Diese Medienkultur darf nur nicht als homogenes und undurchlässiges Gebilde konzeptionalisiert werden.

Für den Vergleich bedeutet dies, dass diese Differenzierungen unterhalb bzw. quer zur nationalen Ebene berücksichtigt werden müssen. Eine Analyse der New York Times sagt nicht viel über die Medienkultur der USA aus. Zunächst einmal sagt sie etwas über die „Redaktionskultur" (Brüggemann 2011) der New York Times aus, als einem Medienbetrieb der in vielerlei Hinsicht gerade nicht typisch für „die" amerikanischen Medien ist. Ein umsetzbare Alternative wäre ein Sample aus New York Times, USA Today und Fox News, zu denen dann nach funktionalen Äquivalenten aus anderen Ländern gesucht wird (zur Problematik der Äquivalenz siehe: Wirth und Kolb 2003). Dann lässt sich untersuchen, welche Phänomene „typisch USA" sind und welche „typisch liberale international orientierte Qualitätszeitung" sind.

Durch die Einbeziehung verschiedener Ebenen lässt sich dann untersuchen, welche Ebene die größte Erklärungskraft für Unterschiede im Hinblick auf die betreffende Fragestellung hat. Dabei kann sich zum Beispiel zeigen, dass die Länderunterschiede nach wie vor die Unterschiede journalistischer Praktiken und der Berichterstattung besser erklären als die Unterscheidung nach Medientypen. Dies zeigt zum Beispiel Esser (2008), der private und öffentlich-rechtliche Fernsehsender im Hinblick auf Sound- und Imagebites untersucht. Dabei erweist sich die Nation im Ergebnis tatsächlich als die relevantere Unterscheidungseinheit. Zu vermeiden ist trotzdem ein voreiliges Aggregieren der gesammelten Daten auf nationaler Ebene, ohne über mögliche andere relevante Kontexteinheiten zur Erklärung nachgedacht zu haben. Im Bereich der Medien sind Medientypen wie privater Rundfunk oder Qualitätszeitung dafür nach wie vor relevante prägende Kategorien. Dieses Vorgehen ist ganz im Sinne von Kohn, der schon 1987 im Rahmen eines vielzitierten Aufsatzes über den Status von Staaten im Vergleichsdesign schrieb: „the status of the nation is, in part, an empirical matter" (Kohn 1987).

3.4 Neue Vergleichsobjekte: Transkultureller Vergleich

Neben die Einbeziehung zusätzlicher Variablen und Analyseebenen treten schließlich Vergleichsdesigns, die sich unmittelbar transnationalen und transkulturellen Phänomenen widmen. Hier treten Länder als Fälle des Vergleichs in den Hintergrund: „The inevitability of comparison does not make the nation-state the inevitable unit of analysis" (Livingstone 2011). Was an die Stelle des Ländervergleichs tritt, bezeichnet Livingstone als „cross-border mapping of transnational media flows". Mit dieser Bezeichnung lassen sich beispielsweise Studien beschreiben, die verschiedene Typen von transnationalen Medien identifizieren (z. B. Chalaby 2005; Brüggemann und Schulz-Forberg 2009, siehe auch Abschn. 5.2.1 in diesem Buch). Hepp und Couldry (2009) gehen noch einen Schritt weiter, indem sie auch begrifflich den Nationalstaat hinter sich lassen und vom transkulturellen Vergleich sprechen.

> „Ein ‚transkultureller Ansatz' operiert nicht mit der Vorstellung von durch territoriale Staaten gebundenen Medienkulturen, sondern mit einem Verständnis, wonach Medienkulturen spezifische Verdichtungen in einer zunehmend globalen kommunikativen Konnektivität sind. Eine solche Vergleichssemantik versucht die Spezifik solcher Verdichtungen wie auch die komplexen Beziehungen zwischen ihnen zu fassen" (Hepp 2009, S. 24).

Als Beispielstudie verweisen Hepp und Couldry (2009) auf die Untersuchung des katholischen Weltjugendtags in Köln 2007 (Forschungskonsortium WJT 2007). Der grenzüberschreitend beobachtbaren medialen Inszenierung des Papstes stand ihre differentielle Ausprägung in den Medien Deutschlands und Italiens gegenüber. Zwar ist dies gerade ein Beispiel dafür, wie nationalstaatliche Weichensteller auch bei der Aneignung von grenzüberschreitenden Medienereignissen eine Rolle spielen. Zentral für den Ansatz ist aber, dass die Staaten nicht Ausgangspunkt des Vergleichs sind. National geprägte kulturelle Verdichtungen können aber durchaus ein (Teil-)Ergebnis der Analyse sein.

Ein weiteres Beispiel für die neuen Untersuchungsobjekte, die der transkulturelle Vergleich ins Zentrum der wissenschaftlichen Aufmerksamkeit rückt, sind Diaspora-Gemeinschaften von Migranten, die medial vermittelten Kontakt zur Herkunftskultur ihrer Eltern und zugleich zu ihrem aktuellen Lebensumfeld unterhalten und dabei eigene hybride Verdichtungen kultureller Praktiken hervorbringen. Ebenso wie bei den Studien zu transnationalen Medien befinden sich auch hier die Untersuchungen noch im Bereich der Beschreibung von Gemeinsamkeiten und Unterschieden und der Entwicklung von Typologien. So haben Adoni et al. (2002) die arabische und russische Minderheit in Israel im Hinblick auf ihre Mediennutzung und kollektiven Identifikationsmuster verglichen und auf Basis dieser Dimension eine Typologie entwickelt. Hepp et al. (2010) entwickeln diesen Ansatz im Hinblick auf die Medienaneignung türkischer, russischer und marokkanischer Immigranten in Deutschland weiter.

Bei der komparativen Untersuchung vieler transnationaler Gegenstände betritt die empirische Forschung Neuland, denn die Globalisierungsdebatte hat sich lange Zeit auf einer abstrakten und empiriefernen Ebene bewegt, so dass hier noch nicht viele Referenzstudien vorliegen. Darum besteht, wie in Kap. 2 dargelegt, das erste Ziel gerade des transkulturellen Vergleichs in guter Beschreibung und dann in der Entwicklung von Typologien, die einen wichtigen Schritt auf dem Weg zur Theorieentwicklung darstellen. Für die Zukunft gibt es in diesem Bereich nicht nur viele Gegenstände, die noch erforscht werden können, sondern auch die Herausforderung, gute Erklärungen für die gefundenen Gemeinsamkeiten und Unterschiede zu finden (vgl. Wessler und Röder 2010).

3.5 Die Vergleichsansätze im Vergleich

Für den traditionellen internationalen Vergleichsansatz spricht, dass Medien- und Journalismuskulturen immer noch stark national verankert sind (Esser 2004) und dass es sich bei Staaten um klar abgegrenzte Gebilde handelt, zu denen es vielerlei Forschung und Daten gibt, die Vergleichsdesigns erleichtern. Die Schwäche besteht in einer Überbetonung *inter*nationaler Unterschiede und *inner*nationaler Homogenität und der Blindheit für transnationale Diffusionsprozesse und den tiefgreifenden Wandel des alten Nationalstaats. In jedem Fall muss daher der Ländervergleich in der heutigen Zeit um die Kontrolle transnationaler Einflüsse erweitert werden (erweiterter Vergleich).

Realitätsnäher erscheint allerdings die Modellierung von medienvermittelter öffentlicher Kommunikation als Mehrebenensystem, durch die auf verschiedenen Ebenen verglichen und die Erklärungskraft der unterschiedlichen Ebenen systematisch untersucht werden kann. Eine Folge dieser Herangehensweise ist allerdings, dass sie den Aufwand empirischer Forschung gegenüber dem bloßen Ländervergleich erheblich steigert.

Für bestimmte Fragestellungen, die unmittelbar grenzüberschreitende Phänomene betreffen, stellt der transkulturelle Vergleich eine Alternative dar. Er stellt konsequent neue Untersuchungseinheiten in den Mittelpunkt, die nicht mit nationalen Grenzen deckungsgleich sind. Hier liegt allerdings eine Gefahr darin, dass die immer noch existierende Prägekraft nationaler Kontexte übersehen werden kann.

Darum haben alle vorgestellten Ansätze ihre Stärken und ihre Grenzen. Forschende sollten sich wie immer bei Methodenentscheidungen von ihrer Forschungsfrage leiten lassen und dann bei der Dateninterpretation die Grenzen des gewählten Ansatzes berücksichtigen. In jedem Fall profitiert die Forschung, wenn sie bewusst und explizit vergleicht. Und so können wir dem folgenden Postulat – bei aller Komplexität, die vergleichende Designs mit sich bringen – nur zustimmen:

▸ "[…] one can hardly imagine the study of globalization of media systems, communications and politics other than with comparative designs on all levels of empirical analysis" (Pfetsch und Esser 2008, S. 123).

Empfohlene Basislektüre zur Ergänzung dieses Kapitels:

Blumler, J.G., Gurevitch, M. 1995. *The crisis of public communication*, (S. 73–85). London, New York: Routledge.

Hepp, A. 2009. Transkulturalität als Perspektive: Überlegungen zu einer vergleichenden empirischen Erforschung von Medienkulturen. *Forum Qualitative Sozialforschung/Forum: Qualitative Social Research*, 10(1). http://www.qualitative-research.net/index.php/fqs/article/view/1221/2659. Zugegriffen: 15.03.2012.

Pfetsch, B., Esser, F. 2008. Conceptual challenges to the paradigms of comparative media systems in a globalized world. *Journal of Global Mass Communication*, 1(3/4): 118–131.

Weiterführende Literatur

Esser, F., Hanitzsch, T. (Hg.) 2012. *Handbook of comparative communication research*. New York: Routledge.

Esser, F., Pfetsch, B. (Hg.) 2003. *Politische Kommunikation im internationalen Vergleich: Grundlagen, Anwendungen, Perspektiven.* Wiesbaden: Westdeutscher Verlag.

McMichael, P. 2000. World-systems analysis, globalization, and incorporated comparison. *Journal of World-Systems Research*, 6(3): 68–99.

Diskursive Kommunikation 4

▶ Das folgende Kapitel beschäftigt sich mit transnationaler Kommunikation aus öffentlichkeitstheoretischer Perspektive. Diese Perspektive interessiert sich für die diskursiven Aspekte von Kommunikation, also für Kommunikation als einen Verständigungsprozess auf Basis des Austauschs von argumentativ begründeten Meinungen. Öffentlichkeitstheorien bieten dabei nicht nur Modelle zur Beschreibung und Analyse von Prozessen öffentlicher Kommunikation an. Sie bieten auch Maßstäbe zur kritischen Bewertung transnationaler Kommunikation im Hinblick auf ihre Tauglichkeit, rationale Verständigungsprozesse über grenzüberschreitend relevante Probleme zu ermöglichen.

Öffentlichkeit ist ein Kommunikationsraum („public sphere"), der durch die kommunikativen Interaktionen der „Gesprächs"-Teilnehmer („publics") konstituiert wird und einen Zustand geteilter Aufmerksamkeit für allgemein als relevant angesehene Themen herstellt („publicity"). Strukturiert ist dieser Kommunikationsraum als Netzwerk von Kommunikationsforen, in dessen Zentrum die traditionellen Massenmedien als Integrationsinstanzen des öffentlichen Diskurses stehen. Normativ wird von dem öffentlichen Meinungsaustausch ein Beitrag zur Transparenz und Validierung von Politik erwartet, der sowohl den Regierenden als auch den Bürgern Orientierung beim eigenen politischen Handeln bietet.

Bei der Modellierung einer transnationalen Öffentlichkeit oder sogar einer Weltöffentlichkeit stellt sich empirisch die Frage, wie man sich eine solche konkret vorzustellen hat und wie sie zu messen wäre. Dabei wird der Blick auf die Kommunikationsinfrastrukturen, Sprecher, Themen und Publika gelenkt, die allesamt einen Entgrenzungsprozess durchlaufen müssten. Normativ stellt sich die Frage, welche politische Instanz gegenüber welchem Demos zur Rechenschaft gezogen werden soll, da es keine von den Bürgern abwählbare Weltregierung gibt, sondern stattdessen eher diffuse Strukturen transnationalen Regierens. Nicht nur die Ermöglichung transnationaler öffentlicher Debatten, sondern eine Demokratisierung transnationaler Governance-Strukturen wird damit zur Hauptforderung einer Theorie transnationaler Öffentlichkeiten.

4.1 Öffentlichkeit in der Alltagssprache

Für Journalisten ist sie etwas ganz Selbstverständliches: „die Weltöffentlichkeit". Sie kommt als Topos häufig in der Medienberichterstattung vor. „Die Weltöffentlichkeit" richtet ihren Blick zum Beispiel auf Menschenrechtsverletzungen in China oder Wahlmanipulationen im Iran. Sie schweigt oder schaut weg. Die Augen „der Weltöffentlichkeit" wandern über den Globus und setzen die Mächtigen unter den Druck des Beobachtetwerdens.

Konkret meinen Journalisten mit dem Begriff Weltöffentlichkeit zunächst einmal sich selbst beziehungsweise das Kollektiv der verschiedensten Medien, die weltweit über die gleichen Themen berichten. Zu Symbolen dieser Weltöffentlichkeit sind transnationale Satellitensender geworden, vorneweg der Pionier CNN International, der 1985 ‚on air' ging. Dann bezeichnet Öffentlichkeit im allgemeinen Sprachgebrauch auch den Zustand allgemein geteilter Aufmerksamkeit für ein bestimmtes Thema. In diesem Sinne schaffen Medien Öffentlichkeit für kollektiv relevante Sachverhalte. Sie wecken die Aufmerksamkeit eines Publikums, weshalb mit Weltöffentlichkeit oft auch das globale Publikum selbst gemeint ist: Die Menschen, die in den verschiedenen Ländern vor ihren Fernsehern, hinter ihrer Zeitung oder am Computer sitzen und dabei das Weltgeschehen beobachten und an globalen Debatten teilnehmen. Während das Publikum in den klassischen Massenmedien zum weitgehend passiven Zuschauen oder Zuhören verurteilt ist, so eröffnen sich über das Internet und seine Dienste neue Möglichkeiten, auch aktiv an Debatten teilzunehmen. Per eigener Webseite, Blog oder über Twitter und Facebook bilden sich neue Formen der kommunikativen Teilhabe und Teilnahme aus. Aus der vernetzten Kommunikation kann sich dann politisches Handeln entwickeln: Die Demokratiebewegungen im arabischen Raum haben angesichts staatlich kontrollierter Massenmedien in den sozialen Netzwerken des Internets ihre Foren gefunden, um sich zu verständigen und zu organisieren (Kap. 10.2).

Öffentlichkeit bezeichnet also im allgemeinen Sprachgebrauch drei Dinge: (1) *Infrastrukturen öffentlicher Kommunikation* (z. B. die klassischen Massenmedien oder die neuen sozialen Mediennetzwerke), (2) einen *Zustand allgemeiner Aufmerksamkeit* als Ergebnis öffentlicher Kommunikationsprozesse, (3) ein *Kollektiv* derjenigen, die an Kommunikation beteiligt sind. Mit dem Begriff der Öffentlichkeit ist ein Konzept in den allgemeinen Sprachgebrauch eingewandert, das auch in den Sozialwissenschaften eine Schlüsselkategorie zur Analyse politischer Kommunikation darstellt. Das Öffentlichkeitskonzept ist für dieses Lehrbuch allein schon deswegen grundlegend, weil der Gegenstand des Buchs, wie eingangs dargestellt, die medienvermittelte, *öffentliche Kommunikation* ist. Im Gegensatz zur bloßen Beschreibung der Merkmale und der Funktionsweise öffentlicher Kommunikation zeichnet sich die *Öffentlichkeitsperspektive* durch den Bezug auf öffentliche Prozesse der Meinungsbildung auf Basis des freien Austauschs von Argumenten aus (vgl. Wessler 2008b, S. 222; Trenz 2008, S. 14). Daher interessiert sich diese Perspektive für die diskursiven Aspekte öffentlicher Kommunikation. Mit „diskursiv" ist dabei im Anschluss an Peters (2005, S. 87) und abweichend von anderen Diskurs-Begriffen gemeint, dass Aussagen begründet werden und sich auf Argumente und Belege stützen.

Im Folgenden wird geklärt, was in den Sozialwissenschaften mit dem Adjektiv „öffentlich" und dem Substantiv „Öffentlichkeit" gemeint ist. Darüber hinaus sind normative und analytische Öffentlichkeitsmodelle zu unterscheiden. Ein analytisches Modell will die Prozesse öffentlicher Meinungsbildung angemessen beschreiben. Ein normatives Modell sagt, wie öffentliche Meinungsbildung zum Beispiel im Hinblick auf eine funktionierende Demokratie aussehen sollte. Im Ursprung ist Öffentlichkeit ein normatives Konzept: Als Forderung des Bürgertums nach Öffentlichkeit wurzelt das Konzept in der Aufklärung und ist eng verknüpft mit der Emanzipation des Bürgertums gegenüber Adel und Klerus. Der Öffentlichkeit werden wichtige Funktionen im Hinblick auf eine demokratische Gesellschaftsordnung zugeschrieben. Auch normative Öffentlichkeitsmodelle können aber analytisch gewendet werden, nämlich dann, wenn untersucht wird, ob reale Kommunikationsprozesse den formulierten Anforderungen genügen.

In einem zweiten Schritt wird das Öffentlichkeitskonzept auf die transnationale Ebene übertragen. Traditionell ist der Begriff der Öffentlichkeit als nationale Öffentlichkeit in einem Land gedacht worden. Theorien, die den heutigen grenzüberschreitenden Kommunikationsströmen gerecht werden wollen, müssen über den Nationalstaat hinausdenken. In diesem Kapitel geht es daher darum, ein Konzept transnationaler Öffentlichkeit zu entwickeln. Ob Modelle transnationaler Öffentlichkeiten den empirischen Realitäten heutiger Kommunikationsprozesse entsprechen, wird dann eingehend in Kap. 5 diskutiert.

4.2 Begriffsbestimmung und Modellierung von Öffentlichkeit

Mit dem Adjektiv „*öffentlich*" wird etwas bezeichnet, das *nicht geheim* und *nicht privat* ist (Peters 1994, S. 330f.; Gerhards und Neidhardt 1991, S. 32). Öffentlich ist Kommunikation also, wenn sie offen zugänglich ist: Keinem wird der Zugang verwehrt. Dies meint Jürgen Habermas, wenn er von der „prinzipiellen Unabgeschlossenheit des Publikums" spricht (Habermas 1990 [1962], S. 98). Damit enthält der Begriff Öffentlichkeit das *Prinzip der offenen Zugänglichkeit*. Das Konzept ist damit aber noch nicht hinreichend präzise definiert. Auch öffentliche Toiletten seien schließlich offen zugänglich, merkt Niklas Luhmann polemisch an (Luhmann 2004 [1995], S. 184).

Die Zugänglichkeit allein ist es also nicht, die Öffentlichkeit ausmacht. Öffentliche Angelegenheiten sind auch das Gegenstück zur Privatsphäre. Das Private meint den Handlungsbereich, in dem sich Menschen individuell verwirklichen können, ohne gegenüber der Allgemeinheit Rechenschaft ablegen zu müssen (Peters 1994). Öffentlich sind demgegenüber Angelegenheiten und Themen, die alle angehen, denen also Relevanz für die Allgemeinheit zugeschrieben wird. Gerade die Verständigung über die Grenzen dessen, was reine Privatsache ist, gehört zu den Diskussionsgegenständen einer politischen Öffentlichkeit. So wurden in der antiken griechischen Stadtstaatendemokratie Frauen und Sklaven von der Debatte ausgeschlossen inklusive vieler sie betreffender Themen. Sie wurden dem „Oikos", dem Haushalt als Privatsache zugeschrieben und galten nicht als Teil der „Polis", als Teil des Gemeinwesens.

Der Begriff der Öffentlichkeit lenkt den Blick also auf Kommunikationsprozesse, die als Folge der allgemeinen Zugänglichkeit vor einem Publikum stattfinden und denen gesellschaftliche Relevanz zugeschrieben wird. In diesem weiten Sinne ist Öffentlichkeit immer auch politisch. Damit ist beschrieben, was mit „öffentlich" gemeint ist. Öffentlichkeit als Substantiv bezeichnet nun den *Kommunikationsraum*, in dem diese Art der Kommunikation stattfindet.

▶ **Friedhelm Neidhardt zum Begriff Öffentlichkeit** „*Öffentlichkeit* erscheint als ein offenes Kommunikationsforum für alle, die etwas sagen, oder das, was andere sagen, hören wollen. In den Arenen und Relaisstationen dieses Forums befinden sich Öffentlichkeitsakteure, die zu bestimmten Themen Meinungen von sich geben oder weitertragen. […] [A]uf den Galerien versammelt sich eine mehr oder weniger große Zahl von Beobachtern, das Publikum. Unter bestimmten Bedingungen können sich […] Übereinstimmungen in den Meinungsäußerungen ergeben. In diesem Fall […] sind ‚*öffentliche Meinungen*' entstanden […]" (Neidhardt 1994, S. 7).

Dieses Modell von Öffentlichkeit wird mit den Metaphern der *Arena* oder des *Forums* verbunden. Auf dem Forum oder der Agora der Antike haben die Bürger nicht nur eingekauft, sondern auch die res publica, die allgemeinen Angelegenheiten, geregelt. Auf dem Marktplatz war die Grenze des öffentlichen Kommunikationsraums da, wo man die Stimme des Redners nicht mehr hören konnte. In der heutigen Gesellschaft sorgen moderne Kommunikationstechniken für die Entgrenzung von Öffentlichkeit (Kleinsteuber 2000, S. 41). Medien (hier: im Sinne von Kommunikationstechniken) erlauben Kommunikation über Raum und Zeit hinweg: Sprecher und Zuhörer müssen weder gleichzeitig anwesend sein noch sich im gleichen Raum befinden. Medial vermittelte Kommunikation ist demnach per se „translokal" (Hepp 2002), sie überschreitet immer räumliche Grenzen und eröffnet somit „deterritorialisierte Kommunikationsräume" (García Canclini 1995). Der mediale Kommunikationsraum ist also ein sozialer und nicht ein geografischer Raum. Ein Sozialraum zeichnet sich dadurch aus, dass er durch Interaktionen von Akteuren konstituiert wird. Öffentlichkeit ist ein Sozialraum, der durch öffentlich zugängliche kommunikative Interaktion zwischen Akteuren konstituiert wird. Menschen kommunizieren miteinander öffentlich über Dinge, denen allgemeine Relevanz zugeschrieben wird.

Aus diesem Verständnis ergibt sich die dreifache Bedeutung von Öffentlichkeit, die auch in der Alltagssprache existiert (siehe oben) und die in der englischsprachigen Diskussion zum Thema mit drei verschiedenen Begriffen belegt werden kann (Brüggemann 2008, S. 41f.; Wessler 2008b, S. 220): Öffentlichkeit ist ein Kommunikationsraum (*„public sphere"*). Dieser Raum wird konstituiert durch die Interaktionen einer Gruppe von Menschen (*„publics"*). Es ist also nicht einfach das passiv bleibende Publikum der Massenkommunikation gemeint. Es handelt sich um ein *Bürger*publikum, das an der öffentlichen Definition und Diskussion gesellschaftlicher Probleme teilnimmt (vgl. die Publikumskonzeption bei Dewey 1927). Das Ergebnis dieser kommunikativen Interaktionen ist die Herstellung eines Zustandes allgemeiner Aufmerksamkeit für ein Thema (*„publicity/publicness"*).

4.2 Begriffsbestimmung und Modellierung von Öffentlichkeit

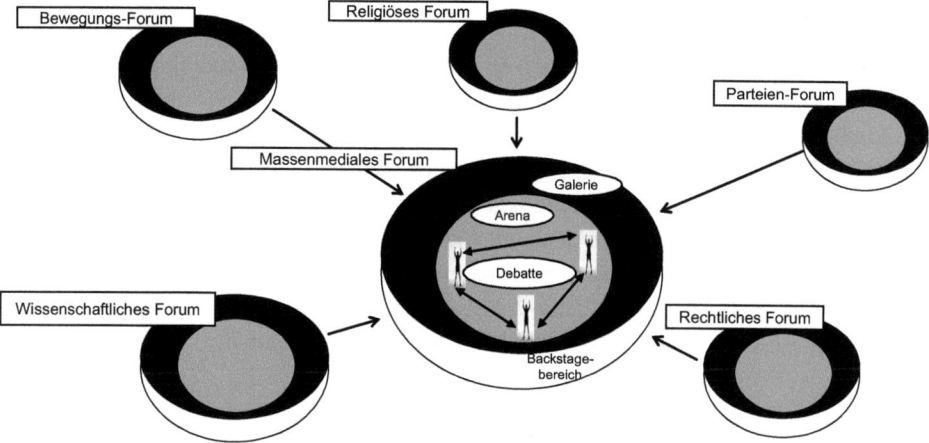

Abb. 4.1 Das Arenen-Modell nationaler Öffentlichkeit nach Ferree et al. (Quelle: Übersetzt aus Ferree et al. 2002b, S. 11)

Drei Metaphern helfen dabei, ein besseres Verständnis von medialer Öffentlichkeit zu entwickeln. Öffentlichkeit ist (1) ein *Netzwerk* (2) verschiedenster *Arenen* öffentlicher Debatte, die durch (3) *Kommunikationsflüsse* miteinander verknüpft sind.

An die traditionelle antike Vorstellung knüpft die Metapher der *Arena* an (Hilgartner und Bosk 1988; Neidhardt 1994; Ferree et al. 2002b). Auf dem Podium diskutieren verschiedene Debattenteilnehmer, darum gruppiert sich ein Publikum (siehe Abb. 4.1). Die öffentliche Kommunikation hat somit eine triadische Struktur. Den Diskutanten in der Arena geht es nicht um wechselseitige Überzeugung: Es handelt sich um einen Wortgefecht vor Publikum. Die Sprecher denken das Publikum immer als „stille Größe" und „bestimmende Bezugsgruppe" mit (van den Daele und Neidhardt 1996, S. 19): Wenn Politiker bei Anne Will oder Günter Jauch in einer politischen Talkshow diskutieren, dann wollen sie nicht sich wechselseitig überzeugen, sondern das Publikum.

> **Die Komponenten des Arena-Modells nach Ferree et al.** „Public discourse is carried out in various *forums*. A forum includes an *arena* in which individual or collective actors engage in public speech acts; an active audience or *gallery* observing what is going on in the arena; and a *backstage*, where the would-be players in the arena work out their ideas and strategize over how they are to be presented, […]. There are different forums […]: mass media, parliaments, courts, party conventions, town hall assemblies, scientific congresses, streets, and the like. We define the public sphere as the set of all forums. […] general-audience *mass media* provide a master forum. […] The mass media gallery includes virtually everyone. […] the mass media forum is *the* major site of political contest because all of the players in the policy process *assume* its pervasive influence […] journalists are not *merely* gatekeepers in this process. They are themselves players who comment on the positions that other actors take, and they participate in framing the issue under discussion" (Ferree et al. 2002b, S. 9–13).

Nun gibt es nicht eine Arena, sondern viele Arenen öffentlicher Diskussion (Gerhards 1998, S. 694f.). Öffentlichkeit wird zum *Netzwerk*, das gerade in der vielfältigen Verknüpfung dieser Arenen besteht. Habermas hatte Öffentlichkeit ursprünglich als „Sphäre der zum Publikum versammelten Privatleute" in den Kaffeehäusern des 18. Jahrhunderts verortet (Habermas 1990 [1962], S. 86). In neueren Texten von Habermas ist aus der Kaffeehaus-Öffentlichkeit ein Abstraktum geworden, das aber die empirische Realität moderner Gesellschaften besser trifft: „Öffentlichkeit lässt sich am ehesten als ein Netzwerk für die Kommunikation von Inhalten und Stellungnahmen, also von Meinungen beschreiben; dabei werden die Kommunikationsflüsse so gefiltert und synthetisiert, dass sie sich zu themenspezifisch gebündelten öffentlichen Meinungen verdichten" (Habermas [1992], S. 436).

Öffentlichkeit umfasst die Gesamtheit der offenen und miteinander durch Kommunikationsflüsse verknüpften Diskussionsforen einer Gesellschaft. Darum behält der Begriff einer Öffentlichkeit im Singular seinen Sinn: „Think of the public sphere as involving a field of discursive connections [… It is] a loss simply to say that there are many public spheres […] for that will leave us groping for a new term to describe the communicative relationships among them" (Calhoun 1992, S. 37).

Die Arena der publizistischen Medien verkörpert das zentrale Diskussionsforum heutiger Mediengesellschaften, weil nur hier eine Mehrheit der Bürger als Publikum Zugang hat und auch tatsächlich das Geschehen in der Arena aufmerksam verfolgt (vgl. Ferree et al. 2002b). Die Medien integrieren das Netzwerk Öffentlichkeit, indem sie die Themen und Meinungsäußerungen aus anderen Arenen öffentlicher Diskussion aufgreifen. Das heißt nun aber auch: Die verschiedensten Diskussionsforen der Gesellschaft, von einer Bürgerversammlung bis zu einer wissenschaftlichen Konferenz, von der Diskussion in einem Internetforum bis zur Großdemonstration, werden nur dann Teil der allgemeinen Öffentlichkeit, wenn sie mit dem großen Forum der Massenmedien durch Kommunikationsflüsse vernetzt sind.

Die *Organisation dieser Kommunikationsflüsse* obliegt im Wesentlichen professionellen Vermittlern: Auf der einen Seite stehen *PR-Fachleute*, die organisierte Interessen in der öffentlichen Debatte vertreten und andere *Sprecher*, die sich auf Grund ihrer beruflichen Funktionen und Ämter öffentlich äußern. Auf der anderen Seite stehen die *Journalisten*, die mediale Debatten moderieren, konstruieren und dabei auch selbst Stellung nehmen. Professionelle Kommunikatoren übernehmen somit zentrale Rollen im öffentlichen Kommunikationsprozess.

4.3 Die normative Dimension von Öffentlichkeit

Offene Zugänglichkeit und allgemeine Relevanz der Kommunikation wurden oben als Definitionsmerkmale des Begriffs Öffentlichkeit vorgestellt. Normativ gewendet lassen sie sich nun auch als erwünschte Eigenschaften nennen, die die Voraussetzung dafür bilden, dass

4.3 Die normative Dimension von Öffentlichkeit

Öffentlichkeit die ihr zugeschriebenen Funktionen für die Gesellschaft erfüllen kann: Die allgemein zugängliche Debatte über die als relevant empfundenen Angelegenheiten gibt den Bürgern die Möglichkeit, frei ihre Meinung zu bilden, ihre Ideen anderen kund zu tun und auf Basis eines informierten Urteils politisch aktiv zu werden. Die öffentliche Debatte beobachtet, kritisiert und legitimiert Politik. *Demokratische* Politik ist von öffentlicher Zustimmung abhängig und wird damit auch begründungspflichtig (Sarcinelli 2005, S. 77). Daher ist Öffentlichkeit seit der Aufklärung ein Kampfbegriff des um Mitbestimmung ringenden Bürgertums (Beierwaltes 2000, S. 56).

Aus verschiedenen Vorstellungen darüber, was eine Demokratie ist und wie sie funktionieren sollte, lassen sich verschiedene normative Theorien von Öffentlichkeit ableiten (vgl. zum Beispiel die – allerdings vielfach kritisierte – Unterscheidung von liberalem und diskursivem Öffentlichkeitsmodell bei Gerhards 1997, und die vier Modelle von Ferree et al. 2002a). Den kleinsten, mehr oder weniger gemeinsamen Nenner verschiedener Ansätze bilden drei normativ zugeschriebene Funktionen von Öffentlichkeit: (1) Sie soll *Transparenz* herstellen, also Politik beobachtbar machen, und (2) die *Validierung* von Ideen und Meinungen leisten, indem diese kontrovers diskutiert werden: „In *allen* Varianten normativer Demokratietheorie gilt eine Öffentlichkeit, die genügend Information bereitstellt und die Transparenz politischer Entscheidungen sowie einen Wettbewerb der Ideen und Argumente sichert, als grundlegende Voraussetzung demokratischer Beteiligung" (Peters 2007b, S. 352). Erfüllen öffentliche Debatten ihre Transparenz- und Validierungsfunktionen, können sie Bürgern und politischem Establishment Orientierung bei politischen Entscheidungen bieten und bestenfalls gesamtgesellschaftliche Lernprozesse in Gang setzen. Daher wird (3) *Orientierung* häufig als dritte Funktion von Öffentlichkeit genannt (Neidhardt 1994). Die Orientierungsfunktion wirkt nicht nur von oben nach unten: Nicht nur die Bürger können sich durch Beobachtung öffentlicher Diskussion ihre Meinung bilden. Auch Politiker beobachten die Medien-Öffentlichkeit und registrieren, ob ihre Vorschläge öffentliche Zustimmung erfahren. Zudem gehört zu dieser Orientierungsfunktion die Bedeutung von Öffentlichkeit als Forum sozialer Integration (Imhof 2008, 2011). Öffentliche Debatten sind das „Zugangsportal der Gesellschaft für ihre Mitglieder" (Imhof 2008, S. 69). Verschiedene Sprecher und ihr Publikum nehmen sich als Teil eines Kollektivs wahr, das sich in der gemeinsamen Debatte über die gleichen Themen und Streitfragen konstituiert.

Bekannt wurde die normative Öffentlichkeitstheorie durch Jürgen Habermas' Buch über den „Strukturwandel der Öffentlichkeit" (1990 [1962]). Dort entwirft Habermas das Idealbild einer bürgerlichen Öffentlichkeit. Dabei handelt es sich um eine der Obrigkeit entgegengesetzte Sphäre öffentlicher Diskussion, in der die Anliegen der Bürger offen, herrschaftsfrei und rational debattiert werden können. Mit Offenheit ist gemeint, dass potentiell jeder mit allen Anliegen darin zu Wort kommen kann. Herrschaftsfrei ist der Austausch dann, wenn jeder Beitrag gleichberechtigt wahrgenommen wird, unabhängig von der sozialen Position des Sprechenden. Und rational ist die Debatte, wenn sie nur unter dem „zwanglosen Zwang des besseren Arguments" geführt wird (Habermas 1992, S. 370). Am Ende sollen sich diejenigen Positionen durchsetzen, die rational nachvollziehbar begründet wurden.

Die jüngere Diskussion hat diese Ansprüche im Hinblick auf ihre Realitätstauglichkeit präzisiert (grundlegend: Peters 1994; vgl. auch Habermas 1990 [1962], S. 11–51; Wessler 1999, S. 231–241; Peters 2002; Wessler und Schultz 2007; Brüggemann 2008, S. 45–53). Die Offenheit für alle Akteure und Themen erscheint unrealistisch angesichts beschränkter Verarbeitungskapazitäten des Systems Öffentlichkeit. Zwar mag es für alle Akteure und Themen Foren der Diskussion geben, in denen sie zu Wort kommen. Hier hat gerade das Internet die Kapazitäten medialer Kommunikation vervielfältigt. Jedoch können in den nach wie vor zentralen massenmedialen Foren, die die Integration der verschiedenen Diskursforen bewerkstelligen sollen, nicht alle Menschen mit allen Anliegen zu Wort kommen. Daher wird der Anspruch auf Partizipation aller *Sprecher und Themen* heute häufig ersetzt durch den Anspruch auf Präsenz aller *relevanten Themen und Perspektiven*, wobei Journalisten und organisierte Vertreter der Zivilgesellschaft die Rolle der Advokaten übernehmen für diejenigen, die nicht direkt zu Wort kommen können. Welches die relevanten Themen sind, die in den Medien zu Recht ihren Platz finden sollten, und wann wichtige Themen und Akteure ausgegrenzt sind, muss ebenfalls im öffentlichen Diskurs selbst geklärt werden. Der Anspruch an *Diskursivität* im Sinne eines öffentlichen Austausches von Meinungen, die mit Argumenten begründet werden, wird von vielen normativ argumentierenden Theoretikern aber aufrecht erhalten (z. B. Peters 1994). Diskursivität ist möglich und wenn sie gänzlich fehlt, würde Öffentlichkeit ihre Validierungsfunktion preisgeben. Im Hinblick auf die Orientierungsfunktion ist es wichtig, dass heutige Öffentlichkeitsmodelle nicht erwarten, dass am Ende der Debatten *eine* öffentliche Meinung steht. Die Debatten enden nicht. Und sie werden zunächst einmal die Vielfalt der Meinungen erhöhen, dabei aber auch innovative Ideen und Vorschläge produzieren und bestenfalls schlechte Argumente diskreditieren. Damit ist immer noch ein schwer erreichbares Idealbild entworfen, nichts anderes ist aber das Ziel normativer Theorie: Das kritische Potential tankt die normative Öffentlichkeitstheorie gerade daraus, dass ihre Standards aus theoretischen Überlegungen im Hinblick auf gesellschaftliches Zusammenleben in der Demokratie entstehen und nicht aus der abstrahierenden Beschreibung der tatsächlichen Kommunikationspraxis.

Somit ergibt sich für die heutige Mediengesellschaft ein empirisch-analytisches Modell von Öffentlichkeit, das diese als ein allgemein zugängliches Netzwerk einer Vielzahl von Diskussionsforen definiert, dessen zentrale Knotenpunkte die massenmedialen Arenen sind, deren Debatten von professionellen Vermittlern strukturiert werden. Diesem Modell moderner Öffentlichkeit stehen normativ folgende Forderungen gegenüber: Öffentlichkeit soll die Transparenz des politischen Prozesses sicherstellen, eine Validierung politischer Ideen und Meinungen leisten und dadurch für Bürger und Politiker Orientierung bieten. Um dies zu erreichen müssen öffentliche Debatten alle relevanten Perspektiven und Themen integrieren und dabei einen argumentativen und freien Meinungsaustausch verschiedener Sprecher ermöglichen. Somit ergibt sich ein normatives Konzept von Öffentlichkeit, das Bernhard Peters so definiert: Es handelt sich „um eine Sphäre öffentlicher, ungezwungener Meinungs- und Willensbildung der Mitglieder einer demokratischen politischen Gemeinschaft über die Regelung der öffentlichen Angelegenheiten" (Peters 1994, S. 45).

4.4 Die „postnationale Konstellation" und das Öffentlichkeitskonzept

Im Zuge ökonomischer, politischer und kultureller Prozesse der Transnationalisierung stellt sich die Frage, ob es eine transnationale Öffentlichkeit gibt (analytische Perspektive) oder geben sollte (normative Perspektive). Wie ist eine solche transnationale Öffentlichkeit zu konzeptionalisieren und welche normativen Erwartungen sollten an sie gestellt werden? Die Öffentlichkeitstheorie widersetzt sich der Ausdehnung auf transnationale Kommunikationsräume zunächst aufgrund ihres engen Bezugs zum demokratischen Nationalstaat. Die Grenzen von Öffentlichkeit werden traditionell als deckungsgleich mit den Grenzen nationalstaatlicher Herrschaft gesehen.

Der Grund für die konzeptionellen Bande zwischen Öffentlichkeit und Staat liegt nicht darin, dass es früher keine transnationalen Kommunikationsflüsse gegeben hätte (Kleinsteuber 2004). Gerade in Europa existierten schon seit der Antike grenzüberschreitende Kommunikationsflüsse, lange bevor es Nationalstaaten gab. Bereits um 1500 entwickelte sich ein transnationales Netz von Boten, die regelmäßig Nachrichten über Grenzen hinweg vermittelten (Volkmer 2002). Historiker setzen den Beginn der Entwicklung von grenzüberschreitenden europäischen Medienereignissen ebenfalls schon um 1500 an. Die Hinrichtung von König Karl I. (1649) und der Dreißigjährige Krieg (1618–48) wurden europaweit thematisiert (Bösch 2010).

Der Bezug des Konzepts Öffentlichkeit zum Nationalstaat und die Sperrigkeit des Phänomens transnationaler Öffentlichkeiten stammt also nicht daher, dass es keine transnationale Kommunikation gab, sondern daher, dass sich demokratische Herrschaft erst im Rahmen des Nationalstaats entwickelt hat. Umgekehrt war auch die Entwicklung der *modernen Nationalstaaten* historisch eng mit der Entwicklung der *Massenpresse* verknüpft, die das Forum für die Diskussion nationaler Belange und für Selbstverständigungsdiskurse bereit stellte. Korrespondierend mit dem Verbreitungsgebiet der Zeitungen und gemeinsamen *Institutionen politischer Herrschaft* hat sich auch eine nationalstaatlich geprägte *öffentliche Kultur* (Peters 2007c [1997], S. 106–116) entwickelt. Sie hält über das Medium einer *gemeinsamen Sprache* allgemein geteilte oder zumindest als bekannt voraussetzbare Wissensbestände und Welt-Interpretationen bereit, die sich einerseits im Rahmen öffentlicher Debatten entwickeln, aber andererseits auch zukünftige Verständigungsprozesse erleichtern (Peters 2007b [2005], S. 330f.). Nationale Öffentlichkeiten werden so durch ein Minimum an kulturellen Gemeinsamkeiten (Sprache, Medien, politische Kultur) zusammengehalten. Subjekt der Debatte ist die (nationalstaatlich definierte) Bürgerschaft. Und Adressat ihrer Forderungen sind nationale politische Akteure so jedenfalls das klassische Modell nationaler Öffentlichkeiten. Über die Fixierung auf den Nationalstaat muss die Öffentlichkeitstheorie hinauskommen, wenn sie die politischen und kulturellen Wandlungen des Nationalstaats und die Entstehung einer „postnationalen Konstellation" begreifen will.

▶ **Jürgen Habermas, die postnationale Konstellation und ihre Folgen für das Öffentlichkeitskonzept** Die Transnationalisierung von Habermas' Öffentlichkeitskonzept begann mit der Beobachtung, dass wir in einer *„postnationalen Konstellation"* leben (Habermas 1998). Die Globalisierung hat ökonomisch zur Herausbildung mächtiger transnationaler Player in Gestalt von global agierenden Konzernen geführt. Politische Macht sammelt sich zudem bei internationalen Organisationen an. Im Rahmen der Europäischen Union hat sich sogar ein staatsähnliches Gebilde entwickelt, an das die nationalen Regierungen viele ihrer Kompetenzen abgetreten haben. Jürgen Habermas' Anliegen in dieser Situation liegt in der Demokratisierung des transnationalen Regierens. Die Alternative zur „aufgesetzten Fröhlichkeit einer neoliberalen Politik, die sich selbst ‚abwickelt'" (Habermas 1998, S. 95) ist für ihn eine föderalistische und demokratisierte EU und die Entwicklung einer „Weltinnenpolitik" (1998, S. 96). Voraussetzung und Mittel einer Demokratisierung der EU ist (unter anderem) die Entwicklung einer europäischen Öffentlichkeit. Das Projekt Europa solle „aus der blassen Abstraktion von Verwaltungsmaßnahmen und Expertengesprächen" herausgelöst und in öffentlichen Debatten politisiert werden, so die Forderung von Jürgen Habermas in einem vielbeachteten Essay (Habermas 2001, S. 7). Die Bürger müssten im Medium einer europäischen Öffentlichkeit die Chance erhalten, „sich gleichzeitig auf dieselben, ähnlich gewichteten Themen zu beziehen und zu kontroversen Beiträgen zustimmend oder ablehnend Stellung zu nehmen" (Habermas 2001a, S. 120).
Zur Modellierung einer europäischen Öffentlichkeit schreibt Habermas: „Aber man darf sich die fehlende europäische Öffentlichkeit nicht als die projektive Vergrößerung einer solchen innerstaatlichen Öffentlichkeit vorstellen. Sie kann nur so entstehen, dass sich die intakt bleibenden Kommunikationskreisläufe der nationalen Arenen *füreinander* öffnen. Die Stratifikation von verschiedenen […] Ebenen politischer Meinungsbildung […] suggeriert das falsche Bild der Überlagerung nationaler Öffentlichkeiten durch eine Superöffentlichkeit. Stattdessen müssten sich die nationalen, aber ineinander übersetzten Kommunikationen so miteinander verschränken, dass die relevanten Beiträge osmotisch aus den jeweils anderen Arenen aufgesogen werden. Auf diese Weise könnten die europäischen Themen, die bisher unter Ausschluss der Öffentlichkeit verhandelt und entschieden werden, in die miteinander vernetzten nationalen Arenen Eingang finden" (2001a, S. 120).

Bei Habermas kommen also empirische Beobachtungen eines umfassenden Transnationalisierungsprozesses und die politische Forderung nach Transnationalisierung von Öffentlichkeit zusammen. Die Öffentlichkeitstheorie ist daher sowohl in ihrer analytischen wie in ihrer normativen Dimension herausgefordert. Analytisch stellt sich die Frage: Wie kann eine transnationale Öffentlichkeit modelliert werden, die vielsprachige, multi-kulturelle Räume mit sich komplex überlagernden politischen Herrschaftsstrukturen überwölbt? Und normativ stellt sich die Herausforderung, eine kritische Theorie von Öffentlichkeit zu entwickeln, die das emanzipative Potential des Öffentlichkeitsansatzes freilegt: „[…] the task would not simply be to conceptualize transnational public spheres as actually existing institutions. It would rather be to reformulate the critical theory of the public sphere in a way that can illuminate the emancipatory possibilities of the present ‚postnational constellation'" (Fraser 2005, S. 2). Im Folgenden wird zunächst die Frage nach einem analytischen Modell diskutiert, dann wird die normative Dimension eines transnationalen Öffentlichkeitskonzepts erläutert.

4.5 Ein empirisch-analytisches Modell transnationaler Öffentlichkeit

In dem Maße wie sich die Globalisierung als *Entgrenzungsprozess* auf Wirtschaft, Politik und Kultur auswirkt, muss sich auch das Öffentlichkeitskonzept entgrenzen, um die gegenwärtigen Prozesse transnationaler politischer Kommunikation zu fassen. Prinzipiell ist das oben entwickelte Modell von Öffentlichkeit als Kommunikationsraum, der aus vielfach vernetzten Foren der Kommunikation besteht, auch auf transnationale Kommunikationszusammenhänge anwendbar. Wichtig ist, dass wir Öffentlichkeit als deterritorialen Raum der kommunikativen Interaktion konzeptionalisiert haben. Öffentlichkeit ist nicht eine räumlich begrenzte Arena, sondern ein Netzwerk von Arenen mit durchaus unterschiedlicher Ausdehnung. Es gibt also keinen Grund dafür, dass die Kommunikationsflüsse nicht auch über nationale Grenzen hinweg gehen sollten und sich potentiell sogar ein globaler Kommunikationsraum konstituieren kann.

Wenn Öffentlichkeit ein Kommunikationsraum ist, dann sind seine Grenzen auch aus einem anderen Grund nie die einer undurchlässigen Box. Kommunikation bezieht sich meistens nicht nur auf die Kommunikationspartner, sondern auf etwas Drittes, das sich in ihrer Umwelt befindet: Die Öffentlichkeit ist ein System der Umweltbeobachtung, wie die Systemtheorie sagt (Marcinkowski 1993). Die Grenzen dessen, was beobachtet wird, werden durch die Kommunikation selbst immer wieder neu gezogen.

Das Innen und Außen von Kommunikationsräumen unterscheidet sich durch eine unterschiedliche Dichte der Kommunikationsbeziehungen unter den Teilnehmern der Debatte. Dies ist der Maßstab, den schon Karl W. Deutsch (1956) für die Grenzen einer politischen Kommunikationsgemeinschaft, angelegt hat. Daran anknüpfend bezeichnete Bernhard Peters Öffentlichkeit als Kommunikationssphäre, die „durch eine hohe Dichte an Kommunikationsflüssen [gekennzeichnet ist], wobei die Dichte im Inneren höher ist als über die Grenzen hinweg" (Peters 2007b [2005], S. 329). Dabei sind eben auch *transnationale Verdichtungen* von Kommunikation vorstellbar, wenn Kommunikationsflüsse verstärkt die nationalen Grenzen überschreiten. Die nationalen Netzwerke öffentlicher Arenen vernetzen sich grenzüberschreitend. In diesem Sinne können wir transnationale Öffentlichkeiten als „Räume der Verdichtung von Prozessen öffentlicher, medial vermittelter politischer Kommunikation begreifen, die den nationalen Bezugsrahmen übersteigen" (Brüggemann et al. 2009, 395).

Daher erscheint der zuweilen in der Diskussion aufgemachte Gegensatz zwischen nationalen und transnationalen Öffentlichkeiten, und auch die Gegenüberstellung einer su-

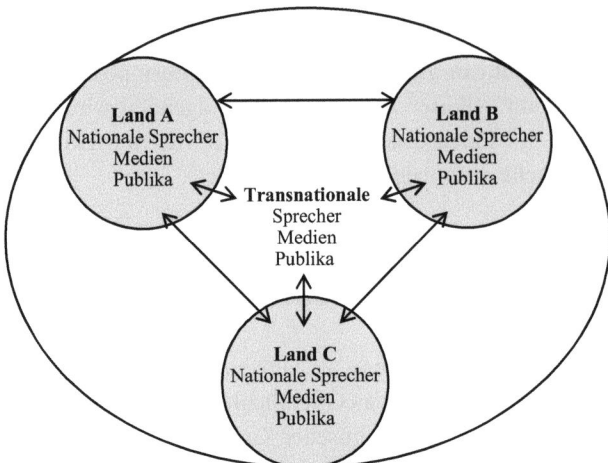

Abb. 4.2 Modell einer transnationalen Öffentlichkeit

pranationalen pan-europäischen Öffentlichkeit und der Europäisierung nationaler Öffentlichkeiten als die falsche Dichotomie: *Eine transnationale Öffentlichkeit entwickelt sich als Transnationalisierung nationaler Öffentlichkeiten und steht nicht im Gegensatz zu ihnen.* Eine europäische Öffentlichkeit entwickelt sich als ein auf Europa konzentrierter Entgrenzungsprozess. Eine Weltöffentlichkeit ist das Ergebnis eines Transnationalisierungsprozesses, der regional nicht beschränkt ist, der die ganze Welt umfasst. Unterhalb der transnationalen Kommunikationsflüsse können nationale Öffentlichkeiten mit einer höheren Dichte als die transnationalen Kommunikationsnetzwerke fortbestehen (Hepp und Wessler 2009). Es kann also eine globale Vernetzung geben, die aber weniger dicht geknüpft ist als etwa die kommunikative Vernetzung einer lokalen Öffentlichkeit.

Aus einem wissenschaftlichen Modell transnationaler Öffentlichkeiten müssen sich – über das bisher Gesagte hinausgehend – konkrete Hinweise ergeben, wie die Grenzen eines Kommunikationsraums zu messen sind. Weitgehend einig ist sich die Forschung, dass die Transnationalisierung von Öffentlichkeit als lang andauernder Prozess konzeptionalisiert werden sollte, der auf mehreren Dimensionen abläuft (Peters et al. 2005; Brüggemann et al., 2006).

Abbildung 4.2 skizziert eine transnationale Öffentlichkeit, die einerseits aus den Vernetzungen nationaler Öffentlichkeiten besteht und andererseits aus der Interaktion mit genuin transnationalen Sprecher, Medien und Publika. Transnationale Sprecher und Medien, die transnationale Publika adressieren, fungieren als Vernetzungsinstanzen nationaler Öffentlichkeiten.

Transnationale Öffentlichkeiten sind gekennzeichnet durch vier Formen der Entgrenzung, die gemeinsam die Dimensionen des Kommunikationsraums Öffentlichkeit abstecken: Entgrenzungen (1) der medialen Infrastrukturen der Kommunikation, (2) des Akteurs-Ensembles, das sich in öffentlichen Debatten zu Wort meldet, (3) der Medieninhalte und (4) des Publikums öffentlicher Kommunikation.

Die erste Grenze betrifft die *technischen und sozialen Infrastrukturen* öffentlicher Kommunikation: Ein naives Modell globaler Öffentlichkeit würde globale Medien fordern, die sich an ein globales Publikum richten. Eine globale *Tagesschau* oder *Bild*-Zeitung mit ähnlichen Reichweiten wie auf nationaler Ebene wird es sicherlich nie geben, weshalb eine solche Vorstellung wenig zur Analyse realer transnationaler Kommunikationsprozesse taugt. Es weist aber auf die Bedeutung von Strukturen hin, die als Träger von transnationaler Kommunikation fungieren, und grenzüberschreitende Medien sind sicherlich eine solche Struktur. Zunächst gehört die rein *technische Infrastruktur* zu den Voraussetzungen für transnationale Kommunikation. Und in diesem Bereich hat es in den letzten 20 Jahren natürlich große Umwälzungen gegeben: Die globale digitale Vernetzung von Computern ermöglicht die Kommunikation über unbegrenzte Räume und Zeit ohne Qualitätsverlust bei der Übermittlung von Information. Freilich muss empirisch untersucht werden, ob und wie die technisch vorhandenen Möglichkeiten transnationaler Kommunikation dann auch transnational genutzt werden. Zu den *nicht*-technischen Infrastrukturen transnationaler Kommunikation könnte man auch die Berufsgruppe zählen, die professionell mit der Herstellung transnationaler Öffentlichkeit beschäftigt ist: Die Auslandskorrespondenten der verschiedenen Medienorganisationen. Wenn transnationale Medien an Bedeutung gewinnen, digitale Netzwerke auch zur transnationalen sozialen Vernetzung genutzt werden und wenn die nationalen Medien zunehmend Mitarbeiter ins Ausland schicken oder die Kooperation mit Medienorganisationen im Ausland intensivieren, dann können wir von einer Entgrenzung der Infrastrukturen von Öffentlichkeit sprechen.

Die zweite mögliche Entgrenzung betrifft die Präsenz und die Strategien (medienexterner) *Akteure*, die im öffentlichen Diskurs als Sprecher auftreten: Entwickeln sich transnationale Akteure, die sich transnational Medienresonanz verschaffen? Hier richtet zum Beispiel Manuel Castells mit seiner visionären These von der „Netzwerk Gesellschaft" seine Hoffnung auf eine sich global entwickelnde Zivilgesellschaft und auf die alternativen Kanäle neben den Massenmedien, die das Internet eröffnet. „Mass-self-communication" und digitale „many-to-many" Kommunikation bringt das vielfach vernetzte Individuum als neuen Akteur transnationaler Kommunikation auf den Plan (Castells 2007, 2008). Zudem können auch die alten Akteure nationaler Öffentlichkeiten ihr kommunikatives Gebaren ändern: An wen richten nationale Akteure ihre Forderungen? Beziehen sie sich weiterhin auf die nationalen Regierungen als Verantwortliche für Problemlösungen oder kommunizieren sie bewusst und strategisch (zum Beispiel im Rahmen von „Public Diplomacy", Abschn. 8.2) über nationale Grenzen hinaus?

Die dritte Form der Entgrenzung betrifft die *Medieninhalte* und die Thematisierung transnationaler Belange durch die Medien: Schaffen sie einen transnationalen Resonanzraum politischer Debatten (Trenz und Eder 2004)? Das allgemeinste Kriterium wäre hier, dass sich Akteure aus unterschiedlichen Ländern in Debatten überhaupt in Bezug auf gemeinsame Themen äußern. Über diese Common-sense-Voraussetzung für eine transnationale Debatte gehen Klaus Eder und Cathleen Kantner hinaus, wenn sie (mit Verweis auf Habermas, siehe oben) fordern, dass national die „gleichen Themen zur gleichen Zeit unter gleichen Relevanzgesichtspunkten" debattiert werden (2000, S. 315). Ob ein homogenes

Framing eine Voraussetzung für eine transnationale Öffentlichkeit ist, bleibt allerdings umstritten. Peters und Wessler (2006) formulieren die Forderung etwas zurückhaltender: „Alle wichtigen Gesichtspunkte eines Themas sollten in allen nationalen Öffentlichkeiten vorkommen, um eine angemessene Meinungsbildung zu ermöglichen. […] Allerdings bleibt die Möglichkeit, dass bestimmte Aspekte nur für bestimmte Mitgliedsländer relevant sind" (Peters und Wessler 2006, S. 134).

Darüber hinaus wird Berichterstattung über trans- und supranationale Institutionen wie die EU oder die Welthandelsorganisation als eine wichtige Dimension der Transnationalisierung von Öffentlichkeit gesehen. Europa ist hier das am meisten untersuchte Beispiel. Berichterstattung über die Institutionen und Akteure der EU-Politik wird als *vertikale Europäisierung* bezeichnet, während *horizontale Europäisierung* nach einem Vorschlag von Koopmans und Erbe (2004) die Thematisierung anderer europäischer Länder und die Zitierung von Sprechern aus diesen Ländern beschreibt. Hier ist dann nicht nur interessant ob, sondern auch wie ausländische Sprecher in nationalen Medien zu Wort kommen. Bei der Analyse von Sprecheräußerungen lässt sich zudem überprüfen, ob explizit eine transnationale Diskursgemeinschaft konstruiert wird. So können etwa Politiker von „wir Europäer" oder „den Menschen in Europa" sprechen – oder eben von Franzosen und Deutschen. Themen können schließlich entweder als nationale Angelegenheiten konstruiert oder im Hinblick auf ihre transnationalen Ursachen, Folgen und Vergleichsgegenstände diskutiert werden. Dabei ist zum Beispiel Bildungspolitik entweder als ein Thema deutscher Politik mit deutschen Problemen und Lösungen zu diskutieren oder als eine globale Herausforderung, an die unterschiedliche Bildungssysteme mit unterschiedlichem Erfolg herangehen.

▶ **Dimensionen der Transnationalisierung von Öffentlichkeit auf Medieninhaltsebene** Welche Dimensionen von Transnationalisierung in Inhaltsanalysen im Einzelnen zu messen sind, darin unterscheiden sich verschiedene Ansätze (vgl. den Forschungsüberblick in: Latzer und Saurwein 2006; sowie Neidhardt 2006). Relativ differenziert ist das Modell von Wessler et al. (2008) (vgl. ähnlich in Brüggemann et al. 2006; Peters und Wessler, 2006). Hier werden die Original-Bezeichnungen der Dimensionen wiedergegeben und in Bezug auf die Messung einer *Europäisierung* von Öffentlichkeit spezifiziert.

1. „Monitoring Governance": Mehr EU-Berichterstattung und Zitierung von EU-Akteuren.
2. „Discourse Convergence": Angleichung des Framings öffentlich debattierter Themen.
3. „Discursive Integration": Mehr Berichterstattung über andere Länder und Zitierung von Sprechern aus diesen Ländern („discursive references").
4. „Collective Identification": Implizite und explizite Identifikation als Europäer und Teilnehmer einer gemeinsamen europäischen Debatte (Wessler et al. 2008, S. 11).

4.5 Ein empirisch-analytisches Modell transnationaler Öffentlichkeit

Die vierte Form der Entgrenzung, durch die transnationale Öffentlichkeiten konstituiert werden, betrifft das *Publikum* öffentlicher Kommunikation: Zunächst einmal ist zu klären, ob transnationale Publika rein technisch erreicht werden können (technische *Reichweite* der Medien). Dann ist zu untersuchen, ob Medien mit ihren Angeboten überhaupt transnationale Publika ansprechen wollen und dementsprechend transnational relevante Inhalte generieren (*Zielgruppen* der Medien). Schließlich ist zu fragen, wer die grenzüberschreitenden Medienangebote überhaupt wie nutzt (*Mediennutzung*). Dies alles sind notwendige, aber noch keine hinreichenden Voraussetzungen für die Konstitution von transnationaler Öffentlichkeit. Das Medien-Publikum müsste zum „Public" werden, indem es eine „kollektive Publikumsidentität" (Peters 1993, S. 117, 168) entwickelt. Erst so „entsteht der Sinnzusammenhang, der für das gegenseitige Ansprechen und Verstehen in öffentlichen Diskursen erforderlich ist" (Wessler und Wingert 2007, S. 22). Als Minimum sollte man sich gegenseitig als Teil einer gemeinsamen, alle Teilnehmer betreffenden Debatte sehen (Risse 2002). Uneinig sind sich die Theoretiker, ob die geteilte *kollektive Identität* Voraussetzung (Grimm 1995; Kielmansegg 1996) oder Produkt (Habermas 2001b) von öffentlichen transnationalen Verständigungsprozessen ist. In jedem Fall ist eine rekursive Beziehung zwischen Identifikation mit einem Gemeinwesen und Teilnahme an den darauf bezogenen Debatten anzunehmen. Gleiches gilt für die der öffentlichen Debatte vorgelagerte öffentliche Kultur. Ein gewisses Maß an Gemeinsamkeiten ist Voraussetzung für wechselseitige Verständigung: Daher ist das Entstehen einer europäischen Öffentlichkeit auch plausibler als das einer Weltöffentlichkeit. Europäische Debatten entwickeln sich vor dem Hintergrund von (im Weltmaßstab) relativ ähnlichen Kulturen.

Der empirischen Suche nach einer europäischen Öffentlichkeit ist eine Debatte vorausgegangen, in der es um die Frage ging, ob denn eine solche transnationale Öffentlichkeit theoretisch überhaupt möglich ist (vgl. Brüggemann 2008, S. 59). Die Verfechter der *Unmöglichkeitshypothese* der Entstehung einer europäischen Öffentlichkeit (Grimm 1995; Kielmansegg 1996) argumentierten, dass auf Grund des Fehlens einer gemeinsamen Sprache und einer gemeinsamen Identität der Europäer die Suche nach einer transnationalen Öffentlichkeit aussichtslos sei. Europa fehle ein Demos, ein Staatsvolk, das sich in öffentlichen Debatten verständigen kann. Diese Position wurde abgelöst durch die *Möglichkeitshypothese*: Kathleen Kantner (2004) argumentierte, dass trotz des Fehlens einer gemeinsamen Sprache und eines Demos grenzüberschreitende Verständigung möglich ist. Medien und Journalisten könnten hierbei als Übersetzer fungieren. Den einen Demos, also ein homogenes Staatsvolk gibt es auf transnationaler Ebene natürlich noch weniger als auf nationaler Ebene. Bei der Konzeptionalisierung von Demokratie auf transnationaler Ebene hilft das Konzept multipler vernetzter Demoi („Demoicracy") (Nicolaidis 2004). Die Demokratietheorie rückt damit von der Annahme ab, dass Demokratie nur funktionieren kann, wenn sie von *einem* Staatsvolk (Demos) getragen wird. Vielmehr kann es auf transnationaler Ebene Gebilde von Staatlichkeit geben, die sich gegenüber mehreren miteinander vernetzten Demoi rechtfertigen müssen. Dieses in sich heterogene und nur locker verbundene Kollektiv fungiert als funktionales Äquivalent zu dem einen Staatsvolk der nationalen Demokratietheorie.

Konzeptionell stellt sich nun aber noch die Frage: Was sind die Triebkräfte hinter einer theoretisch denkbaren transnationalen Entgrenzung von Öffentlichkeit? Und wo sind die Grenzen der Entgrenzung zu vermuten? Die Antwort auf diese Fragen ist zum Teil bereits deutlich geworden: Die Globalisierung von Politik, Wirtschaft und Kultur schafft grenzüberschreitende Interdependenzen und vielfältige Anknüpfungspunkte für internationale Berichterstattung und bietet Anlässe und Gründe für transnationale Debatten. In dem Maße, wie sich Politik, Wirtschaft und öffentliche Kultur entgrenzen, ist eine ähnliche Entwicklung auch von medienvermittelten öffentlichen Debatten zu erwarten. Gleichzeitig ist aber ein automatischer Gleichschritt nicht plausibel: Öffentlichkeiten sind Strukturen, die sich als Ergebnis kultureller Austauschprozesse entwickeln. Nun ist es möglich, dass es einen „cultural lag" gibt. Die kulturellen Entwicklungen halten mit den technischen Entwicklungen einer globalen Kommunikationsinfrastruktur und der fortschreitenden politischen Integration etwa im Rahmen der EU nicht Schritt. Grenzüberschreitende Probleme wie der Klimawandel oder die Finanzkrise schaffen die Notwendigkeit zu grenzüberschreitendem Handeln. Grenzüberschreitende Konflikte und Krisen können darum zum Motor der Transnationalisierung von Öffentlichkeit werden. Sie konstituieren Probleme, die kommunikativ gelöst werden müssen. Darüber hinaus können transnationale Medienevents (Dayan und Katz 1992) indirekt die Entstehung einer transnationalen Öffentlichkeit fördern: Wenn die Europäer bei Europameisterschaften im Fußball oder dem Eurovision Song Contest rituell eine gemeinsame Populärkultur pflegen, dann stärken sie eben jenen kulturellen Unterbau, auf dem debattierende Öffentlichkeit aufsetzt (vgl. dazu Kap. 6 und 7 in diesem Band).

Bis hierher bleibt festzuhalten: Es ist theoretisch denkbar und plausibel, dass sich transnationale Öffentlichkeiten auf Basis einer graduellen und mehrdimensionalen Entgrenzung nationaler Öffentlichkeiten entwickeln. Ob sie dies tun, ist eine empirische Frage, die sich durch Untersuchung der Infrastrukturen transnationaler Kommunikation, der Akteursstrategien, der Medieninhalte und der Mediennutzung beantworten lässt (vgl dazu im Einzelnen Kap. 5). Damit ist allerdings noch nicht hinreichend beantwortet, wie eine transnationale Öffentlichkeit auch die ihr normativ zugeschriebenen Funktionen erfüllen kann, wenn sie sich nicht im Rahmen eines demokratischen Gemeinwesens entwickelt, sondern in den nur teilweise demokratisch ablaufenden Formen des Regierens jenseits des Nationalstaats. Mit dieser Frage kommen wir abschließend zur normativen Dimension einer Theorie transnationaler Öffentlichkeit.

4.6 Öffentlichkeit als kritische Kategorie transnationaler Kommunikation

Auch eine transnationale Öffentlichkeit müsste, damit das Konzept normativ seinen Sinn behält, einen spezifischen Bezug zu demokratischem Regieren haben. Dieser Bezug müsste, gemäß unserer Überlegungen weiter oben, darin bestehen, dass Öffentlichkeit Prozesse transnationalen Regierens transparent macht und politische Ideen, Meinungen und Aktivitäten, die von transnationaler Relevanz sind, validiert und dabei eine möglichst große Vielfalt an Akteuren und Positionen zu Wort kommen lässt. Transnationale Governance wird dadurch einer kritischen Überprüfung unterworfen, die wiederum eine wichtige Voraussetzung für die Demokratisierung von politischen Prozessen ist, die über die Grenzen des Nationalstaats hinausgehen.

▸ **Nancy Fraser (2007)** hat in einem engagierten Plädoyer dafür geworben, dass die Analyse transnationaler Kommunikation nicht mit der Analyse transnationaler Öffentlichkeit verwechselt werden soll. Denn letztere müsse nicht nur nach den Mustern und Strukturen transnationaler Kommunikation fragen, sondern auch nach deren Performanz im Hinblick auf die normativen Kriterien öffentlicher Kommunikation. Dabei geht der kritische Blick nicht nur auf die öffentlichen Debatten selbst, sondern auch auf deren Anbindung an Strukturen des Regierens. Konkret unterscheidet Fraser (2007) zwei Kriterien demokratischer Öffentlichkeit:

- *„Legitimacy of Public Opinion"*: Inklusion und Gleichberechtigung aller Sprecher
- *„Efficacy of Public Opinion"*: Responsivität der Politik gegenüber öffentlich debattierten Anliegen

Auf nationaler Ebene ist der Demos, also die Gemeinschaft der Staatsbürger, gemäß der von Fraser vertretenen republikanischen Demokratietheorie das Kollektiv, dessen Interessen in der Debatte artikuliert werden soll. Auf transnationaler Ebene fordert Fraser, dass alle Betroffenen eines Problems zu Wort kommen sollten – also jenseits der Frage von Staatsbürgerschaften. Die Adressaten öffentlicher Kommunikation sind traditionell die Regierungen der Nationalstaaten. Sie sind responsiv, weil sie sonst um ihre Abwahl fürchten müssen. Demokratische Verfahren sind also die Voraussetzung dafür, dass Öffentlichkeit ihre Funktionen für die Demokratie erfüllen kann. Auf transnationaler Ebene fordert Fraser daher (ebenso wie Habermas, siehe oben) eine Demokratisierung transnationalen Regierens. In diesem Sinne geht die normative öffentlichkeitstheoretische Perspektive über die Forderung nach grenzüberschreitender Berichterstattung der Medien weit hinaus.

Dabei stellt sich die Frage, auf welchen Demos, also welches Kollektiv, das sich hier öffentlich verständigt, und auf welche Polity, auf welche Regierungsstruktur, sich transnationale Debatten beziehen könnten. Bei der Frage nach dem einen Demos, den es auf transnationaler Ebene nicht gibt, behilft sich die normative Demokratietheorie mit dem oben schon erwähnten Konzept multipler vernetzter Demoi („Demoicracy") (Nicolaidis 2004), die eine transnationale Debatte tragen können. Bei den Strukturen des Regierens liegt auf der Hand, dass es keine Weltregierung und kein Weltparlament gibt, dass Demokratie auf globaler Ebene kaum ausgeprägt ist. Und selbst wenn man nur auf den Fall Europa schaut, zeigt sich, dass die EU-Institutionen nur bedingt den Maßstäben der demokratischen Institutionen des Nationalstaats genügen können. Daher hat die Politikwissenschaft der EU ein Demokratiedefizit und ein Legitimitätsdefizit (Dahl 1998; Weiler 1999) attestiert, die mit dem beklagten Öffentlichkeitsdefizit (Gerhards 1993) einhergehen.

Die Defizit-Diagnosen beruhen nun zum Teil auf einer strikten Trennung zwischen transnationaler und nationaler Ebene und der Annahme, dass sie getrennt evaluiert werden können und dass für die transnationale Ebene die gleichen Maßstäbe gelten sollen wie für den Nationalstaat. Wir haben dagegen argumentiert, dass eine transnationale Öffentlichkeit das Resultat einer Transnationalisierung von weiterhin bestehenden nationalen Öffentlichkeiten ist. Analog bestehen auch in der transnationalen politischen Struktur der EU die Nationalstaaten als zentrale Akteure fort. Die Legitimität der EU-Institutionen bemisst sich nicht nur danach, ob diese direkt vom Bürger gewählt werden können, sondern auch danach, ob sie von demokratisch legitimierten nationalen Regierungen effektiv kontrolliert werden. Der politische Adressat einer transnationalen Öffentlichkeit sind folglich nicht nur die supranationalen und internationalen Institutionen, sondern auch die nationalen Regierungen, die internationale Politik gestalten.[1]

Somit müssten die Akteure transnationaler Debatten gleichermaßen die nationalen und die supranationalen politischen Institutionen adressieren. Politische Forderungen müssten grenzüberschreitend gestellt werden können: Eine deutsche Umweltorganisation dürfte Forderungen an den französischen Umweltminister stellen, ebenso wie an die deutsche Regierung oder die EU-Kommission. Die verschiedenen bisher national geprägten Diskussionsforen müssten sich also tatsächlich vernetzen. Und eine normativ angelegte, kritische Öffentlichkeitstheorie müsste die Responsivität nicht nur der transnationalen, sondern auch der nationalen Institutionen prüfen.

Zwei Probleme ergeben sich dennoch im Hinblick auf die demokratische Leistungsfähigkeit transnationaler Öffentlichkeiten: Ansprüche auf Inklusion aller Betroffenen (siehe Fraser oben) sind noch schwerer zu erfüllen als auf nationaler Ebene, weil zum Beispiel bei globalen Umweltproblemen immer nur ein verschwindender Anteil der tatsächlich Betroffenen zu Wort kommen kann. Die Selektionsregeln der Medien werden sich also verschärfen und es besteht die Gefahr, dass am Ende nur Regierungsakteure und Prominente zu Wort kommen. Im Hinblick auf die Responsivität der Regierenden stellt sich dann ein Problem, wenn es sich bei den relevanten Entscheidungsträgern um nicht abwählbare Beamte einer supranationalen Bürokratie oder um transnationale Konzerne handelt. Nur in dem Maße, wie sie von gewählten Vertretern tatsächlich kontrolliert werden, ist es auch wahrscheinlich, dass sie ihr Handeln an öffentlich diskutierten Meinungen orientieren. Normative Öffentlichkeitstheorie lenkt also den Blick über die Medien hinaus auf die politischen Strukturen: Sie fordert damit gerade auch die Medien- und Kommunikationswissenschaft heraus, über den Tellerrand zu schauen und die politischen und sozialen Rahmenbedingungen von öffentlicher Kommunikation mitzudenken – und, wo nötig, gut begründet zu kritisieren.

---

[1] Einen guten Überblick über die politikwissenschaftliche Diskussion zur Frage des demokratischen Defizits der EU, die hier nicht wiedergegeben werden kann, bietet Holzinger (2005).

4.6 Öffentlichkeit als kritische Kategorie transnationaler Kommunikation

Empfohlene Basislektüre zur Ergänzung dieses Kapitels:

Neidhardt, F. 1994. Öffentlichkeit, öffentliche Meinung, soziale Bewegungen. In Neidhardt F (Hg) *Öffentlichkeit, öffentliche Meinung, soziale Bewegungen*, 7–41. Opladen: Westdeutscher Verlag.

Peters, B., Wessler, H. 2006. Transnationale Öffentlichkeit: Analytische Dimensionen, normative Standards, sozialkulturelle Produktionsstrukturen. In Imhof, K., Blum, R., Bonfadelli, H., Jarren, O. (Hg.) *Demokratie in der Mediengesellschaft*, 125–144. Wiesbaden: Verlag für Sozialwissenschaften.

Weiterführende Literatur:

Fraser, N. 2007. Transnational public sphere: On the legitimacy and efficacy of public opinion in a post-Westphalian world. *Theory, Culture und Society*, 24(4): 7–30.

Latzer, M., Saurwein, F. 2006. Europäisierung durch Medien: Ansätze und Erkenntnisse der Öffentlichkeitsforschung. In Langenbucher, W.R., Latzer, M. (Hg.) *Europäische Öffentlichkeit und medialer Wandel. Eine transdisziplinäre Perspektive*, 10–45. Wiesbaden: Verlag für Sozialwissenschaften.

Peters, B. 1994. Der Sinn von Öffentlichkeit. In Neidhardt, F. (Hg.) Öffentlichkeit, öffentliche Meinung, soziale Bewegungen. *Kölner Zeitschrift für Soziologie und Sozialpsychologie*. Sonderheft 34, 42–76. Opladen: Westdeutscher Verlag.

Transnationalisierung von Medienöffentlichkeiten 5

▸ Gibt es eine Weltöffentlichkeit? Diese Frage lässt sich wissenschaftlich nicht beantworten, weil sie von letztlich normativ gesetzten Schwellenwerten abhängt. Untersuchen lassen sich aber unterschiedliche Grade von Transnationalisierung im räumlichen und zeitlichen Vergleich. In diesem Kapitel wird mit einem Schwerpunkt auf dem gut erforschten Fall einer europäischen Öffentlichkeit analysiert, ob es einen umfassenden Transnationalisierungsprozess öffentlicher Kommunikation gibt. Es zeichnet sich ein komplexes Bild ab: In verschiedenen Ländern und Medien gibt es verschiedene Grade und Muster der Transnationalisierung öffentlicher Kommunikation. Dabei koexistieren Trends der Transnationalisierung auf bestimmten Dimensionen mit einem Beharren auf dem eingespielten Status quo im Hinblick auf andere Dimensionen. Schließlich gibt es auch Indizien einer Re-Provinzialisierung medialer Berichterstattung. In dieser Gleichzeitigkeit von zunehmenden transnationalen Kommunikationsflüssen und Abschottungstendenzen liegt die ambivalente Realität einer Weltöffentlichkeit. Das Konzept der Weltöffentlichkeit verkörpert eine nicht erreichbare Utopie und verweist zugleich auf das empirisch nachweisbare Phänomen zunehmender transnationaler Kommunikationsverdichtungen.

5.1 Transnationale Öffentlichkeit: Die empirische Erforschung eines Mythos

Für die Weltöffentlichkeit gilt, was Kai Hafez in Bezug auf die Globalisierungsdebatte festgestellt hat. Die globale Öffentlichkeit ist ein Mythos – allerdings nicht im Sinne einer reinen Fiktion, sondern im Sinne einer Vermischung von empirisch beobachtbaren Phänomenen und utopischem Gedankengut. Der Mythos „vermischt reale Tatbestände mit übertriebenen Projektionen und enthält, bei aller Angst erzeugenden Kraft, auch ein utopisches Versprechen auf eine bessere Welt – sonst würde er wohl gar nicht existieren" (Hafez

2005). Eine Weltöffentlichkeit könnte einen dringend notwendigen Beitrag zur grenzüberschreitenden Verständigung und zur Demokratisierung transnationalen Regierens leisten. Sie könnte durch öffentliche Debatten Transparenz und Validierung von Politik leisten und damit wichtige Orientierungsfunktionen für die Weltgesellschaft übernehmen. Wie schneiden nun aber die realen Strukturen und Prozesse transnationaler Kommunikation vor diesem normativen Hintergrund ab? Was wissen wir auf Basis von empirischen Studien über die Konturen der Weltöffentlichkeit? Oder sind vielmehr die Grenzen öffentlicher Kommunikation fest entlang nationaler Grenzen gezogen, während sich nur Politik, Ökonomie und Kulturindustrie globalisieren? Die grundsätzliche Frage, ob es eine Weltöffentlichkeit schon oder noch nicht gibt, kann nicht wissenschaftlich beantwortet werden, weil es keine wissenschaftlich begründbaren Maßstäbe gibt, wann transnationale Kommunikation die Qualitäten hat, um die Existenz einer solchen Öffentlichkeit zu konstatieren. Stattdessen kann es bei der Bestandsaufnahme empirischer Befunde zunächst nur um die Frage gehen, ob ein *Prozess* der Transnationalisierung nachweisbar ist, *wie* dieser verläuft und *warum* dieser so verläuft und nicht anders.

Im Folgenden orientieren wir uns am Modell transnationaler Öffentlichkeit, das wir in Kap. 4 entwickelt haben. Darin wurde sie als ein Produkt mehrdimensionaler Entgrenzung definiert. Zunächst geht es um die *Infrastrukturen* transnationaler Öffentlichkeit (Abschn. 5.2). Dann wird diskutiert, ob sich Entgrenzungsprozesse auch auf das *Akteursensemble*, das sich grenzüberschreitend zu Wort meldet, beziehen (Abschn. 5.3). Im dritten Schritt geht es um die *Thematisierung* grenzüberschreitender Belange in öffentlichen Debatten (Abschn. 5.4). Und schließlich ist zu klären, ob es ein *transnationales Publikum* gibt, das an grenzüberschreitenden Debatten teilnimmt und dabei auch das Bewusstsein entwickelt, Teil einer transnationalen Kommunikationsgemeinschaft zu sein (Abschn. 5.5) (die folgende Darstellung basiert zum Teil auf Brüggemann et al. 2009). Die oben entwickelten Kriterien zur Messung von kommunikativen Transnationalisierungsprozessen sind in Tab. 5.1 noch einmal im Überblick dargestellt. Für jedes Kriterium wird im Rahmen dieses Kapitels mindestens eine empirische Studie als Beispiel dargestellt. Dabei werden solche Studien im Vordergrund stehen, die (1) den *Prozess* der Transnationalisierung untersuchen, also tatsächlich Entwicklungen über Zeit rekonstruieren, die (2) *komparativ* arbeiten und mehrere Länder und Medientypen einbeziehen und (3) der *Mehrdimensionalität* transnationaler Kommunikation gerecht werden: Es geht also zum Beispiel beim Thema europäische Öffentlichkeit dann nicht nur um die EU-Berichterstattung (vertikale Europäisierung), sondern auch um die kommunikative Vernetzung zwischen verschiedenen europäischen Ländern (horizontale Europäisierung).[1]

---

[1] Die Zahl der Studien und Beiträge zum Thema europäische und transnationale Öffentlichkeit ist mittlerweile sehr hoch, was mit der breiten und interdisziplinären Verwendung des Begriffs Öffentlichkeit zu tun hat. Neben der Kommunikationswissenschaft widmen sich auch Politikwissenschaft, Soziologie, Geschichts- und Rechtswissenschaft diesem Thema, so dass wir hier nicht alle wichtigen Studien darstellen oder auch nur erwähnen können, sondern stattdessen zu jeder Dimension unseres Analyserasters einzelne Studien ausführlicher darstellen. Dabei greifen wir auch auf unsere eigene langjährige Forschung zum Thema zurück.

5.1 Transnationale Öffentlichkeit: Die empirische Erforschung eines Mythos

Tab. 5.1 Kriterien zur Messung von Transnationalisierungsprozessen

Kriterien	Indikatoren
Entgrenzung der… öffentlicher Kommunikation	
Infrastrukturen	Technische Infrastrukturen
	Transnationale Medien
	Auslandskorrespondenten
Akteursensembles	Transnationale Akteure
	Nationale Akteure
Medieninhalte	Beobachtung transnationalen Regierens
	Diskursive Integration
	Konvergentes Framing
	Kollektive Identitätsbezüge
Publika	Transnationale Mediennutzung
	Transnationale Bürgerpublika

Zentraler Untersuchungsfall einer Transnationalisierung von Öffentlichkeiten wird im Folgenden der Kommunikationsraum Europa sein. Dies hat zwei Gründe: Erstens ist die Entstehung von Strukturen einer transnationalen politischen Öffentlichkeit plausibel, weil es nicht nur eine geographische und kulturelle Nähe der verschiedenen nationalen Kommunikationsräume gibt, sondern im Rahmen der EU auch einen gemeinsamen Wirtschaftsraum und gemeinsame politische Institutionen. Somit existieren in Europa im Gegensatz zu anderen Kommunikationsräumen auch politische Institutionen auf transnationaler Ebene, die Gegenstand von Berichterstattung, kritischer Debatte und Adressat von politischen Forderungen sein können. In dem Maße, wie politische Verantwortung auf die transnationale Ebene übertragen wird, wäre demokratietheoretisch auch die öffentliche Diskussion transnationaler Politik gefordert. Der zweite Grund hängt mit diesem ersten zum Teil zusammen und lautet schlicht: Zur Entstehung einer *europäischen Öffentlichkeit* liegen umfassende empirische Studien vor, die Transnationalisierungsprozesse komparativ und differenziert untersuchen. Für andere Kommunikationsräume oder gar für die globale Öffentlichkeit sind keine vergleichbar elaborierten Untersuchungen vorhanden.

Dennoch gibt es natürlich auch jenseits von Europa interessante Fälle für die Untersuchung einer Transnationalisierung von Öffentlichkeit: So kann eine *panarabische Öffentlichkeit* zwar nicht auf gemeinsame politische Institutionen, dafür aber auf eine gemeinsame Hochsprache und die große Bedeutung des Islam in den meisten arabischen Ländern zurückgreifen. Gemeinsame Sprache und gemeinsame Weltsichten erleichtern die grenzüberschreitende Verständigung. Im Gegensatz zu transnationalen Kommunikationsräumen, die auf einer gemeinsamen kulturellen Basis oder politischen Strukturen aufsetzen können, hat eine *Weltöffentlichkeit* vergleichsweise kompliziertere Startbedingungen: Es gibt keine starken gemeinsamen Institutionen, wie sie die EU hat und auch keine gemeinsame Sprache, Religion oder sonstige kulturelle Basis (vgl. dazu auch Gerhards et al. 2011). Dennoch gibt es die weltweite ökonomische Vernetzung im Rahmen der globalen kapitalistischen Wirtschaftsordnung. Es gibt globale Probleme wie den Klimawandel oder den Terrorismus und globale Akteure. Darum diskutieren wir abschließend, welche Schlussfolgerungen auf Basis der Studien zu weltregionalen Öffentlichkeiten im Hinblick auf die Weltebene gezogen werden können: Wenn sich schon bei dem ‚easy case' europäische Öffentlichkeit keine Anzeichen von Transnationalisierung ergeben würden, dann wäre die Suche auf globaler Ebene erst recht aussichtslos.

Ein besonderes Kennzeichen der deutschsprachigen Forschung zur Transnationalisierung von Öffentlichkeiten ist, dass sie häufig auf öffentlichkeitssoziologischen Konzepten und Modellen aufbaut (siehe Kap. 4) und dass sie sich, wie gesagt, stark auf Europa konzentriert. Jenseits dessen gibt es natürlich große Unterschiede zwischen den verschiedenen Forschungsprojekten. Hier werden zwei Forschungsnetzwerke ausführlicher vorgestellt, die den oben entwickelten Kriterien an einen komparativen, mehrdimensionalen Langzeitansatz zur Erforschung der Transnationalisierung von Öffentlichkeit genügen und auf deren Befunde im Folgenden immer wieder Bezug genommen wird:

> **Studie**
> **Berlin/Europub: Europäische Öffentlichkeit als Akteursnetzwerk** – Am Wissenschaftszentrum Berlin für Sozialforschung (WZB) wurde der europaweite Projektverbund Europub koordiniert, dessen ehemalige Teilnehmer auch nach Ablauf des Projekts am Öffentlichkeitsthema arbeiten und dessen vielfältige Befunde auch auf der Website www.europub.wzb.eu abrufbar sind (zentrales Buch des Projektverbunds: Koopmans und Statham 2010). Wesentliches Merkmal des Europub-Projekts ist die Akteursperspektive. Öffentliche Debatten werden als kommunikative Netzwerke von Akteuren begriffen, die sogenannte „Claims" äußern. Sie adressieren andere Akteure mit ihren Forderungen und ihrer Kritik: „Claim-making consists of public speech acts (including protest events) that articulate political demands, calls to action, proposals, or criticisms […]" (Koopmans und Statham 2010, S. 55). Die Untersuchung von Claims im Rahmen der Inhaltsanalysen des Europub-Projekts generiert sowohl Informationen darüber, wer einen Claim äußert, als auch auf wen oder welche Ebene er sich bezieht und welche Wertungen damit verbunden sind. Dies wurde im Hinblick auf die Debatten in verschiedenen Policy-Bereichen untersucht, in denen die EU über die Jahre mehr oder weniger Kompetenzen gewonnen hat. Dahinter steckt die These, dass ein Kompetenzgewinn der EU (z. B. die Vergemeinschaftung der Geldpolitik mit der Einführung des Euro) Opportunitätsstrukturen ('political opportunity structures') für transnationale Claims schafft: Für die nationalen Akteure ist es vielversprechend, ihre öffentlichen Forderungen nun an die supranationalen Institutionen (z. B. die europäische Zentralbank) zu richten. Bei der nach wie vor rein nationalstaatlich organisierten Rentenpolitik, gibt

es dagegen keine machtvollen europäischen Institutionen, auf die man sich sinnvoll beziehen könnte. Die Medien sind dabei das Forum für die Claims der politischen Akteure. Sie werden aber auch selbst zu politischen Akteuren, wenn sie zum Beispiel in Kommentaren eigene Claims formulieren.

Sample Europub/Berlin

Medientyp	Tageszeitungen (Eliten-, Boulevard-, Regionalzeitungen)
Zeitraum	1990, 1995, 2000–2002
Länder	GB, FR, DE, CH, IT, ES, NL
Themenbezug	Policies: Agrar-, Geld-, Einwanderungs-, Außen/Sicherheits- und Rentenpolitik EU-Debatten: Vertiefung, Reform und Erweiterung der EU

Studie

Bremen/SFB: Transnationalisierung von Öffentlichkeiten – Im Rahmen des Sonderforschungsbereichs „Staatlichkeit im Wandel" in Bremen beschäftigt sich ein Projekt (seit 2002 und bis 2014) mit der Transnationalisierung von Öffentlichkeiten (zentrale Publikation: Wessler et al. 2008). Der Fokus liegt im Gegensatz zu Europub nicht so sehr auf den politischen Akteuren, sondern auf dem strukturellem Wandel öffentlicher Debatten und seiner kulturellen Kontextualisierung: Europäische Öffentlichkeit ist dann das Ergebnis eines mehrdimensionalen Entgrenzungsprozesses (siehe die Dimensionierung in Abschn. 5.4.), der durch eine kontinuierlich weitergeführte Inhaltsanalyse der Tageszeitungsberichterstattung in sechs EU-Mitgliedstaaten untersucht wurde. Im Vergleich zum Europub-Projekt ist der Untersuchungszeitraum länger angelegt und integriert mit Polen auch ein osteuropäisches EU-Mitglied. Aufbauend auf Überlegungen von Bernhard Peters, dass Öffentlichkeiten durch einen „sozialen und kulturellen Unterbau" (Peters 2007b, S. 363) geprägt sind, erklärt das SFB-Projekt unterschiedliche Muster der Berichterstattung kulturtheoretisch. Unterschiedliche Europäisierungsmuster werden als Artikulation unterschiedlicher länderspezifischer und medientypbezogener politischer Diskurskulturen gedeutet (Hepp et al. 2012; Hepp und Wessler 2009).

Sample SFB-Projekt/Bremen

Medientyp	Tageszeitungen (Eliten-, Boulevardzeitungen)
Zeitraum	1982, 1989, 1995, 2003, 2008
Länder	GB, FR, DE, DK, AT, PL
Themenbezug	Querschnittsanalyse + Fallstudien: Grüne Gentechnik, militärische Interventionen

Der Kreis der seit vielen Jahren kontinuierlich zur Transnationalisierung von Öffentlichkeiten im deutschsprachigen Raum Forschenden umfasst natürlich nicht nur die beiden genannten Projekte und ihre jetzigen und ehemaligen Mitarbeiter. Für die vertiefende Arbeit zum Thema aufschlussreich sind zum Beispiel auch die Arbeiten, die im Umkreis von Klaus Eder (2007; Eder und Kantner 2000; Eder und Trenz 2004), Thomas Risse (2010), Marianne van de Steeg (2006), Cathleen Kantner (2004), Hans-Jörg Trenz (2004, 2005) und Jürgen Gerhards (2000; Gerhards et al. 2009; Gerhards et al. 2011) entstanden sind.

5.2 Die Infrastrukturen transnationaler Öffentlichkeiten

Die Infrastrukturen transnationaler Öffentlichkeiten lassen sich aufteilen in technische und soziale Infrastrukturen. Technische Infrastrukturen transnationaler Kommunikation, wie das Vorhandensein von Internetzugang oder Satellitenfernsehen, ermöglichen grenzüberschreitende Kommunikationsflüsse, ohne sie notwendigerweise herbeizuführen. So bietet das Internet zwar die Möglichkeit zur transnationalen Vernetzung. Interessant ist nun aber die soziale Nutzung der technischen Möglichkeiten und hier stellt sich heraus, dass das Web im Hinblick auf seine Transnationalisierung eher ein Abbild der Offline-Öffentlichkeit ist. Wie die folgende Studie zeigt, ist auch das Web vor allem ein Netzwerk national fokussierter Netzwerke.

> **Studie**
>
> **Wenig grenzüberschreitende Vernetzung im Web (Koopmans und Zimmermann 2010; Zimmermann 2006)** – Ann Zimmermann und Ruud Koopmans haben im Rahmen des Europub-Projekts untersucht, ob das Web tatsächlich zu einer stärkeren transnationalen Vernetzung führt. Die Studie untersucht die Ergebnisse der führenden Suchmaschinen in sieben europäischen Ländern und die Links, die ausgewählte Webseiten setzen (Inhaltsanalyse von 2640 Websites aus den ersten zehn Treffern der Suchmaschinen; automatisierte Linkanalyse von 1.078 Websites, Erhebungszeitraum 2002). Die Ergebnisse: Suchmaschinen bieten als Suchergebnisse zu ausgewählten politischen Themen zu drei Vierteln Webseiten aus dem Heimatland an, und diese Webseiten verlinken sich wiederum mit anderen Webseiten des eigenen Lands. Relativ häufig verlinken Webseiten zu transnationalen Institutionen wie der EU-Kommission (vertikale Europäisierung), aber eben nicht zu den Webseiten der Akteure anderer Nationalität (horizontale Europäisierung). Dies entspricht genau dem Befund der

"segmentierten Europäisierung", zudem auch Analysen von Zeitungsberichterstattung kommen (siehe Abschn. 5.4). Die Analyse der online zu Wort kommenden Akteure (claim-makers) im Vergleich zu den in der Presseberichterstattung zitierten Akteure zeigt einen fast identischen Anteil heimischer vs. ausländischer Akteure: Online kommen 56 % der Sprecher aus dem eigenen Land, in der Presse sind es 58 %. Die Studie kommt zum Fazit: „[…] it does not matter whether we analyze the content of newspapers, inspect the Web sites that are prominently listed by search engines, or follow the hyperlinks that are offered on Web sites. In all three cases, the types of actors whose views we are most likely to encounter are those of state and party actors from the home country" (Koopmans und Zimmermann 2010, S. 193).

Damit ist nicht gesagt, dass die neuen digitalen Netzwerke keine relevanten Infrastrukturen transnationaler Öffentlichkeit wären. Ihr Vorhandensein erleichtert transnationale Vernetzung. Es gibt aber keinerlei Automatismus, dass sie auch realisiert wird. Das ist bei den sozialen Infrastrukturen anders, die gerade auf transnationale Vernetzung angelegt sind. Gemeint sind damit in unserem Zusammenhang einerseits transnationale Medien wie zum Beispiel der Sender Euronews und andererseits die Auslandskorrespondenten der klassischen nationalen Medienorganisationen, deren Funktion es ist, Informationen aus dem Ausland zu sammeln und für die nationalen Medien aufzubereiten.

5.2.1 Transnationale Medien

Transnationale Medien, die sich auf grenzüberschreitende Berichterstattung konzentrieren und ein grenzüberschreitendes Publikum adressieren, haben als potentielle Träger transnationaler Debatten schon früh die Aufmerksamkeit der Forschung erregt. Der Kernbefund lautet dabei, dass es sich um elitäre Nischenmedien handelt (Schlesinger 1999). Die allgemein verbreitete Schlussfolgerung, dass diese Nischenmedien darum irrelevant für die Konstitution einer transnationalen Öffentlichkeit seien, entspringt aber einem Missverständnis. Denn die Bedeutung von transnationalen Medien liegt nicht im Erreichen eines großen Publikums, sondern in der *indirekten* Vernetzung nationaler Öffentlichkeiten (Brüggemann und Schulz-Forberg 2009): Die Journalisten nationaler Medien verfolgen CNN und Al Jazeera, lesen die Financial Times und recherchieren auf der internationalen Website der BBC. So erreichen die transnationalen Medien auf indirektem Wege das breitere Publikum. Die Vielfalt transnationaler Medien lässt sich mit der in Abb. 5.1 dargestellten Typologie ordnen.

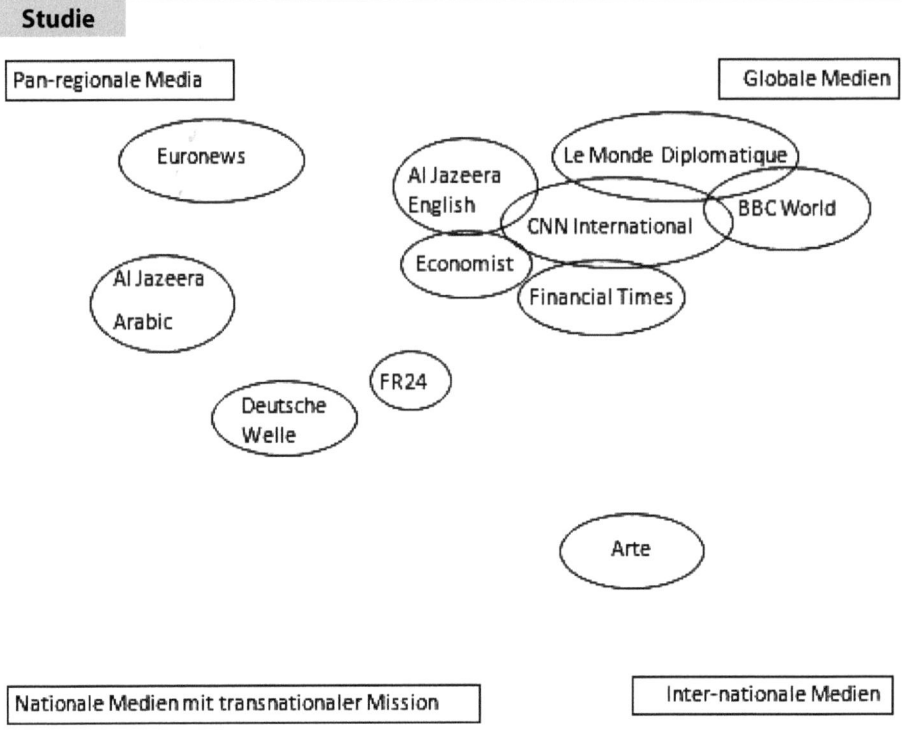

Abb. 5.1 Vier Typen transnationaler Medien (Quelle: Brüggemann und Schulz-Forberg 2009, S. 701, übersetzt)

1. *Nationale Medien mit transnationaler Mission:* von nationalen politischen Eliten etablierte Medien, um ein bestimmtes politisches Kommunikationsziel im Ausland zu verfolgen
2. *Inter-nationale Medien:* Medien, die durch eine Kooperation zwischen einzelnen nationalen Organisationen zustande kommen
3. *Pan-regionale Medien:* auf eine bestimmte Weltregion fokussierte Medien
4. *Globale Medien:* Medien, die sich an transnationalisierte Publika richten, häufig kleine und elitäre Gruppen, die durch gemeinsame Interessen (z. B. an Wirtschaftsberichterstattung) miteinander verbunden sind

Nützlich ist diese Typologie, um den Wandel transnationaler Medienangebote zu untersuchen: So bewegt sich zum Beispiel die Deutsche Welle vom nationalen Sender in Richtung paneuropäisches Medium: Dem Sender geht es in seinen Online-, Radio- und TV-Angeboten heute nicht mehr nur um eine Selbstdarstellung Deutschlands im Ausland. Europaberichterstattung gehört mit einer eigenen Europaredaktion zu den Kernkompetenzen des Senders, so dass die Förderung einer europäischen Öffentlichkeit längst Teil der Mission der DW geworden ist (Kleinsteuber 2006). Wie wichtig transnationale Medien als

Vernetzungsinstanzen transnationaler Öffentlichkeit werden können, lässt sich für den Fall Europa am Beispiel der „Financial Times" zeigen. Sie hat einen besonderen Status errungen, weil es ihr gelungen ist, ein privilegiertes Verhältnis mit führenden Zirkeln in den EU-Institutionen herzustellen (vgl. Firmstone 2008; Raeymaeckers et al. 2007; Schlesinger 1999). Ihre Rolle besteht nicht darin, ein europaweites Massenpublikum zu erreichen, sondern eine einflussreiche Elite zu informieren und so die Agenda und das Framing der EU-Berichterstattung vieler anderer Medien zu beeinflussen. Transnationale Medien bilden somit wichtige Verbindungsstücke zwischen transnational ausgerichteten Eliten und nationalen Öffentlichkeiten.

Im Hinblick auf den Beitrag transnationaler Medien zu einer *kritischen* Weltöffentlichkeit ist aber auch ein weiterer Strukturaspekt dieser Medien zu bedenken: Viele dieser Medien, insbesondere die transnationalen Satellitensender sind staatlich finanzierte und kontrollierte Projekte: Dies ist offensichtlich beim traditionellen Auslandsrundfunk wie dem US-Sender Voice of America. Aber auch Al Jazeera beispielsweise wird maßgeblich substanziell vom Emir von Katar finanziert, ebenso wie ein substanzieller Anteil des Budgets von Euronews aus den Kassen der EU-Kommission fließt. Wie viel Public Relations und wie viel Journalismus in den jeweiligen Kanälen läuft, das ist eine Frage, die damit noch nicht beantwortet ist. Über Al Jazeera gibt es dazu eine rege Diskussion (siehe z. B. Hahn 2005, Zayani und Ayish 2006). Eine Studie von Aday et al. (2005) analysiert, wie neutral und ausgewogen die Berichterstattung von Al Jazeera im Vergleich zu den großen heimischen US-Fernsehsendern während des Irakkriegs 2003 war, und kommt zu dem Ergebnis, dass Al Jazeera in der Berichterstattung zwar andere Schwerpunkte legt und bei der Berichterstattung über zivile Opfer des Krieges auch einen bewertenden Ton anschlägt, insgesamt aber nicht weniger neutral und ausgeglichen berichtet als die US-Sender.

> **Studie**
>
> **Netzwerke transnationaler Medien im Irakkrieg 2003** – Während des Irakkriegs von 2003 haben viele westliche Journalisten das Angebot der US-Streitkräfte genutzt und die Truppen als „embedded reporters" begleitet. Die Folge war, dass ein Großteil der Berichterstattung tatsächlich die Perspektive der US-Militärs annahm (Aday et al. 2005). Darum wurde die Berichterstattung von arabischen Fernsehsendern wie Al Jazeera als „Contra flow" (Thussu 2007a) um so wichtiger, um alternative Perspektiven auf den Krieg zu eröffnen. Wessler und Adolphsen (2008) haben deshalb untersucht, ob und wie diese Perspektive in die Berichterstattung transnationaler westlicher Sender (CNN International, Deutsche Welle, BBC World) eingeflossen ist. Die westlichen Sender haben in den insgesamt 33 Stunden Nachrichtenprogrammen, die in zwei Wochen des Krieges analysiert wurden, zwei Stunden mit Bildmaterial der arabischen Sender bestritten, wobei sie Al Jazeera-Material insbesondere für die Darstellung der Opfer des Krieges genutzt haben, und das irakische Staatsfernsehen und andere arabische Kanäle Bilder und Statements der irakischen Führung lieferten. Durch Letzteres mussten die

arabischen Sender beim westlichen Publikum allerdings auch den Eindruck erwecken, dass sie letztlich Sprachrohre des Iraks waren. In Einzelfällen haben westliche Sender die arabischen Sender auch explizit eines „hostile reporting" beschuldigt. Die Schlussfolgerung der Autoren: „Our study shows that the impact of Arab channels on the Iraq war coverage by the Western channels mainly lies in showing that a different (Arab) perspective on the war exists – rather than in actually infusing Western coverage with this different perspective. The existence of a contra-flow from the Arab world is recognized, but its appreciation by and incorporation into Western TV news programs is only limited […] it certainly is a far cry from any form of enlightened discourse or a stable ‚communication bridge'" (Wessler und Adolphsen 2008, S. 458). Die Studie offenbart, wie verschiedene transnationale Medien durch Zitierung ein kommunikatives Netz bilden können, das die Infrastruktur eine globalen Öffentlichkeit bildet, die allerdings nur teilweise den normativen Ansprüchen an Leistungen einer demokratischen Öffentlichkeit genügen kann.

5.2.2 Auslandskorrespondenten

Zu den Infrastrukturen transnationaler Öffentlichkeiten lassen sich schließlich auch die *Auslandskorrespondenten* zählen. Wiederum ist der Fall Europa wesentlich besser erforscht als die Journalisten weltweit (Baisnée 2002; Heikkilä und Kunelius 2008; Offerhaus 2011; Statham 2007). Die Zahl der Brüssel-Korrespondenten ist über die Jahre parallel zum Kompetenzgewinn der EU kontinuierlich angestiegen bis auf über 1000 Journalisten im Jahr 2005. Seitdem sind die Zahlen allerdings zurückgegangen, auf ca. 900 Journalisten im Jahr 2010 (Phillips 2010). Hintergrund des Rückgangs ist vermutlich die ökonomische Krise des Journalismus in Verbindung mit der Fülle des PR-Materials, das die EU-Institutionen online bereitstellen. In einer Resolution beklagte sich der Verband der EU-Korrespondenten: „This flow of institutional information is mistakenly considered in member states as a cheap alternative to independent information from Brussels-based journalists. The reality is that as a result, there is less informed reporting about policies, decision-making and the background to decisions" (Phillips 2010). Statt festen Korrespondenten schicken viele Medien zudem verstärkt sogenannte Fallschirmjournalisten („parachute foreign correspondents"; Hamilton und Jenner 2004), die zu besonderen Anlässen, zum Beispiel zu Gipfeltreffen der Staatschefs nach Brüssel geschickt werden (Raeymaeckers et al. 2007).

Unter den Brüsseler Journalisten hat sich eine intensive, nationale Grenzen überschreitende Kooperation entwickelt. Dies betrifft vor allem den harten Kern an langjährigen Korrespondenten, die untereinander und mit den EU-Institutionen überdurchschnittlich gut vernetzt sind, was auch das kooperative Aufdecken von Skandalen ermöglicht (Meyer 2002). Während die EU-Korrespondenten traditionell eher einen missionarisch-pädagogischen Ansatz hatten, verfolgen sie heute keine klar pro-europäische Agenda mehr. Während einige wahre EU-Fans sind, sind andere nur in Brüssel, um nach den Absurditäten des Bürokratismus zu fahnden (AIM Research Consortium 2007).

Die Brüssel-Korrespondenten erweisen sich also als gut vernetzte Gruppe, die über die Jahre stark angewachsen ist und zunehmend kritisch berichtet. Gegenüber diesen Langzeittrends finden sich in den letzten fünf Jahren allerdings auch gegenläufige Entwicklungen. Korrespondentenstellen werden abgebaut und der Informationsbedarf wird ersatzweise durch das seinerseits zunehmend professionell gestaltete PR-Material der EU-Institutionen gestillt.

Für die US-Auslandskorrespondenten gibt es schon länger einen Trend zum Abbau der Infrastrukturen transnationaler Kommunikation. Die großen Fernsehsender (ABC, NBC und CBS) haben schon in den 80er und 90er Jahren im großen Stil eingespart. Mit der aktuellen finanziellen Krise haben auch die Zeitungen massiv abgebaut: Die elf großen vom American Journalism Review befragten US-Zeitungen reduzierten die Zahl ihrer Korrespondenten von 307 im Jahr 2003 auf 234 (2010) (Kumar 2011). Damit zeigt sich, dass die Annahme eines einseitigen Trends zur Transnationalisierung von Öffentlichkeit in Europa und anderswo allzu einfach ist: Möglicherweise re-provinzialisieren sich die klassischen Medien auch.

5.3 Die Transnationalisierung des Sprecherensembles

Eine Entgrenzung des Sprecherensembles in den transnationalen Öffentlichkeiten würde sich darin zeigen, dass in öffentlichen Debatten mehr supranationale Akteure (in Europa also die EU-Institutionen, europäische Verbände, Mitglieder des EU-Parlaments) und mehr Sprecher aus dem Ausland (also alle Akteure aus anderen Ländern) zu Wort kämen und dass auch die nationalen Akteure zunehmend auf internationale Belange Bezug nähmen. Normativ würde die Öffentlichkeitstheorie fordern, dass auch in grenzüberschreitenden Debatten eine Pluralität an Akteuren und Meinungen zu Wort käme. Die tatsächliche Verteilung von Stimmen im öffentlichen Diskurs lässt sich aber vermutlich eher mit der These des Europub-Projekts erklären: „[…] the chances of actors to penetrate the media depend on their actual influence in the decision-making process in a particular issue field" (Koopmans et al. 2010, S. 64). Demnach würden EU-Akteure stärker zu Wort kommen, wenn die EU mehr Kompetenzen bekommt. In national geregelten Politikbereichen würden die nationalen Eliten die Debatten dominieren.[2]

---

[2] Die Logik dieser Hypothese geht von einem Modell der Medienberichterstattung aus, das diese als Spiegel politischer Machtverhältnisse sieht. Dass die Medien die Realität durchaus nach eigenen Logiken (z. B. Nachrichtenfaktoren) konstruieren, ist kommunikationswissenschaftliches Allgemeinwissen. Dies schließt aber nicht aus, dass sich viele Praktiken der Berichterstattung dennoch mit der einfachen Logik der Medien als Spiegel politischer Strukturen erklären lassen.

> **Studie**
> **Umschichtung des transnationalen Sprecherensembles** – Die Langzeitbetrachtung des Europub-Projekts von 1990 bis 2002 (Koopmans et al. 2010) zeigt eine moderate Zunahme der Sichtbarkeit der Claims transnationaler Akteure (von 10 auf 14 % der kodierten Claims). Dafür nimmt allerdings der Anteil der Berichterstattung über ausländische Debatten (in denen sich die Claims der Akteure aus einem anderen Land auf andere Akteure aus diesem Land richten) ab (von 16 auf 10 % der Claims). Es handelt sich also um Verschiebungen *innerhalb* des Bereichs transnationaler Kommunikation (Koopmans et al. 2010). Diese spiegeln zum Teil die Kompetenzverschiebungen in der EU wider, in der vorher zwischenstaatlich geregelte Politikbereiche nun von supranationalen Institutionen übernommen werden. Es gibt also keinen über verschiedene Politikbereiche hinweg verallgemeinerbaren Befund der Transnationalisierung. Rein nationale Claims, in denen nationale Akteure (aus dem Erscheinungsland des untersuchten Mediums) andere nationale Akteure des eigenen Landes adressieren, machen einen Anteil von stabil um die 43 % der Claims aus. Eine Ausnahme bildet nur der im Untersuchungszeitraum komplett vergemeinschaftete Bereich der Geldpolitik (Euro), wo die Nationalstaaten tatsächlich ihre Souveränität aufgegeben haben. Hier nehmen rein nationale Claims stark ab, was die obige These bestätigt, dass die Chancen zur Partizipation in Debatten mit zunehmender Macht transnationaler Akteure steigen.

In den Bremer Inhaltsanalysen zeigt sich ebenfalls kein Trend zur Transnationalisierung des Sprecherensembles. Der Anteil zitierter Sprecher aus dem eigenen Land nimmt langfristig sogar moderat zu (auf zuletzt 72 %; siehe Abb. 5.2). Somit findet keine allgemeine Entgrenzung des Sprecherensembles statt. Im Gegenteil: Es scheint, als ob die Medien ihre Perspektive im Langzeitvergleich leicht verengen. Daher geht die These von den Mediendebatten als Spiegel politischer Strukturen insgesamt nicht auf, da in den letzten 30 Jahren die Kompetenzen der EU unbestreitbar angestiegen sind und damit nicht nur die Bedeutung von Sprechern der EU-Institutionen, sondern auch die Bedeutung der Akteure aus anderen EU-Mitgliedstaaten zugenommen hat. Die Krise des Euro im Jahre 2011 ist (unter anderem) eine Folge der nationalen Haushalts- und Wirtschaftspolitik der griechischen Regierung: Mit der europäischen Integration ist auch die Interdependenz der EU-Staaten angewachsen. Es wäre also anzunehmen, dass nationale Debatten erstens stärker EU-Akteure zitieren und zweitens die wichtigen Akteure der EU-Mitgliedstaaten und deren Debatten intensiver verfolgen als früher. Dies ist aber nicht der Fall, wie verschiedene Inhaltsanalysen zeigen (siehe auch Abschn. 5.4.1).

5.3 Die Transnationalisierung des Sprecherensembles

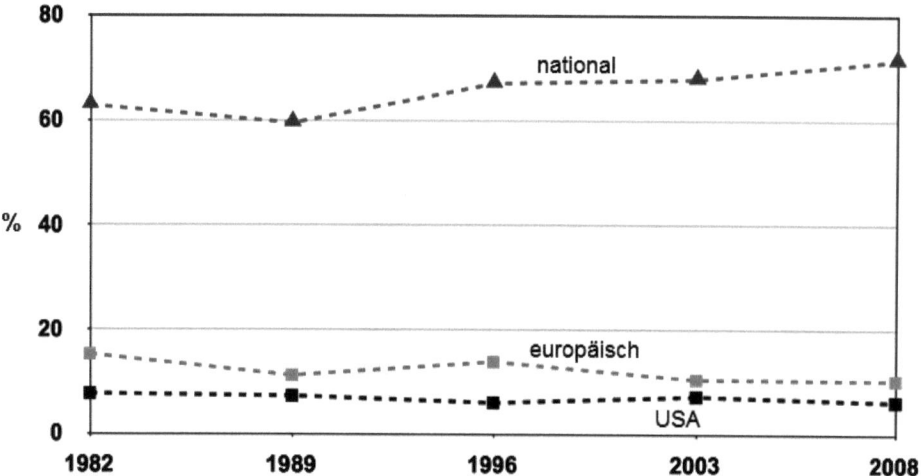

Abb. 5.2 Herkunft der zitierten Sprecher in den Medien (Quelle: Kleinen-von Königslöw, im Erscheinen)

5.3.1 Zusammensetzung des Sprecherensembles

Dennoch bleibt die Frage relevant, wer denn in den durchaus vorhandenen Debatten über die EU zu Wort kommt: Wie die Inhaltsanalysen des Bremer SFB-Projekts belegen, sind es überwiegend nationale Regierungen, die in der Debatte der Qualitätspresse das medial veröffentlichte Wort über EU-Politik führen (Wessler et al. 2008). Zwar kommen sie auch zu nationalen Themen stärker zu Wort als andere Akteure (mit etwa 25 % der zitierten Wortbeiträge). Diese Exekutivlastigkeit öffentlicher politischer Debatten ist aber beim Thema EU besonders ausgeprägt (45 % der Sprecheräußerungen) (Wessler 2007, S. 66).

Auch hier kommt das Europub-Projekt zu ähnlichen Befunden (Koopmans 2010): Abbildung 5.3 zeigt im Überblick, wie sich die Anteile verschiedener Akteure des nationalen Diskurses von der Zusammensetzung der Akteure des europäisierten Diskurses unterscheiden. Die Grundgesamtheit europäisierter Claims wird dabei definiert als Summe der Claims transnationaler Akteure, nationaler Akteure aus anderen Ländern und nationaler Akteure, die sich mit ihren Forderungen auf die transnationale Ebene beziehen.

Die Exekutivlastigkeit nimmt also mit der Europäisierung der Mediendebatten zu. Quellen der Kritik an Regierungspolitik wie die nationale Opposition, die Zivilgesellschaft, Experten, Intellektuelle und einfache Bürger kommen bei Europathemen seltener zu Wort als bei anderen Themen. Koopmans (2007) sieht deshalb die Regierungsakteure als diskursive Gewinner der europäischen Integration: Die für jede partizipative Öffentlichkeitstheorie wichtigen zivilgesellschaftlichen Akteure, aber auch die Legislative (also

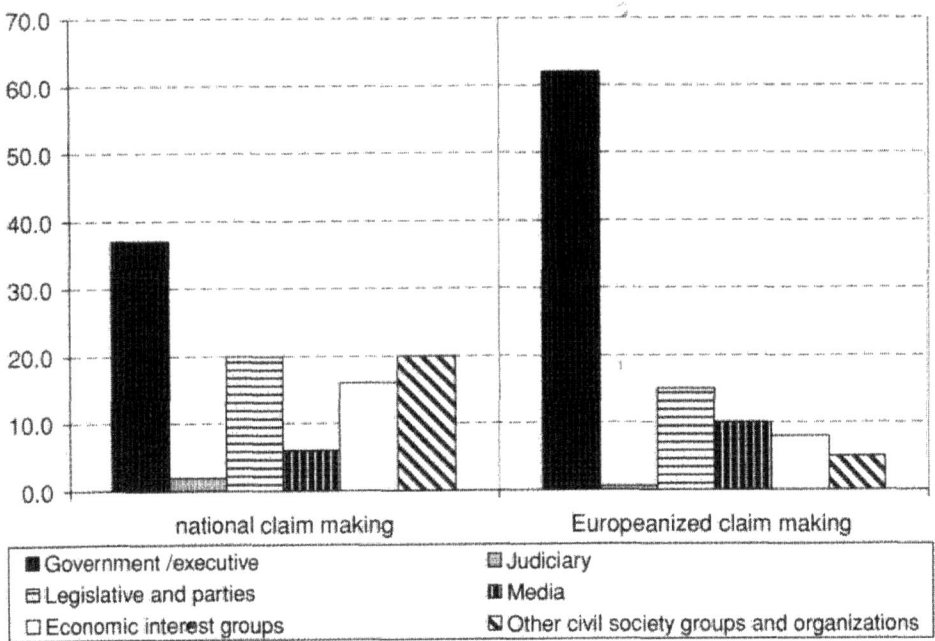

Abb. 5.3 Nationale und europäisierte Claims nach Akteuren (in %) (Quelle: Koopmans 2010, S. 106)

die Parlamentarier) verschwinden zunehmend aus öffentlichen Debatten, wenn sich diese transnationalisieren. Nun könnte man argumentieren, dass die Entmachtung der nationalen Parlamente im Rahmen transnationalen Regierens eben auch ein realer Prozess ist, der sich in den Debatten widerspiegelt. Aus der Perspektive einer demokratischen Öffentlichkeit wäre darum eine andere Form der Transnationalisierung zu wünschen, sowohl was die Debatten als auch was die Gestaltung transnationalen Regierens angeht.

5.3.2 Regierungskommunikation zum Thema EU

Damit steht immer noch die Frage im Raum, *wie* die dominierenden nationalen Regierungsakteure als Europasprecher auftreten. Im Hinblick auf diese Frage werden in der Forschung zwei Mechanismen unterschieden, nämlich „scapegoating" und „credit-claiming" (Gramberger und Lehmann 1995; Meyer 1999). Demnach machen politische Akteure andere, zum Beispiel die EU-Institutionen, für Misserfolge verantwortlich und beanspruchen für sich selbst den Verdienst an erfolgreichen Projekten. Gerhards et al. (2009) haben dies inhaltsanalytisch in der deutschen und britischen Qualitätspresse untersucht und finden das vermutete Muster der Attribuierung von Verantwortung: Zusammengenommen beziehen sich die deutsche und britische Regierung in 64 % aller untersuchten Aussagen in der Qualitätspresse negativ auf die EU-Institutionen.

Die Frage ist nun aber, ob die in der europäischen Debatte dominanten Regierungsakteure negativer über die EU und ihre Institutionen sprechen als über nationale Akteure. Zu bedenken ist dabei, dass das Wesen öffentlicher Debatten nicht Affirmation, sondern kritische Auseinandersetzung um strittige Fragen ist. Und hier zeigt die Inhaltsanalyse des Europub-Projekts: Weder die Regierungen noch die anderen Sprecher im Diskurs stellen die EU-Integration oder die EU-Institutionen in besonders schlechtem Licht dar. Im Gegenteil: Alle Sprecher evaluieren im Durchschnitt die EU-Institutionen zwar negativ, aber nicht negativer als die nationalen Institutionen. Die nationalen Regierungsakteure unterscheiden sich in dieser Hinsicht kaum von den anderen Akteursgruppen (Koopmans 2010).

Es ergibt sich das Bild eines „critical Europeanism" (della Porta und Caiani 2009): Die Diskurs-Akteure unterstützen den europäischen Integrationsprozess als solchen, sind aber kritisch gegenüber den EU-Institutionen und ihrem Handeln. Im Hinblick auf unterschiedliche Politikbereiche zeigt sich, dass sich die Evaluierung der EU da „normalisiert", wo die EU Kompetenzen gewinnt:

▶ „Once Europe gains consequential decision-making powers in an issue-field, both levels of attention and levels of criticism will rise, implying what one might call a normalization of Europeanized contention toward what is customary in national politics, namely intense and controversial debate" (Koopmans et al. 2010, S. 84).

5.3.3 Medien als Sprecher im Diskurs

Auch die Medien selbst sind Sprecher im politischen Diskurs, wenn sie das politische Geschehen kommentieren. Betrachtet man die Positionen, die die Medien in ihren Kommentaren und Leitartikeln vertreten, dann erweisen sich gerade die Medien, denen zuweilen die Schuld am schlechten Image der EU bei den Bürgern zugeschrieben wird, als Triebkräfte der Integration: Die Kommentaranalyse von Pfetsch, Adam und Eschner (2010) kommt zu dem Ergebnis, das sich die kontinentaleuropäische Presse (im Gegensatz zur britischen) länder- und zeitungsübergreifend für eine weitere europäische Integration mit starken supranationalen Institutionen ausspricht (auf Basis von Daten aus den Jahren 2000–2002). Zum gleichen Befund kommt Trenz (2007), der im Hinblick auf die EU-Verfassungsdebatte von 2001 einen „progressive Europeanism" journalistischer Kommentatoren identifiziert. Dies mag allerdings auch ein vorübergehendes Phänomen sein. Bei der Ratifikation des Verfassungsvertrags im Jahr 2005 findet Trenz (2009) eine eher zurückhaltende EU-Befürwortung der Kommentatoren. So mag über einer EU-freundlichen Grundeinstellung der kontinentaleuropäischen Elite-Presse ein starkes Element von Konjunkturen öffentlicher Meinung liegen, bei denen die Kommentatoren der Presse häufiger einmal die Seite wechseln, was die Bewertung politischer Akteure angeht.

5.3.4 Die Kommunikation der europäischen Institutionen

Als Akteure sind schließlich die europäischen Institutionen selbst relevant. Aufgrund der geringen Beteiligung an den Wahlen zum Europaparlament wurden sich die EU-Eliten dessen bewusst, dass die EU ein Legitimationsproblem hat, wenn die breite Bevölkerung gegenüber der EU unwissend, gleichgültig und zunehmend skeptisch ist. Seit Anfang der 1980er Jahre bediente sich der Europäische Rat, das Forum der Staats- und Regierungschefs der EU-Länder, der klassischen Kommunikationsmittel der Nationen-Konstruktion, wie sie zum Beispiel von Anderson (1983) und Hobsbawm (1991) beschrieben werden. Die Einführung von EU-Flagge, Hymne und Gedenktagen zielte auf die Schaffung von Symbolen und Ritualen europäischer Zusammengehörigkeit (Brüggemann 2005; Shore 2000). Mit der Jahrtausendwende gab es eine Neuorientierung in der Kommunikation der europäischen Institutionen, indem sich die EU-Kommission, die Exekutive der EU, nun den Leitbildern der Transparenz und des Dialogs mit den Bürgern verschrieb. Das öffentlich erklärte Ziel war die Schaffung einer europäischen Öffentlichkeit:

▶ „The aim should be to create a transnational ‚space' where citizens from different countries can discuss what they perceive as being the important challenges for the Union. This should help policy makers to stay in touch with European public opinion, and could guide them in identifying European projects which mobilise public support" (European Commission 2001).

Brüggemann (2008) hat die verschiedenen Deklarationen der EU-Kommission in diese Richtung beim Wort genommen und untersucht, ob die Kommunikationsaktivitäten tatsächlich geeignet waren, dieses ambitionierte Ziel zu erreichen. Er untersucht die Kommunikation der EU-Kommission mit Hilfe des Konzepts der Informationspolitik, das sowohl die PR als auch die Transparenzregeln politischer Institutionen umfasst. Abbildung 5.4 zeigt, wie sich Informationspolitik analytisch fassen lässt.

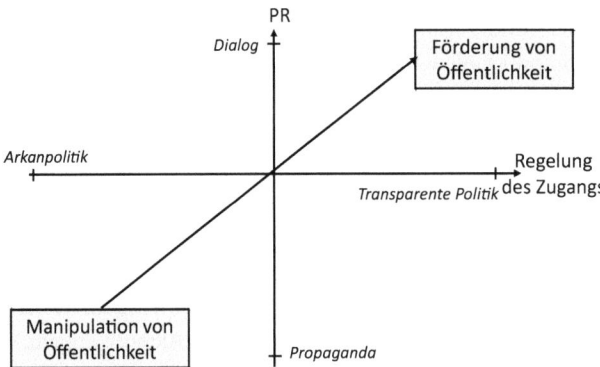

Abb. 5.4 Der Zusammenhang von Informationspolitik und Öffentlichkeit (Quelle: Brüggemann 2008, S. 92)

Studie

Europäische Öffentlichkeit durch Öffentlichkeitsarbeit? – Eine Informationspolitik, die die Voraussetzungen für die Etablierung demokratischer Öffentlichkeit fördert, müsste auch effektiv in der Lage sein, in einem Kommunikationsraum wie der EU, die 27 Staaten und 500 Millionen Menschen umfasst, wirksam zu werden. Um zu ermitteln, ob die EU-Informationspolitik dieser Anforderung gerecht wird, rekonstruiert Brüggemann (2008) auf Basis von Leitfadeninterviews und Dokumentanalysen den Wandel der Informationspolitik von der Arkanpolitik in Richtung Transparenz und dialogischer Kommunikationsinstrumente. Dabei zeigt sich: Insgesamt scheitert die Kommission an mangelnden eigenen Ressourcen zu professioneller Kommunikation und an einem zu bürokratischen Ansatz: Der Kommission fehlen Beamte mit PR-Kompetenz. Die Durchführung von Kommunikationsmaßnahmen scheitert häufig an den komplexen Budget- und Ausschreibungsregeln der EU. Gerade die dialogischen PR-Instrumente wie Diskussionsrunden mit EU-Beamten, Politikern und Bürgern erreichen das breite Publikum nicht. Das Versprechen eines „Dialogs mit den Bürgern" erweist sich als illusorisch, auch weil die „Dialoge" oft erst Jahre nach den betreffenden politischen Entscheidungen stattfanden. Das Potential zur Gewährleistung von politischer Transparenz und zur offensiven öffentlichen Rechtfertigung von Politik ist in der EU allerdings noch nicht ausgeschöpft: „Wenn es der Kommission durch eine mediengerechte Rechtfertigung ihrer Politik gelänge, europäische Debatten zu provozieren, dann würde sie damit eine dauerhafte Europäisierung von Öffentlichkeit unterstützen", so die Schlussfolgerung der Studie (Brüggemann 2008, S. 295).

Das Scheitern der Referenden zum EU-Verfassungsvertrag (in Frankreich und den Niederlanden 2005 und in Irland 2008) verdeutlichte nochmals das Scheitern der Dialog-Bemühungen der EU. Vor allem zeigte sich, dass die Ergebnisse öffentlicher Debatten nicht zwingend im Interesse der EU-Kommission sind. Kommissionspräsident José Manuel Barroso, der erst 2004 den Posten eines für Kommunikation zuständigen EU-Kommissars geschaffen hatte, kassierte die Position 2008 wieder ein. Dieser Politikbereich, in dem es für einen damit beauftragten EU-Kommissar wenig politisches Kapital zu gewinnen gibt, weil Skepsis, Gleichgültigkeit und Ignoranz gegenüber der EU schwer zu lösende Probleme sind, wird in Zukunft nicht mehr explizit ausgewiesen werden. Das Ziel, öffentliche Debatten zum Thema EU anzuregen, scheint nicht mehr im Vordergrund zu stehen.

Zusammenfassend lässt sich über das Sprecherensemble und die Rolle verschiedener Sprechertypen bei der Thematisierung transnationaler Belange festhalten: Es gibt Umschichtungen im Rahmen zunehmender Kompetenzen der EU, aber keine umfassende Transnationalisierung des Sprechergefüges öffentlicher Debatten. Die vorhandenen Tendenzen der Transnationalisierung verstärken noch die Bedeutung exekutiver Akteure in den Mediendebatten und laufen somit den normativen Ansprüchen der Öffentlichkeitstheorie entgegen. Die Evaluation der EU-Integration und ihrer Akteure durch die Medien und auch durch die darin zitierten Regierungsakteure erweist sich keineswegs als überdurchschnittlich negativ, so dass sich hier keine einfache Erklärung für das schlechte öffentliche Image der EU finden lässt. Umgekehrt gelingt es der EU aber auch nicht, durch PR Dialoge mit der Bevölkerung zu initiieren, um diesem Problem zu begegnen. Auch auf dieser Dimension gibt es nicht nur Transnationalisierungsbefunde, sondern auch Indizien einer Re-Nationalisierung öffentlicher Kommunikation, da der Anteil nationaler Sprecher an Mediendebatten langfristig sogar leicht zunimmt.

5.4 Mehrdimensionaler Strukturwandel der Medieninhalte

Im vorigen Abschnitt wurde bereits intensiv auf die Ergebnisse von Inhaltsanalysen über mediale Debatten zurückgegriffen, um etwas über die wichtigen Debattenakteure und ihre Rolle in transnationalen Debatten zu erfahren. Jetzt geht es um den „Strukturblick" auf öffentliche Mediendebatten, wie ihn das SFB-Projekt in Bremen vertritt und im Hinblick auf die folgenden vier Dimensionen umfassend untersucht hat (vgl. Kleinen-von Königslöw 2010):

1. Beobachtung des Regierens
2. Diskursive Integration
3. Diskurskonvergenz
4. Kollektive Identitäten

5.4.1 Beobachtung des Regierens

Die *Beobachtung transnationalen Regierens* – auch *vertikale Transnationalisierung* genannt – bezieht sich darauf, inwieweit sich mit der Verlagerung politischer Kompetenzen und Entscheidungen vom Nationalstaat auf die EU auch der Fokus öffentlicher Aufmerksamkeit verlagert hat. Nach den ersten noch eher pessimistischen Ergebnissen (Eilders und Voltmer 2003; Gerhards 2000), verweisen die jüngeren Studien durchgehend auf einen Trend der vertikalen Europäisierung der Medienberichterstattung: Die EU-Institutionen sind zunehmend Teil öffentlicher Mediendebatten (de Vreese und Boomgaarden 2006b; Koopmans et al. 2010).

Die Inhaltsanalysen des Bremer Forschungsprojekts kommen in der aktuellen Auswertung (Kleinen-v. Königslöw 2010) zu dem Befund, dass der Anteil an Artikeln in Elite- und Boulevardzeitungen in sechs europäischen Ländern, die auf europäische Institutionen Bezug nehmen, von 1982 bis 2008 von 6 auf 14 % angestiegen ist (Abb. 5.5). Dieser Trend bezieht sich nicht allein auf die bloße Erwähnung von EU-Institutionen, auch der inhaltliche Schwerpunkt der Politikberichterstattung hat sich verlagert: So hat der Anteil der Artikel mit EU-Politik als Hauptthema zwischen 1982 und 2008 von 1 auf 4 % zugenommen. Bei diesem strengeren Indikator zeigt sich aber auch, wie marginal EU-Politik bleibt im Vergleich zur nationalen Politik. Bei beiden Indikatoren finden wir einen Anstieg bis 2003 und dann eine Stagnation auf diesem Europäisierungsniveau.

5.4 Mehrdimensionaler Strukturwandel der Medieninhalte

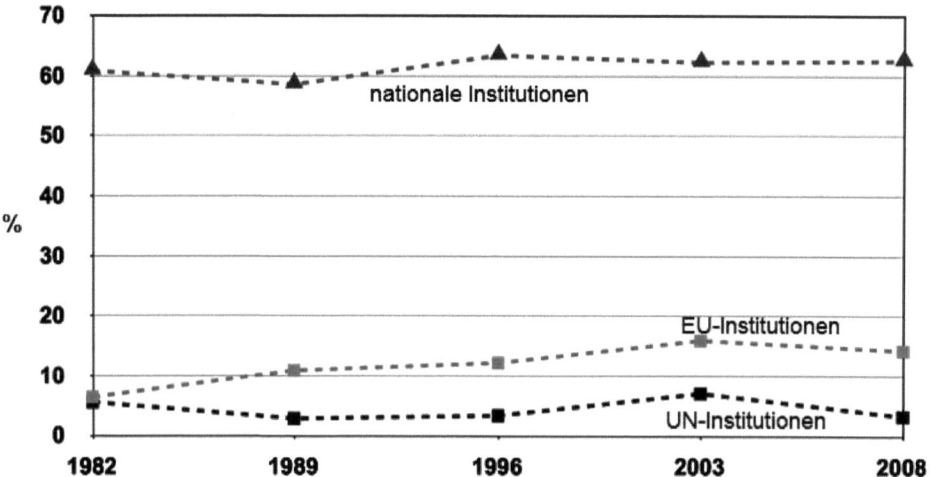

Abb. 5.5 Anstieg der Sichtbarkeit der EU Institutionen (Quelle: Kleinen-von Königslöw, im Erscheinen)

5.4.2 Diskursive Integration

Bei der diskursiven Integration oder horizontalen Europäisierung, also der Beobachtung anderer Länder und der Zitierung von Sprechern aus diesen Ländern, zeigt sich dagegen eine recht stabile Fokussierung der medialen Aufmerksamkeit auf das eigene Land. In den Bremer Inhaltsanalysen beziehen sich knapp 60 % der Artikel aus Qualitäts- und Boulevardpresse auf Geschehnisse im eigenen Land (Kleinen-v. Königslöw 2010). Die Zitierung von nationalen Sprechern nimmt über die Jahre sogar noch zu (siehe Abb. 5.2). Noch geringer ist der Transnationalisierungsgrad beim stärksten Indikator für eine transnationale Debatte: Die Autoren von Gastbeiträgen und die Partner in Interviews sind – selbst wenn man nur die Elitenpresse berücksichtigt – zu 82 % Menschen aus dem eigenen Land (Wessler et al. 2008, S. 49).

5.4.3 Diskurskonvergenz

Zu den häufig vorgebrachten Kriterien einer Transnationalisierung von Öffentlichkeit gehört auch die Konvergenz von Debatten und damit die Frage, ob sich nationale Debatten als Ergebnis eines transnationalen Austauschs von Deutungen und Argumenten zunehmend ähnlicher werden. Auch unabhängig von einer zunehmenden Ähnlichkeit im Zeitverlauf wird ein Mindestniveau an Ähnlichkeit häufig als Voraussetzung für Verständigungsprozesse gesehen: In den unterschiedlichen EU-Ländern müssen gleichzeitig die gleichen Themen zur Debatte stehen und ähnliche Deutungsrepertoires debattiert werden (siehe Kap. 4). Wiederum können wir hier nicht die große Vielfalt an Studien referieren, die untersuchen, ob ein spezifisches Thema oder auch die Debatte über das Thema EU in verschiedenen Ländern zur gleichen Zeit auf gleiche Weise diskutiert wird (vgl. z. B. Adam 2007; Berkel 2006; de Vreese 2001; Jentges, Trenz und Vetters 2007; Oberhuber et al. 2005; Tobler 2010; Trenz 2005; van de Steeg 2006).

Einige Autoren betonen eher die länderübergreifenden Ähnlichkeiten, während andere Studien Unterschiede zwischen den nationalen Debatten verschiedener Länder herausarbeiten. Dies ist wenig überraschend: Die Unterschiede ergeben sich einerseits aus den unterschiedlichen Themen, die zu unterschiedlichen Zeitpunkten im Hinblick auf unterschiedliche Untersuchungsländer und in unterschiedlichen Medien untersucht wurden. Zudem folgt die Vielfalt der Befunde aus der Diversität der jeweils angelegten Vergleichskriterien: Wird die Ähnlichkeit allgemeiner themenübergreifender Nachrichtenframes, das Vorkommen eines konkreten Arguments, die Nennung einer Metapher oder eines spezifischen historischen Bezugs untersucht? Insofern werden sich immer Gemeinsamkeiten auf einer allgemeineren Ebene und Unterschiede im Detail ergeben und es bleibt der Interpretation der Autorin oder des Autors überlassen, ob am Ende „überraschende" Unterschiede oder Gemeinsamkeiten als Forschungsergebnis kommuniziert werden. Abhilfe schafft in einer solchen Situation nur der systematische Vergleich, der Unterschiede zwischen Ländern, Medien und Debattenthemen oder Unterschiede zwischen verschiedenen Zeitpunkten der Debatte (und am besten mehrere dieser Dimensionen) im Hinblick auf dieselben Kriterien gegenüberstellt.

Zur Frage der Konvergenz als Prozess der Angleichung über einen langen Zeitraum gibt es nur wenige Untersuchungen. Juan Diez Medrano (2003) weist zwischen 1946 und 1995 eine Konvergenz der Deutungsrahmen und Thematisierungen für die deutsche, französische und spanische Debatte zur europäischen Integration nach. Kommt es aber auch bei nicht unmittelbar die EU betreffenden Themen zur Angleichung?

Studie

Transnationale Konvergenz bei transnationalen Themen – Wessler et al. (2008) haben über ein Dutzend Jahre hinweg die Entwicklung der Mediendebatten zu zwei sehr unterschiedlichen Themen in fünf EU-Ländern untersucht. Die untersuchten Debatten betrafen (1) die Legitimation westlicher militärischer Interventionen (im Irak, in Bosnien und Kosovo) und (2) die Zulassung gentechnisch veränderter Lebensmittel. Konvergenz wurde im Hinblick auf die Intensität der Aufmerksamkeit für ein Thema, das allgemeine Framing der Debatte, die Diskurskoalitionen (Stärke und Zusammensetzung der Sprechergruppen, die eine Pro- bzw. Contra-Position zum Thema vertreten) und im Hinblick auf das Repertoire der häufig vorkommenden Argumente verglichen. Konvergenz oder Divergenz, also die Zu- oder Abnahme von Ähnlichkeiten in den verwendeten Frames, Argumenten oder den zu Wort kommenden Sprechern, wurde durch

5.4 Mehrdimensionaler Strukturwandel der Medieninhalte

den Vergleich der Variationskoeffizienten für die jeweiligen Häufigkeitsverteilungen zu verschiedenen Zeitpunkten in den verschiedenen Ländern untersucht. Im Ergebnis finden sich beim Thema militärische Interventionen, die nach wie vor eine Angelegenheit nationaler Politik sind, kaum Anzeichen von Konvergenz. Dies ist beim Thema gentechnisch veränderte Lebensmittel anders, wie Abb. 5.6 zeigt. Sinkende Werte signalisieren eine zunehmende Ähnlichkeit der Debatten.

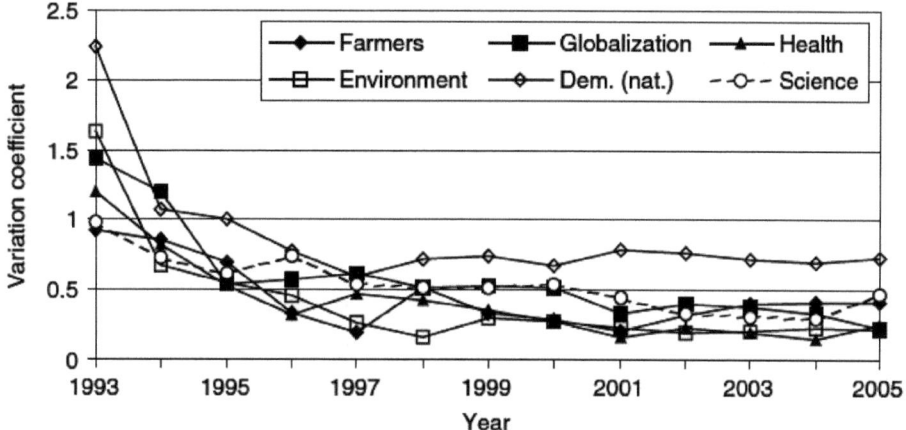

Abb. 5.6 Angleichung der Debatten-Frames zu grüner Gentechnik.
Notes: Data points represent variation coefficients based on the percentage shares of frames in each country and year (variation coefficients are calculated by dividing standard deviations – here: of the five national percentage shares for each frame and year – by the corresponding mean). All statements on the legitimacy of green biotechnology (*N*: 615 Austria; 769 Denmark; 755 France; 635 Germany; 2081 Great Britain; total 4855). (Quelle: Schneider 2008, S. 159)

Der Grad der politischen Integration in einem Politikbereich erweist sich also als Katalysator für die Konvergenz von Mediendebatten. Bei gentechnisch veränderten Lebensmitteln handelt es sich um einen Politikbereich, in dem die EU eine zentrale Regulationsinstanz ist. Und tatsächlich werden bei dieser Debatte länderübergreifend zunehmend die gleichen Frames und Argumente benutzt und die Diskurskoalitionen gleichen sich in ihrer Stärke und Zusammensetzung an. Transnational agierende Sprecher sind die Triebkraft der Konvergenz. Sie treten in den verschiedenen nationalen Debatten mit den jeweils gleichen Positionen und Argumenten auf und haben beim Thema Gentechnik auch eine große Rolle gespielt. Hier waren 43 % der in der Qualitätspresse zitierten Sprecher ausländischer Herkunft (Wessler et al. 2008, S. 178).

Die Frage nach der Konvergenz von Diskurs lässt sich auch über Europa hinaus und mit Blick auf eine mögliche Weltöffentlichkeit stellen. Gleicht sich die Thematisierung globaler Probleme in den Medien unterschiedlicher Länder im Zeitverlauf an, so dass im Ergebnis immer öfter die gleichen Themen in ähnlicher Intensität grenzüberschreitend diskutiert werden.

Studie

Keine globale Konvergenz bei der Thematisierung des Klimawandels – Schäfer et al. (2011) untersuchen in Tageszeitungen aus 23 Ländern, ob es bei der Thematisierung des Klimawandels von 1997 bis 2010 zu zunehmend ähnlich intensiver Berichterstattung kommt. Der Vergleich des Ausmaßes der Klimaberichterstattung ergibt eine gestaffelte Ähnlichkeit: Die untersuchten Zeitungen in den europäischen Ländern waren sich ähnlicher als diejenigen aus allen westlichen Ländern (also einschließlich USA, Kanada, Australien). Die Zeitungen des Westens waren sich wiederum ähnlicher als die Zeitungen aller untersuchten Länder weltweit. Es gibt somit Anzeichen einer europäischen Öffentlichkeit, einer westlichen Kommunikationsgemeinschaft, aber weniger Indizien für eine globale Öffentlichkeit. Interessant ist, dass es nicht einfach geographische Nähe ist, die öffentliche Debatten synchronisiert. Der Vergleich der Zahlen für Brunei, Indonesien, Malaysia, Singapur und Thailand verweist auf deutlich größere Unterschiede der Thematisierung des Klimawandels als zwischen den europäischen Ländern. Über den Untersuchungszeitraum gibt es darüber hinaus eine zunehmende Ähnlichkeit (= Konvergenz) der Thematisierungsintensität in den europäischen Ländern und zwischen den westlichen Ländern, nicht aber im Hinblick auf alle Länder. Die Autoren führen dies auf die aktive Rolle der EU beim Thema Klimaschutz zurück.

5.4.4 Kollektive Identität

Die vierte Dimension der Transnationalisierung öffentlicher Debatten betrifft die Artikulation kollektiver Identitäten. Diese Artikulation wurde (1) als Häufigkeit der Erwähnung europäischer und nationaler Identitäten („die Europäer", „die Deutschen") und (2) als explizite Formulierung einer entsprechenden Identifikation („wir Deutschen"; „bei uns in Europa") untersucht. Auf beiden Indikatoren findet das Bremer Forschungsteam eine moderate Zunahme der Transnationalisierung (vgl. Lucht 2010, mit ähnlichen Ergebnissen): Die Nennung des Kollektivs „die Europäer" (5,7 % aller gezählten Kollektiv-Nennungen im Jahre 2008) findet sich mittlerweile häufiger als die Nennung anderer transnationaler Kollektive (z. B. „der Westen"). Die explizite Identifikation mit Europa („wir Europäer") ist aber immer noch so selten, dass die quantitativen Daten vorsichtig interpretiert werden müssen: Von 1982 bis 2008 stieg der Anteil der expliziten Wir-Bezüge auf Europa von 1,5 auf 2,4 % aller Wir-Bezüge (Kleinen-v. Königslöw 2010). Bei dem Versuch, Identifikationspraktiken im Medieninhalt festzustellen, stößt die quantitative Inhaltsanalyse als Methode an ihre Grenzen. Festzuhalten ist jedenfalls, dass sich die europäische Kommunikationsgemeinschaft offensichtlich auf eher implizite Weise artikuliert. So sieht Thomas Risse in der Art, wie EU-bezogene Debatten geführt werden, schon Indizien einer „community of communication" (Risse 2010). In der umfangreichen Aufarbeitung der Vielfalt verschiedener Studien zur Debatte über die Zukunft der EU, die EU-Erweiterung, den Verfassungsvertrag und die Debatte über die Regierungsbeteiligung des Rechtspopulisten Haider an der österreichischen Regierung kommt er zu folgendem Schluss:

▸ „[…] Europeanized public spheres have developed gradually into a European community of communication. Questions such as ‚Who are we as Europeans¿, ‚What do we want¿ and ‚How should we treat each other as Europeans¿ became relevant in each of these cases, albeit to varying degrees and sometimes exposing differences between countries. Although the various newspapers strongly disagreed with one another, the debates often developed a common European perspective. As a result, they created a transnational European public sphere in which speakers were treated as legitimate participants in the debates […] By debating European issues of common concern, communities of communication emerged, constructing as well as reinforcing collective European identities" (Risse 2010, S. 168).

Der Gesamtbefund auf den verschiedenen auf Medieninhaltsebene untersuchten Dimensionen der Transnationalisierung ist der einer national „*segmentierten Europäisierung*" (Brüggemann et al. 2006): Es gibt eine intensivierte parallele Beobachtung der EU (vertikal), ohne dass sich die nationalen Öffentlichkeiten verstärkt füreinander öffnen (horizontal). In dieser EU-Beobachtung gibt es allerdings Indizien für eine sich zunächst in der Eliten-Presse entwickelnde Teilnehmerperspektive an einer europäischen Öffentlichkeit.

5.4.5 Nationale und medientypische Europäisierungsmuster

Neben den bisher dargestellten allgemeinen Trends zeigen verschiedene Länder, Medientypen und auch einzelne Medien unterschiedliche Niveaus und Muster der Transnationalisierung. Dies betrifft alle vier Dimensionen, die oben diskutiert wurden. Reduziert man das Modell auf die vertikale und die horizontale Dimension von Transnationalisierung, so ergibt sich die in Abb. 5.7 dargestellte Vier-Felder-Matrix verschiedener Europäisierungsmuster (vgl. Brüggemann und Kleinen-v. Königslöw 2009; aktualisierte Daten in Kleinen-v. Königslöw, 2010). In diesem Schema sind die Zeitungen nach der Abweichung vom Länderdurchschnittswert angeordnet.

Einige Zeitungen zeigen also relativ intensive EU-Berichterstattung („Le Monde"), während die österreichische Zeitung „Die Presse" der Champion der horizontalen Beobachtung des Auslands ist. Diese Muster der Europäisierung sind zum einen typisch für die jeweilige Zeitung. So können Brüggemann und Kleinen-v. Königslöw (2009) nachweisen, dass die „europäische Mission" einer Zeitung eine Schlüsselvariable zur Erklärung des Europäisierungsgrads von Zeitungen ist: Intensive Europa- und Auslandsberichterstattung ist

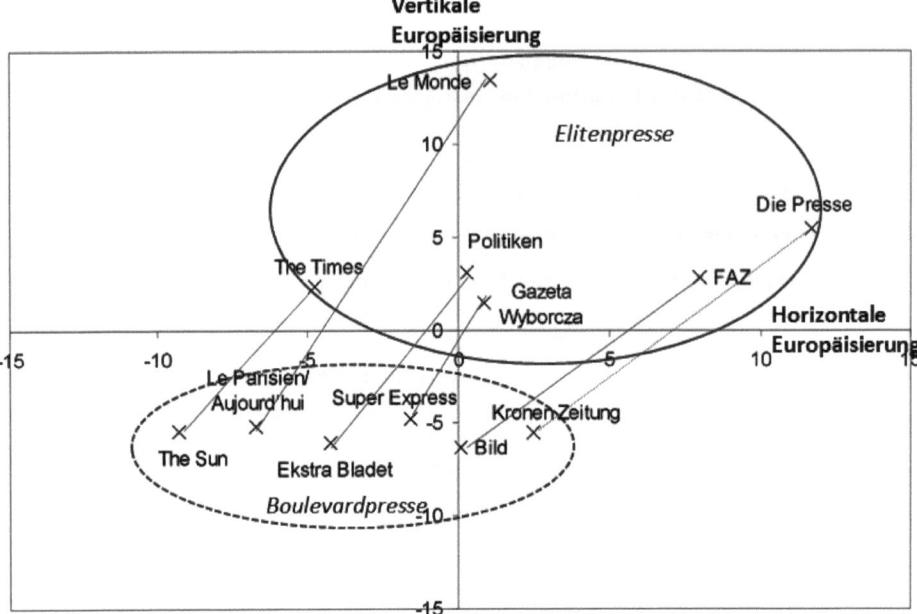

Abb. 5.7 Muster der Europäisierung im Vergleich. Vertikale Europäisierung: Abweichung vom Länderdurchschnitt der Bezüge zu EU-Institutionen und Fokus auf EU-Politik. Horizontale Europäisierung: Abweichung vom Länderdurchschnitt der Thematisierung anderer EU-Länder und der Zitierung von Sprechern aus EU-Ländern (Quelle: eigene Überarbeitung der Abbildung in Kleinen-v. Königslöw 2010)

bei Zeitungen wie „Le Monde" Teil einer redaktionellen Mission, die die Berichterstattung überformt, während sie für andere Redaktionen nur ein notwendiges Übel ist. Redaktionslinien und Berichterstattung lassen sich dann als zwei Ebenen der Artikulation einer zeitungsspezifischen Redaktionskultur begreifen (Brüggemann 2010).

Zum Zweiten stehen alle Zeitungen in Abb. 5.7 aber auch für einen bestimmten Medientyp, den der nationalen Qualitätszeitung einerseits und den der Boulevardzeitung andererseits („Le Parisien/Aujourd'hui" bildet einen Grenzfall). Die ovalen Kreise in der Abbildung zeigen, dass sich für beide Medientypen spezifische Muster der Europäisierung ergeben. Daher ist es problematisch, dass ein Großteil aller Studien zur Transnationalisierung von Öffentlichkeit ausschließlich auf der Qualitätspresse beruht. Sie darf nicht gleichgesetzt werden mit allen Zeitungen oder gar „den" Medien. Denn für die Qualitätspresse gibt es auf den verschiedenen Untersuchungsdimensionen jeweils schon ein beachtliches Niveau der Transnationalisierung. Auch wenn es auf der horizontalen Dimension im Laufe der letzten Jahre (wie weiter oben dargestellt) keinen Anstieg gibt: Die Zitate in der Qualitätspresse stammen fast zur Hälfte von Ausländern und fast die Hälfte der Artikel erwähnen das Ausland in Überschrift und erstem Abschnitt (Wessler et al. 2008, S. 47): Man könnte also von einer hochgradig transnationalisierten nationalen Öffentlichkeit ausgehen. Die Bou-

5.4 Mehrdimensionaler Strukturwandel der Medieninhalte

levardpresse zeigt aber durchweg niedrigere Levels an Europäisierung im Hinblick auf alle untersuchten Dimensionen. Auch die Fernsehnachrichten (Kevin 2003; Peter und de Vreese 2004; Peter et al. 2004) und die regionale Presse (Pfetsch et al. 2008; Vetters, 2007) weisen niedrigere Europäisierungsniveaus auf. Zudem gibt es noch quer zur Mediengattung liegende Unterschiede: So bringen öffentlich-rechtlich betriebene Programme unabhängig vom Vertriebskanal (Radio, TV, Online) mehr europapolitische Berichterstattung als private Sender.

Drittens schließlich erweist sich die Verortung der Zeitungen in Abb. 5.7 zum Teil auch als ländertypisches Muster, das auf dahinterliegende „politische Diskurskulturen" (Hepp und Wessler, 2009) verweist: Die Anordnung der Verbindungslinien in der obigen Darstellung zeigt zum Beispiel, dass die Presse jeweils ein landestypisches Niveau an horizontaler Europäisierung aufweist, wobei Österreich als kleines Land offensichtlich ein starkes Bedürfnis nach Umweltbeobachtung hat, während die britische Presse im Sample eine gewisse Inselmentalität an den Tag legt und wenig Interesse für EU- und Auslandsthemen zeigt.

Die Länderunterschiede sind zudem nicht zwischen allen Länder gleich groß: Während sich für die kontinentaleuropäischen Länder und insbesondere die Gründungsmitglieder EU relativ große Gemeinsamkeiten auch im Hinblick auf das thematische Framing von Debatten ergeben (Pfetsch et al. 2010), so ergeben sich für die skandinavischen Länder Abweichungen. Ein Land fällt zudem in allen Untersuchungen als Sonderfall auf: „Great Britain remains the odd one out" (Risse 2010, S. 5): Die britische Öffentlichkeit erweist sich in verschiedenen Studien als das Land, in dem die politischen Eliten und die Medien anders über Europa diskutieren als in den übrigen EU-Mitgliedstaaten. Es pflegt zudem einen Identitätsdiskurs, der stärker auf die „special relationship" mit den USA als auf die Zugehörigkeit zu Europa rekurriert (Risse 2010, S. 81–84).

Auf Grund dieser vielfältigen Europäisierungsmuster in den Medien erweitern Hepp et al. (2009) den oben präsentierten Befund der „segmentierten Europäisierung" zur „*Mehrfachsegmentierung*" europäischer Öffentlichkeit: Nicht nur nationale Segmentierungen kennzeichnen den Status Quo transnationaler Debatten, sondern, wie wir gezeigt haben, auch medientypbezogene und redaktionelle Besonderheiten.

▶ **Zentrale Befunde der Inhaltsanalysen:**

- Anstieg auf der vertikalen Dimension der Sichtbarkeit der EU, ihrer Politiken und Institutionen
- Stagnation auf der horizontalen Ebene der Beobachtung anderer Länder und der Zitierung von Sprechern aus diesen Ländern
- Konvergenz und hohe Ähnlichkeit nur bei ausgewählten Debatten mit starkem EU-Bezug
- Schwache explizite diskursive Identifikation als Europäer
- Nationale und medientypspezifische Muster der Europäisierung

→ Gesamtbefund: Mehrfach segmentierte Europäisierung

5.5 Transnationalisierte Publika

In der bisherigen Forschung zur Transnationalisierung von Öffentlichkeiten ist die zentrale Bezugsgröße öffentlicher Debatten aus dem Blick geraten: Das Publikum, das aus der Öffentlichkeitsperspektive nicht nur Rezipient von Medieninhalten ist (audience), sondern an Debatten teilnimmt (public), in dem es mitdiskutiert oder sich zumindest eine Meinung bildet und am politischen Prozess partizipiert (zur Unterscheidung „audience" vs. „public" siehe auch Livingstone 2005). Dies hat mit einer Fokussierung der Europäisierungsforschung auf Inhaltsanalysen und auf Elitedebatten zu tun. Die Transnationalisierung der Publika rückte erst später in den Blick. An ihr kann man zwei Elemente unterscheiden: Erstens rezipieren die Menschen transnationale Medien oder transnationale Inhalte der nationalen Medien. Zweitens sehen sie sich zunehmend als Betroffene und Teilnehmer gemeinsamer grenzüberschreitender Debatten, was eine Voraussetzung für weitergehende politische Partizipation darstellt, die die Debatten an den politischen Prozess zurückbindet. Darum wird im Folgenden zunächst transnationale Mediennutzung diskutiert und dann die Frage, ob die Menschen sich auch als Betroffene und Teilnehmer transnationaler Debatten wahrnehmen.

5.5.1 Transnationale Mediennutzung

Transnationale Medien haben, wie oben bereits erwähnt, häufig nur relativ schmale Publika: Transnationale Fernsehkanäle erreichen zwar weltweit hunderte Millionen Menschen dank der verbesserten technischen Infrastruktur. CNN International ist nach eigenen Angaben heute weltweit in 224 Millionen Haushalten zu empfangen. Die tatsächliche Nutzung transnationaler Medien ist allerdings wesentlich geringer, aber immer noch beeindruckend, wenn man die absoluten Zahlen anschaut: Der deutsch-französische Sender Arte hat europaweit jeden Tag ein Publikum von 15 Millionen Zuschauern. Den Nachrichtensender Euronews sehen täglich 2,7 Millionen Menschen plus noch einmal drei weitere Millionen durch Fenster in nationalen Sendern, die Programmteile von Euronews übernehmen. Damit erreicht der Sender in Europa mehr Menschen als CNN International und BBC World zusammen.[3]

Über solche Selbstaussagen hinaus ist über die genaue Größe der transnationalen Publika nur wenig bekannt, weil es kaum grenzüberschreitende Mediennutzungsforschung gibt. Die wenigen kommerziellen Untersuchungen, etwa der European Media Survey (EMS), konzentrieren sich auf die unter Verkaufsaspekten interessanten Publikumsanteile: Im Fall der EMS handelt es sich bei der Grundgesamtheit der Erhebung um die 20 % der Bevölkerung mit dem höchsten Einkommen: Unter diesen (Geld-)Eliten kommt Arte in Europa

---

[3] Die Zahlen beruhen auf den eigenen Angaben der Sender, die auf deren Webseiten (http://news.turner.com/; http://www.arte.tv/de/2153534.html; http://de.euronews.net/the-station/) zu finden sind (Stand: 10.8.2011).

5.5 Transnationalisierte Publika

auf einen Marktanteil von 25 % (Euronews 18%, CNN International 18 %) (EMS, 2007; Hasebrink und Herzog 2009). Zwar sind diese Zahlen interessant, weil gesellschaftliche Eliten möglicherweise als Multiplikatoren wirken und den gesellschaftlichen Einfluss dieser Medieninhalte also erhöhen. Aus kommunikationswissenschaftlicher Perspektive ist eine Beschränkung von Nutzungsforschung auf Mediennutzer mit hohem Einkommen aber nicht zu rechtfertigen.

Ernüchternd ist die Messung des Marktanteils transnationaler Sender in den nationalen Fernsehmärkten. Die Mediennutzung der allgemeinen Bevölkerung konzentriert sich auf die einheimischen Medien. Schätzungen gehen davon aus, dass transnationale Fernsehsender bestenfalls einen nationalen Marktanteil von zwei Prozent erreichen (Chalaby, 2002). Zum Beispiel hatte Arte in Deutschland 2010 nur einen durchschnittlichen Zuscheranteil von 0,8 % (MTV 0,4 %, Eurosport 0,7 %).[4]

Die Nutzung von Unterhaltungsangeboten ist dabei internationaler als die Informationsnutzung: Nachrichten werden auch dann weitgehend regional bzw. national genutzt, wenn gleichsprachige Nachrichten aus dem Ausland verfügbar sind. Unterhaltungsangebote finden demgegenüber stärker grenzüberschreitend Anklang und stellen einen wesentlichen Teil des täglich national ausgestrahlten Unterhaltungsprogramms dar (Hasebrink und Herzog 2009, S. 148).

Eine größere Rolle spielt grenzüberschreitende Mediennutzung nur in zwei Fällen: (1) In kleineren Ländern mit großen Nachbarn, die dieselbe Landessprache haben. So übersteigt der Marktanteil ausländischer TV-Programme in den verschiedenen Sprachregionen der Schweiz sogar die 50-Prozent-Marke. In Irland, Belgien und Österreich liegt der Marktanteil ausländischer Programme ebenfalls relativ hoch (Hasebrink und Herzog 2009, S. 148). (2) Eine Ausnahme bilden auch nationale Medienmärkte, die auf Grund mangelnder Pressefreiheit oder noch nicht ausgebildetem Mediensystem keine oder nur mangelhafte journalistische Produkte hervorbringen. Daher bringen es gerade die grenzüberschreitenden Radioprogramme von BBC World, Voice of America und Deutscher Welle zu beeindruckenden Hörerzahlen und Reichweiten (BBC World Service mit 183 Millionen Hörern weltweit; z. B. in Tansania mit einem Marktanteil von 57 %) (Zöllner, 2009).

Dies zeigt, dass die nutzungsseitige nationale Segmentierung von Öffentlichkeiten im Bereich der politischen Information besonders stark ausgeprägt ist. Von einem transnationalen Informations-Publikum kann man daher kaum sprechen, wenn es um die breite Bevölkerung geht. Nur im Nischensegment der wirtschaftlichen und politischen Eliten kann man von einem transnationalisierten Medienpublikum sprechen.

---

[4] Zahlen der Arbeitsgemeinschaft Fernsehforschung
(http://www.agf-online.de/daten/zuschauermarkt/marktanteile) (Stand: 10.8.2011).

5.5.2 Transnationale Bürgerpublika

Nun geht es bei den „publics" der Öffentlichkeitstheorie nicht um Mediennutzer, sondern um Bürger, deren Medienkonsum Teil ihrer politischen Partizipation ist. Sie rezipieren EU-Berichterstattung unter anderem, weil sie sich als Betroffene von europapolitischen Entscheidungen sehen und auf der Basis der Medieninformationen Meinungen, Einstellungen und Anschlusshandlungen dazu entwickeln. Dabei ist aus Sicht der Öffentlichkeitstheorie nicht entscheidend, ob die Bürger am Ende der Debatten EU-Policies wie die Erweiterung oder den Verfassungsvertrag unterstützen oder ablehnen (für Forschung zu Medienwirkungen von EU-Berichterstattung siehe z. B. de Vreese und Boomgaarden 2003; de Vreese und Boomgaarden 2006b; Vliegenthart et al. 2008). Wichtig ist dagegen, wie sich medial vermittelte Debatten auf das politische Interesse, Wissen und die politische Partizipationsbereitschaft auswirken. Diese Fragen können hier nicht umfassend aufgearbeitet werden (siehe aber z. B. de Vreese 2007; de Vreese und Boomgaarden 2006a). Stattdessen interessiert uns im Folgenden, was die Konstitution von Bürgerpublika auslöst und wie grenzüberschreitend vernetzt solche Publika dann sind.

Studie

Europäische Öffentlichkeit durch europäische Publika – Swantje Lingenberg (2009) hat im Jahr 2005, als in Frankreich und den Niederlanden die Referenden über eine europäische Verfassung scheiterten, Interviews mit insgesamt 72 Menschen in Deutschland, Frankreich und Italien geführt, um herauszufinden, ob und wie sich europäische Bürgerpublika konstituieren. In halb-offenen Leitfadeninterviews wurde erforscht, ob die Menschen die EU als geteilten Handlungsraum mit wechselseitiger Interdependenz erfahren, ob sie sich als Betroffene von EU-Politik wahrnehmen und ob sie die Verfassungsdebatte im Hinblick auf ein ähnliches thematisches Framing und mit Rückgriff auf einen ähnlichen Argumentationshaushalt diskutieren. Tatsächlich entsprachen die Äußerungen der Interviewpartner diesen Kriterien. Selbst konkrete diskursive Figuren, wie der Verweis auf den „polnischen Klempner", der nach der EU-Erweiterung angeblich den heimischen Arbeitsmarkt bedroht, werden von den Bürgern grenzüberschreitend wahrgenommen und erwähnt. Zudem gab es länderspezifische Eigenheiten. Die Befragten in Frankreich und Deutschland zeigten im Hinblick auf ihr Themen- und Argumentationsrepertoire größere Gemeinsamkeiten als im Vergleich zu den Interviewpartnern in Italien. Die Schlussfolgerung der Autorin der Studie lautet: „Der Verfassungsprozess – oder besser gesagt sein Scheitern – hat also ein Moment europäischer Öffentlichkeit hervorgebracht. Die Menschen nehmen dabei ihre länderübergreifende Interdependenz und Betroffenheit [...] wahr, [...] sie traten in entsprechende Diskurse ein und wurden so zu Mitgliedern eines Öffentlichkeit konstituierenden Bürgerpublikums" (Lingenberg 2009, S. 225).

Beides, die grenzüberschreitende Verbreitung der Argumente und die national-spezifische Interpretation der Debatten durch die Bürgerpublika, verweist erneut auf die oben bereits dargestellte national segmentierte Europäisierung auch auf der Nutzungs- und Aneignungsseite. Da der Verfassungsprozess mit dem Scheitern zweier Referenden, die die Verfassung zu Fall brachten, natürlich ein „easy case" für die Demonstration von wechselseitiger Interdependenz der EU-Bürger war und zudem zu zwei Dritteln Menschen mit Hochschulabschluss bzw. Studierende befragt wurden, hat die Studie von Lingenberg noch explorativen Charakter. Sie weist aber den Weg für zukünftige Arbeiten, die auf breiterer Basis die Publikumsseite transnationaler Öffentlichkeiten erforschen.

Die in Debatten entwickelten Teilnehmerperspektiven äußern sich möglicherweise auch in der Europäisierung kollektiver Identität bei den Bürgern. Die Frage, ob sich die Menschen selbst als Europäer sehen, war jahrelang (leider aber heute nicht mehr) Teil der von der EU-Kommission finanzierten Eurobarometer-Befragungen. Die Bürger wurden gefragt, ob sie sich exklusiv als Europäer oder als Angehörige eines Staates sehen oder ob es Mischverhältnisse gibt („ich bin Deutscher und Europäer" oder „ich bin Europäer und Deutscher"). Über die Jahre 1992–2004 ergibt sich kein klarer Trend und der Anteil der Menschen mit exklusiv europäischer Identifikation ist verschwindend gering (vgl. die Datenauswertung in Risse 2010, S. 41, 95). Die politikwissenschaftliche Identitätsforschung sieht darum auch die relevante Unterscheidung zwischen denjenigen, die sich als national *und* europäisch sehen („inclusive nationalism") und denen, die sich *nur* als nationale Staatsbürger sehen („exclusive nationalism") (Hooghe und Marks 2005). Immerhin 40 bis 50 % der Bürger haben in diesem Sinne das europäische Element in ihre national geprägte Identitätsvorstellung integriert (Risse 2010, S. 40). Es gibt also auf der Seite des Bürgerpublikums ein gewisses Maß an Europäisierung nationaler Identitäten, das im Einklang steht mit den Befunden zu einer moderaten und segmentierten Transnationalisierung von Öffentlichkeiten in Europa auf der Medienebene.

5.6 Fazit: Europäische Öffentlichkeit oder Weltöffentlichkeit?

Die vielschichtigen Befunde zur Transnationalisierung von Öffentlichkeiten in Europa lassen sich durch die Interaktion verschiedener Faktoren erklären. Auf der einen Seite ist die europäische Integration, also die Schaffung politischer Strukturen auf transnationaler Ebene, die Triebkraft der Europäisierung. Sie erklärt die Zunahme auf der vertikalen Dimension der Europäisierung und die unterschiedlichen Entwicklungen bei Themen, zu denen die EU mehr oder weniger Kompetenzen hat. Somit wird ein gewisser Anteil der Befunde einfach dadurch erklärt, dass medienvermittelte Debatten die sich wandelnden Strukturen politischer Entscheidungsfindung widerspiegeln.

Damit ist allerdings noch nicht erklärt, warum es keinen langfristigen Anstieg bei der horizontalen Verknüpfung nationaler Öffentlichkeiten gibt. Denn auch die horizontale Interdependenz hat in Europa im Rahmen der europäischen Integration zugenommen. Weil es z. B. eine gemeinsame Währung gibt, sind selbst nationalstaatliche Belange wie die Haushaltspolitik plötzlich grenzüberschreitend relevant. Nur wird diese wechselseitige Abhängigkeit vor allem im Krisenfall sichtbar, wie bei der Haushaltskrise Griechenlands 2011. Gipfel in Brüssel oder Aktivitäten der europäischen Institutionen haben im Gegensatz zu abstrakten Interdependenzen im europäischen Binnenmarkt dagegen zumindest zum Teil einen Ereignischarakter, der ihnen Sichtbarkeit zumindest in den Elite-Medien verschafft. Somit ist die Medienlogik der eine Faktor, der die Stagnation der horizontalen Dimension erklären kann. Ein anderer Faktor ist möglicherweise die ökonomische Krise der Medien selbst, die zum Abbau von Auslandsredaktionen führt und aufwendige Recherchen zur transnationalen Dimension von Debattenthemen unwahrscheinlicher macht.

Der von der EU ausgehende Europäisierungsdruck trifft zudem auf nationale Öffentlichkeiten und Medienorganisationen mit kulturellen und strukturellen Eigenheiten, die die Triebkraft der Europäisierung in spezifischer Weise filtern, hemmen und umlenken. Dies erklärt die stabilen unterschiedlichen Muster der Europäisierung. Nationale Themen- und Diskurskulturen sind träge, ebenso wie national geprägte kollektive Identitäten einer fortschreitenden Europäisierung entgegenwirken.

Wie stehen vor diesem Hintergrund die Chancen auf eine Transnationalisierung von Öffentlichkeiten im Weltmaßstab? Die technischen und sozialen Infrastrukturen dafür, wie das Internet, transnationale Medien und Auslandskorrespondenten nationaler Medien, sind vielfach gegeben, wenn auch mit großen Unterschieden zwischen verschiedenen Ländern und Weltregionen. Zudem hat auch im globalen Maßstab die Interdependenz im Rahmen der Globalisierung der Ökonomie und durch globale Herausforderungen wie den Klimawandel zugenommen. Allerdings gibt es kein Äquivalent zur europäischen Integration auf globaler Ebene. Damit entfällt die zentrale Triebkraft, mit der die Veränderungen auf europäischer Ebene erklärt werden. In dem Maße, wie sich die politischen Eliten und die Medien-Eliten zunehmend ihrer globalen Eingebundenheit bewusst werden, ist langfristig ein Wandel zu einer transnationalisierten politischen Diskurskultur auch über Europa hinaus denkbar, die sich auch in der medienvermittelten Öffentlichkeit artikulieren würde. Der Fall Europa hat aber auch gezeigt, dass eine solche Entwicklung nicht linear immer weiter fortschreitet, sondern ein Nebeneinander von Momenten der Transnationalisierung, der Beharrung und der Re-Provinzialisierung öffentlicher Debatten zu erwarten ist. In jedem Fall ist empirische Forschung gefragt, die über den europäischen Rahmen hinausgeht und in Zukunft empirisch gesättigte Diagnosen zum Thema Weltöffentlichkeit ermöglicht.

Empfohlene Basislektüre zur Ergänzung dieses Kapitels:

Brüggemann, M., Kleinen-v Königslöw, K. 2009. Let's talk about Europe: Explaining vertical and horizontal Europeanization in the quality press. *European Journal of Communication*, 24(1): 27–48.

de Vreese, C.H. 2007. A spiral of Euroscepticism: The media's fault? *Acta Politica*, 42(2–3): 271–286.

Koopmans, R. 2007. Who inhabits the European public sphere? Winners and losers, supporters and opponents in Europeanised political debates. *European Journal of Political Research*, 46(2): 183–210.

Risse, T. 2010. *A community of Europeans? Transnational identities and public spheres*. Ithaca, London: Cornell University Press.

5.6 Fazit: Europäische Öffentlichkeit oder Weltöffentlichkeit?

Weiterführende Literatur:

Adam, S. 2007. *Symbolische Netzwerke in Europa: Der Einfluss der nationalen Ebene auf europäische Öffentlichkeit. Deutschland und Frankreich im Vergleich.* Köln: Herbert von Halem.

Berkel, B. 2006. *Konflikt als Motor europäischer Öffentlichkeit: Eine Inhaltsanalyse von Tageszeitungen in Deutschland, Frankreich, Großbritannien und Österreich.* Wiesbaden: Verlag für Sozialwissenschaften.

Brüggemann, M. 2008. *Europäische Öffentlichkeit durch Öffentlichkeitsarbeit? Die Informationspolitik der EU-Kommission.* Wiesbaden: Verlag für Sozialwissenschaften.

Gerhards, J. 2000. Europäisierung von Ökonomie und Politik und die Trägheit der Entstehung einer europäischen Öffentlichkeit. In Bach, M. (Hg.) *Die Europäisierung nationaler Gesellschaften. Sonderheft 40 der Kölner Zeitschrift für Soziologie und Sozialpsychologie*, 277–305. Wiesbaden: Westdeutscher Verlag.

Hepp, A., Brüggemann, M., Kleinen-v. Königslöw, K., Lingenberg, S., Möller, J. 2012. *Politische Diskurskulturen in Europa: Die Mehrfachsegmentierung europäischer Öffentlichkeit.* Wiesbaden: Verlag für Sozialwissenschaften.

Koopmans, R., Statham, P. (Hg.) 2010. *The making of a European public sphere.* Cambridge: Cambridge University Press.

Latzer, M., Saurwein, F. 2006 Europäisierung durch Medien: Ansätze und Erkenntnisse der Öffentlichkeitsforschung. In Langenbucher, W.R., Latzer, M. (Hg.) *Europäische Öffentlichkeit und medialer Wandel. Eine transdisziplinäre Perspektive*, 10–45. Wiesbaden: Verlag für Sozialwissenschaften.

Neidhardt, F. 2006. Europäische Öffentlichkeit als Prozess: Anmerkungen zum Forschungsstand. In Langenbucher, W.R., Latzer, M. (Hg.) *Europäische Öffentlichkeit und medialer Wandel: Eine transdisziplinäre Perspektive*, 46–61. Wiesbaden: Verlag für Sozialwissenschaften.

Tobler, S. 2010. *Transnationalisierung nationaler Öffentlichkeit: Konfliktinduzierte Kommunikationsverdichtungen und kollektive Identitätsbildung in Europa.* Wiesbaden: Verlag für Sozialwissenschaften.

Trenz, H. 2005. *Europa in den Medien: Die europäische Integration im Spiegel nationaler Öffentlichkeiten.* Frankfurt, New York: Campus Verlag.

Wessler, H., Peters, B., Brüggemann, M., Kleinen-v. Königslöw, K., Sifft, S. 2008. *Transnationalization of public spheres.* Basingstoke: Palgrave Macmillan.

Weitere Aufsätze und Beiträge finden sich in einer Reihe von Sonderausgaben von Zeitschriften, z. B. in: Javnost – The Public (2006), 13(4); European Journal of Communication (2007), 22(4) und Journalism (2008), 9(4).

6 Rituelle Kommunikation

▶ Wenn wir Kommunikation im Hinblick auf ihre rituelle Dimension untersuchen, beschäftigen wir uns mit kommunikativen Funktionen wie Feiern, Trauern und Trösten. Doch auf welche Weise kann mediale Kommunikation diese Funktionen erfüllen und welche Rolle spielen diese Funktionen in der transnationalen Kommunikation? Zur Beantwortung dieser Frage stellen wir den Ansatz der Medienevents ins Zentrum, weil sich dieser Ansatz auf die rituelle Dimension von Kommunikation fokussiert. In einem traditionellen Verständnis sind Medienevents mediale Inszenierungen eines Gemeinschaftserlebnisses, das auf Live-Berichterstattung und eine feierliche Präsentationsweise angewiesen ist und auf die Bestärkung konsentierter Normen und Werte abzielt.
In Auseinandersetzung mit der kommunikations- und medientheoretischen Literatur zeigen wir die Grenzen dieses traditionellen Verständnisses im Kontext transnationaler Kommunikation auf. Zwei Aspekte sind hier wichtig: Zum ersten sind konsentierte Werte in modernen Gesellschaften und ganz besonders im globalen Maßstab schlicht nicht zu erwarten. Die Analyse von Medienevents muss folglich den Fokus über regelbestätigende Rituale hinaus erweitern, wenn sie die rituelle Dimension transnationaler Kommunikation verstehen möchte. Und zweitens ist die rituelle Funktion von Medienkommunikation mit einer Selbstmystifizierung der Medien verbunden, die jenseits der konkreten Medienrituale Bedeutung erlangt. Das Kapitel schließt mit einem Analysemodell für transnationale Medienevents, das in Kap. 7 wieder aufgegriffen und auf wichtige transnationale Medienevents aus den 2000er Jahren angewendet wird.

6.1 Die rituelle Perspektive: Feiern, Trauern, Trösten

James Carey (1934–2006) hat dem in der Kommunikationswissenschaft lange Zeit dominanten Übertragungsmodell von Kommunikation ein radikal anderes Bild entgegen gestellt: die rituelle Perspektive auf Kommunikation. In seinem berühmt gewordenen Aufsatz „A cultural approach to communication" (1988 [1975]) schreibt Carey:

> „In a ritual definition, communication is linked to terms such as ‚sharing,' ‚participation,' ‚association,' ‚fellowship,' and ‚the possession of a common faith.' This definition exploits the ancient identity and common roots of the terms ‚commonness,' ‚communion,' ‚community,' and ‚communication.' A ritual view of communication is directed not toward the extension of messages in space but toward the maintenance of society in time; not the act of imparting information but the representation of shared beliefs.
> If the archetypical case of communication under a transmission view is the extension of messages across geography for the purpose of control, the archetypical case under a ritual view is the sacred ceremony that draws persons together in fellowship and commonality.
> The indebtedness of the ritual view of communication to religion is apparent in the name chosen to label it. Moreover, it derives from a view of religion that downplays the role of the sermon, the instruction and admonition, in order to highlight the role of the prayer, the chant, and the ceremony" (Carey 1988 [1975], S. 18).

Carey sieht Kommunikation also als gemeinsames und gemeinschaftsstiftendes Handeln. Obwohl Rituale in der religiösen Praxis zentral sind und obwohl der Prototyp ritueller Kommunikation in religiösen Zeremonien gesehen werden kann, lässt sich Careys Sicht der Kommunikation auch außerhalb der Religion, in säkularen Zusammenhängen anwenden. Bei der rituellen Perspektive auf Kommunikation geht es also nicht darum, religiöse Zeremonien zu untersuchen, die in den Medien übertragen werden. Es geht vielmehr darum, *jede* Form der Medienkommunikation unter der Perspektive zu betrachten, welche Formen und Inhalte von Gemeinschaftlichkeit darin repräsentiert sind und erlebt werden. Auch vordergründig informationsorientierte Genres wie Nachrichten lassen sich also rituell analysieren, beispielsweise dadurch, dass man dem mythischen Gehalt der Nachrichten-Geschichten nachgeht (vgl. z. B. Berkowitz 2005; Carey 1988 [1975], S. 21).

Gleichwohl eignen sich manche Medien und manche Mediengenres besser für eine rituelle Analyse als andere. Unter dem Stichwort „Medienevents" hat sich daher ein prominenter Forschungsstrang etabliert, der die rituellen Funktionen medialer Ereignisinszenierungen in den Mittelpunkt stellt.[1] Die erste Mondlandung 1969, der Fall der Berliner Mauer 1989, die Fußballweltmeisterschaft in Südafrika 2010, die Trauerfeier für Michael Jackson – Medienevents sind auch in der transnationalen Kommunikation die „Feiertage der Massenkommunikation" (Dayan und Katz 1992, S. 1). In ihrem Umfeld konzentriert sich die Aufmerksamkeit von Medien und Publikum grenzüberschreitend, und als Feiertage erfüllen sie Funktionen, die über die Information des Publikums weit hinausgehen.

Populär gemacht haben den Begriff des Medienevents Daniel Dayan und Elihu Katz in ihrem Buch „Media events. The live broadcasting of history" (1992). Sie eröffnen einen

---

[1] Wir verwenden den englischen Begriff des Medienevents auch im Deutschen, um den inszenierten Charakter dieser Ereignisse zu betonen.

neuen Blick auf die Live-Übertragung von und Berichterstattung über herausgehobene Ereignisse, indem sie nach deren rituellen Funktionen fragen. Ihren Beitrag zur Analyse medialer Kommunikation fasst Rothenbuhler (2010) so zusammen:

> „Katz and Dayan created a conceptual opening in the study of mass communication processes and effects by drawing attention to singular events that punctuate ordinary everyday life and produce effects commensurate with the seriousness of their meaning rather than the frequency of their occurrence" (Rothenbuhler 2010, S. 72).

6.2 Rituelle Medienevents: Das traditionelle Verständnis

Dayan und Katz interessieren sich für Ereignisse, die aus dem Alltagsleben herausragen und durch die Art ihrer medialen Präsentation und ihrer Rezeption besondere Wirkungen entfalten. Die Wirkungen bestehen dabei nicht in der Übernahme bestimmter kognitiver Gehalte durch das Publikum, sondern – gemäß der rituellen Perspektive – in der Übernahme einer bestimmten Haltung, einer Art des Mitmachens, die dem jeweiligen Eventtypus angepasst ist. „Medienevents are not accounts but gestures: gestures that actively create realities" (Dayan 2010, S. 26). Damit das Medienevent funktioniert, bedarf es also einerseits eines performativen Elements, eben einer Geste, die öffentlich aufgeführt wird. Die realitätsschaffende Potenz von Medienevents hängt aber zugleich davon ab, dass das Publikum Teil des Events wird, indem es sich in die jeweils angemessene Teilnehmerrolle einfindet. Man versteht diese Art von Wirkungsbegriff am besten, wenn man die drei Typen von Medienevents genauer betrachtet, die Dayan und Katz im Auge haben (siehe Tab. 6.1): Wettkämpfe, Eroberungen und Krönungen. Die drei Eventtypen sind von Dayan und Katz nach den drei Herrschaftsformen modelliert worden, die Max Weber unterschieden hatte: rational-legale, charismatische und traditionale Herrschaft (vgl. Weber 1980 [1922], S. 122ff.).

Wettkämpfe („contests") sind Ereignisse, bei denen Akteure nach vorher festgelegten Regeln miteinander konkurrieren. Zu denken ist etwa an sportliche Wettkämpfe wie Olympische Spiele oder Weltmeisterschaften oder auch an die Fernsehduelle zwischen zwei Kanzlerkandidaten. Rational-legale Herrschaft bedeutet hier, dass die Konkurrenz der Akteure durch klare Regeln eingehegt und handhabbar gemacht wurde. Mit Wettkämpfen als Medienevents verbindet sich deshalb eine normative Vorstellung von Fairness. Nur wenn die Regeln eingehalten werden und Fairplay vorherrscht, funktionieren Wettkämpfe als Medienevents. So wird auch verständlich, warum etwa Berichte über Dopingfälle die rituelle Qualität von Wettkämpfen als Medienevents gefährden. Das Publikum übernimmt bei Wettkämpfen nach Dayan und Katz die Rolle von Urteilenden, die die Leistungen vergleichend bewerten und sich zugleich von der Spannung des offenen Ausgangs mitreißen lassen.

Tab. 6.1 Die drei Typen von Medienevents nach Dayan und Katz (Quelle: nach Dayan und Katz 1992, S. 34f.)

	Wettkampf (contest)	**Eroberung (conquest)**	**Krönung (coronation)**
Form der Herrschaft	Rational-legale Herrschaft	Charismatische Herrschaft	Traditionale Herrschaft
Rolle der Protagonisten	Nach den Regeln spielen	Die Regeln neu schreiben	Die Regeln verkörpern
Rolle des Fernsehpersonals	Unparteiisch	Lobpreisend	Ehrerbietig, priesterlich
Rolle des Publikums	Urteilend	Ehrfürchtig; dem Helden Charisma verleihend	Gefolgschaft gelobend; den Vertrag mit dem symbolischen Zentrum der Gesellschaft erneuernd
Dramaturgie	Wer wird gewinnen?	Wird der Held erfolgreich sein?	Wird das Ritual glücken?
Zentrale Botschaft	Regeln sind das Höchste	Regeln können geändert werden	Regeln sind traditionsgebunden
Umgang mit Konflikten	Hegt Konflikte ein, macht Konflikte handhabbar	Überwindet Konflikte durch überparteiliche Identifikation mit dem Helden	Unterbricht Konflikte durch Anrufung grundlegender Werte

Eroberungen („conquests") sind Ereignisse, bei denen im wörtlichen oder übertragenen Sinne Neuland betreten oder ein neues Kapitel im Buch der Geschichte aufgeschlagen wird. Beispiele sind etwa die erste Mondlandung (der „große Schritt für die Menschheit") oder der erste Besuch des ägyptischen Präsidenten Sadat in Israel, der zum Zeitpunkt des Ereignisses eine Aussöhnung zwischen beiden Ländern versprach. In Eroberungen werden die Regeln neu geschrieben, der charismatische Held läutet ein neues Zeitalter ein. Der gestische Charakter von Medienevents wird bei diesem Typus am deutlichsten. Die Aufführung der Eroberung nimmt die neue Ära voraus, schafft eine neue Realität, die nach neuen Regeln zu funktionieren verspricht: das Ende der Feindseligkeiten, einen Friedenszustand, ein erweitertes Handlungsfeld, einen neuen Kontinent. Das Publikum erstarrt in Ehrfurcht oder hält zumindest seine übliche Skepsis zurück und gesteht dem Helden eine charismatische Führungsrolle zu. Konflikte werden hier nicht eingehegt, sondern in einer überparteilichen Identifikation mit dem Helden vorübergehend überwunden.

Der Typus der *Krönung* („coronation") steht für alle traditionellen Rituale, also neben Krönungen vor allem auch für Hochzeiten und Beerdigungen. Zumeist sind es gekrönte Häupter oder Staatsoberhäupter, die diese Rituale vollziehen und die dabei die Tradition beschwören und behaupten. Sie befolgen oder verändern die gesellschaftlichen Regeln nicht, sondern verkörpern sie. Konflikte werden weder eingehegt noch überwunden, sondern im Rückbezug auf gemeinsame Werte und Traditionen unterbrochen und vorübergehend ausgeklammert. Durch seine Teilnahme am Medienevent gelobt das Publikum Gefolgschaft und verbindet sich aufs Neue mit dem symbolischen Zentrum der Gesellschaft.

So einleuchtend die Charakterisierung dieser drei Typen zunächst wirken mag, so fällt doch auf, dass Dayan und Katz jeweils nur den Erfolgsfall im Blick haben. Sie sprechen von Medienevents nur dann, wenn die Skripte, nach denen die Events ablaufen, „funktionieren", wenn Veranstalter, Medien und Publikum in der Konstruktion der Realität erfolgreich zusammenspielen und eine hegemoniale Deutung zustande bringen. Couldry (2003, S. 65) hat diese Verengung des Medienevent-Begriffs in scharfen Worten kritisiert.

▸ „Even if it *is* unusual for media events to oppose society's value system, this only brings to the surface just how *ideological*, and implicitly conservative, the theory of media events is! It treats as natural, even ideal, the fact that the media's ritual resources are generally focused in support of one set of values, those that happen to be dominant ones" (Couldry 2003, S. 65).

Couldry spricht sich für ein kritisches Verständnis von Medienevents aus, das die Machteffekte von Medienevents herausarbeitet. Wir werden diese Kritik weiter unten noch genauer betrachten. In Reaktion auf die Kritik von Couldry und anderen hat einer der beiden Autoren, Elihu Katz, zusammen mit Tamar Liebes ein alternatives Modell *traumatischer Medienevents* entwickelt und hier ebenfalls drei Varianten unterschieden: Naturkatastrophen, Terroranschläge und Krieg (Katz und Liebes 2007). Der andere Autor, Daniel Dayan, hat eine recht weitgehende Revision des ursprünglichen Medienevent-Konzepts vorgenommen (Dayan 2010). Im nächsten Abschnitt wollen wir beide Revisionen genauer betrachten und dabei mit Dayan beginnen.

6.3 Entzauberung, Entgleisung, Spaltung: Medienevents unter Druck

Dayan und Katz hatten sich bei der Beschreibung ihrer Medienevents von der sprachwissenschaftlichen Unterscheidung zwischen Semantik, Syntax und Pragmatik inspirieren lassen. Die rituellen Medienevents, die sie im Auge hatten, sind auf der semantischen Ebene von der ehrfurchtsvollen Rede über „geheiligte" Dinge geprägt, auf der syntaktischen Ebene von der Unterbrechung der Alltagsroutine und auf der pragmatischen Ebene von der Mitarbeit eines engagierten Publikums (vgl. Dayan 2010, S. 26). Auf allen drei Ebenen diagnostiziert Dayan nun entscheidende Verschiebungen. Er spricht dabei von einer „Semantik der Konfliktualisierung, einer Syntax der Banalisierung und einer Pragmatik der Entzauberung" (ebd.). Was meint er damit?

Semantisch, also in Bezug auf ihre Aussage und Bedeutung, sind Medienevents heute, so Dayan (2010, S. 26), nicht mehr so oft auf die Einhegung, Überwindung oder Unterbrechung von Konflikten ausgerichtet wie noch in den 1980er und 1990er Jahren (siehe letzte Zeile in Tab. 6.1). Die mediale Aufbereitung des Folterskandals von Abu Ghraib Anfang 2004 mag hier als herausragendes Beispiel für konflikthafte und konfliktverschärfende Medienevents dienen.

Syntaktisch, also im Hinblick auf die Form ihrer Darbietung, sind Medienevents heute nach Dayans Beobachtung weniger geschlossen als früher. Sie können kaum mehr die Aufmerksamkeit des Publikums wirklich monopolisieren, wie das bei der ersten Mondlandung oder der Hochzeit von Prinz Charles und Lady Diana noch der Fall war. Der vormalige Unterschied zwischen „normalen" Nachrichten und herausgehobenen Medienevents verschwindet mehr und mehr in einem Feld von Ereignissen, die um einen privilegierten Platz auf der Medien- und der Publikumsagenda konkurrieren. Diese Herabstufung oder Banalisierung des Medienevent-Genres „leads to the emergence of an intermediate zone characterized by the proliferation of what I would call ‚almost' media events" (Dayan 2010, S. 27). Dieses breite Feld von Beinahe-Medienevents verweist darauf, dass die Inszenierungsweisen, die vormals nur herausgehobenen Ereignissen vorbehalten waren, tendenziell in alle Bereiche der medialen Berichterstattung einsickern.

In pragmatischer Hinsicht, also in Bezug auf das Erleben der Medienevents, stellt Dayan ebenfalls eine Zerfaserung fest. Waren in früheren Zeiten bei Medienevents die meisten „Störfaktoren" ausgeschaltet – die Vielfalt gegenläufiger Botschaften, die selektive Aufmerksamkeit des Publikums, die Ablenkung durch das soziale Umfeld der Rezipienten und die Zeitversetztheit der Kommunikation –, so kommen diese Faktoren heute wieder stärker zum Tragen. Die Vervielfältigung der Kommunikationskanäle führt dazu, dass es verschiedene Versionen des gleichen Events gibt; das parallele Schreiben von SMS und Facebook-Nachrichten beim Fernsehen öffnet das Erlebnis des Medienevents für zusätzliche Kommunikationsströme und „kleine", nicht notwendigerweise mit der Kernbotschaft des Medienevents konforme Gemeinschaftsbildungen. Die Verzauberung, die Medienevents traditionell mit sich brachten, ist in Gefahr (Dayan 2010, S. 30).

Medienevents sind laut Daniel Dayan also einem dreifachen Erosionsprozess ausgesetzt: sie werden zunehmend entzaubert, sie entgleisen häufiger (ihre Wirklichkeitskonstruktion funktioniert nicht immer), und sie verstärken Spaltungslinien bisweilen, statt zu versöhnen. Dayans Reflexionen machen deutlich, wie stark das ursprüngliche Konzept der Medienevents an eine bestimmte medientechnische und mediengeschichtliche Konstellation geknüpft ist, nämlich an die Live-Übertragung im Fernsehen bei geringer Kanalanzahl. Im Zeitalter von Internet und Social Media sind Medienevents in ihrer ursprünglichen Form unwahrscheinlicher geworden.

Auch Katz und Liebes (2007) erweitern das ursprüngliche Konzept, in dem sie ihm drei Typen traumatischer Medienevents entgegen stellen: Katastrophen, Terrorereignisse und Krieg. Auch sie verweisen auf die Vielkanalbedingungen heutiger Medienkommunikation und die daraus resultierende verstärkte Medienkonkurrenz als eine Ursache für das Ausfransen der Medienevents. Eine andere ist die leichtere Verfügbarkeit von Aufnahmegeräten und damit Bild- und Tonquellen, die zu einer größeren Vielstimmigkeit auch in den traditionellen Massenmedien führen. Schließlich nennen auch Katz und Liebes (2007,

S. 159) die Entzauberung der ursprünglichen rituellen Medienevents durch ein erhöhtes Misstrauen gegenüber Medieninszenierungen beim Publikum.

Katastrophen, Terrorereignisse und Kriege unterscheiden sich in dreifacher Hinsicht von Wettkämpfen, Eroberungen und Krönungen, wie sie Dayan und Katz definiert hatten. Denn traumatische Medienevents kommen a) auf die Medien überraschend zu, sind jedenfalls nicht in Zusammenarbeit mit ihnen vorgeplant, machen b) eher Spaltungen sichtbar, als zu versöhnen (obwohl sie durchaus zur internen Integration der Konfliktparteien dienen können), und sind c) in ihrer Präsentationsweise weniger von einem feierlichen Ton geprägt als von „disaster marathons" (Liebes 1998), der fortwährenden Wiederholung von Schreckensbildern und -formeln (vgl. auch Beuthner et al. 2003).

Die Inszenierung von Katastrophen, Terrorereignissen und Kriegen als Medienevents hängt jeweils sehr stark davon ab, in welchem Beteiligungs- und Identifikationsverhältnis sich die jeweils betrachteten Medien zum Ereignis befinden.

- Bei *Katastrophen* ist eine Inszenierung als Medienevent nur dann wahrscheinlich, wenn eigene Landsleute unter den Opfern sind oder die betroffene Region in einem Verhältnis der geographischen oder kulturellen Nähe zum Verbreitungsgebiet des jeweiligen Mediums steht (zur Bedeutung kultureller Nähe siehe auch Kap. 9 in diesem Band). Wenn dies der Fall ist, dann haben insbesondere Naturkatastrophen als Medienevents durchaus das Potenzial, zu Gefühlen des globalen Mitleids und der globalen Solidarität beizutragen (vgl. Kyriakidou 2008; Höijer 2004). Bei menschengemachten Katastrophen wie etwa Reaktorunglücken steht die Frage der Verantwortung für den Schaden einer vorbehaltlosen Identifikation mit den Opfern bisweilen im Wege; zumindest sind solche Katastrophen von einem nachrichtlichen Diskurs begleitet, der stärker investigative als rituelle Züge trägt.
- Die bei *Terrorereignissen* ausgeübte direkte physische Gewalt führt zu einer sehr scharfen Spaltung in der Identifikation: Die mediale Inszenierung kann sich entweder vollkommen auf die Seite der (meist unschuldigen) Opfer stellen oder sie freut sich mit den Terroristen über den Erfolg des Anschlags. Die zweite Option setzt zweifellos eine sehr weitgehende Eskalation des Konflikts und stark verfestigte Feindbilder voraus, in der Gegner nicht mehr als menschliche Wesen wahrgenommen werden. Die rituellen Funktionen von Terror-Medienevents fallen daher ebenfalls vollkommen auseinander: Bei Identifikation mit den Opfern dient die journalistische Erzählung der allmählichen Wiederherstellung der symbolischen Ordnung für die angegriffene Gemeinschaft (vgl. Weimann 1987) und der Bekräftigung ihrer identitätsstiftenden Mythen (Nossek 2008). Im Falle der Identifikation mit den Tätern findet eine auf Gewaltverherrlichung aufbauende Schließung der Ingroup statt.
- Bei *Kriegen* ist in der Medieninszenierung oft eine ähnliche Polarisierung zu beobachten wie bei Terrorereignissen: die Schließung der eigenen Reihen („rallying around the flag") auf der einen oder der anderen Seite des Konflikts. Bei multilateral geführten Kriegen (z. B. militärischen Interventionen unter UN-Mandat) ist in der Medieninsze-

nierung darüber hinaus eine Differenzierung zwischen direkt am Krieg beteiligten und nicht beteiligten (oder indirekt unterstützenden) Ländern zu beobachten.

Welche Schlussfolgerungen müssen wir aus dem Gesagten nun für eine zeitgemäße Theorie der Medienevents ziehen? Zunächst wird deutlich, dass sich die Typologie traumatischer Medienevents von Katz und Liebes (2007) durchaus als Erweiterung des ursprünglichen Konzeptes ritueller Medienevents lesen lässt. Man kann bei Katastrophen, Terrorereignissen und Kriegen sinnvoll nach rituellen Elementen in der Medieninszenierung fragen und – ganz im Sinne von Careys Konzeption – die Herstellung bestimmter Formen der Gemeinschaftlichkeit durch diese Medienevents ins Auge fassen. Dayans (2010) Beobachtungen gehen einerseits in eine ähnliche Richtung: Seine „Semantik der Konfliktualisierung" verweist auf die gleichen Phänomene wie Katz und Liebes. Er geht jedoch noch einen Schritt weiter, indem er auf Erosionsprozesse verweist, die die symbolische Bindekraft medialer Rituale insgesamt auszuhöhlen beginnen: das größer gewordene Feld der Beinahe-Medienevents und die Einbettung der Medienevent-Wahrnehmung in andere kommunikative Bezüge bei den Rezipienten. Eine zeitgemäße Theorie der Medienevents muss daher davon ausgehen, dass die hegemoniale Kraft einzelner Medienevents abnimmt, ohne dabei allerdings die Perspektive auf deren rituelle Funktionen aufzugeben.

An dieser Stelle lohnt der Hinweis, dass wir zwei weitere Vorschläge zur Ausweitung des Medienevent-Konzepts aus unterschiedlichen Gründen hier nicht mit vollziehen. So schlägt Cottle (2006) vor, unter dem Begriff des „mediatized ritual" neben den von Dayan und Katz sowie von Katz und Liebes beschriebenen Eventtypen auch „moral panics", „media scandals" und „mediatized public crises" zu subsumieren. Couldry und Rothenbuhler (2007) weisen jedoch zu Recht darauf hin, dass der Ritualbegriff gerade durch seine extreme Ausweitung bei Cottle unscharf und inhaltsleer wird.[2] Zudem gibt die von Cottle vorgeschlagene Ausweitung den Ereignisbezug zugunsten einer „story dynamic" auf, was für eine Theorie der Medienevents ebenfalls nicht hilfreich ist. Etwas anders gelagert ist der Vorschlag von Hepp (2006, S. 232–243; 2004, S. 340–348), neben rituellen (Dayan und Katz) und disruptiven (Katz und Liebes) Medienevents auch „populäre Medienevents" zu berücksichtigen (vgl. Hepp und Vogelgesang 2003 sowie Hepp und Couldry 2010, S. 8). Zwar sind populärkulturelle Bezüge für die Wirksamkeit von Medienevents nicht selten von großer Bedeutung, insofern folgen wir Hepps generellem Anliegen. Allerdings zeigt die von Hepp (2006, S. 235) vorgeschlagene Typologisierung, dass seine „populären Medienevents" mit den anderen Typen so gut wie nichts mehr gemeinsam haben, sie liegen sozusagen auf einer anderen Ebene, und auch er gibt in seinen Beispielen zum Teil den Ereignisbezug preis. Wir ziehen es deshalb vor, populärkulturelle Bezüge transnationaler Medienevents als Bestandteile der in diesen Events produzierten symbolischen Ressourcen (siehe unten) zu betrachten und nicht im Sinne eines eigenständigen Typus auszulagern.

---

[2] Die Form von Couldrys und Rothenbuhlers Kritik verlässt allerdings die Grenzen der sachlichen Auseinandersetzung unter Wissenschaftlern, wie Cottle (2008) in seiner erneuten Replik zu Recht anmerkt.

6.4 Medienevents als „zentrierende Aufführungen" im globalen Zeitalter

Eine zeitgemäße, der multimedialen Medienumgebung und der Globalisierung gerecht werdende Neudefinition des Medienevent-Konzepts versuchen Hepp und Couldry in der Einleitung zu dem von ihnen und Friedrich Krotz herausgegebenen Band „Media events in a global age" (2010). Sie plädieren für eine recht weitgehende Revision des ursprünglichen Konzepts, indem sie folgende allgemeine Definition einführen.

> **Definition: Medienevents nach Hepp und Couldry** „Media events are certain situated, thickened, centering performances of mediated communication that are focused on a specific thematic core, cross different media products and reach a wide and diverse multiplicity of audiences and participants" (Hepp und Couldry 2010, S. 12).

Diese Definition löst den Medienevent-Begriff von seinem Bezug auf ein bestimmtes Fernsehgenre (Liveübertragung geplanter Ereignisse) ab, indem sie – wie schon Dayan (2010) und Katz und Liebes (2007) – auf die Vielkanalbedingungen heutiger Medienkommunikation Bezug nimmt. Sie betont die Vielfalt unterschiedlicher Zugänge und Aneignungsformen von Medienevents auf Seiten des Publikums, die nicht theoretisch vorweg genommen werden können, sondern empirisch untersucht werden müssen. Mit zentrierenden Aufführungen („centering performances") ist zweierlei gemeint: „first, the thematic core of the media event is ‚central' to the event's narratives; second, this core is constructed in relation to the ‚center' of a certain social entity (‚a society,' ‚a deterritorial community,' ‚the world')." (Hepp und Couldry 2010, S. 12). Wir wollen uns im Folgenden schrittweise mit den Elementen dieser Begriffsverwendung auseinandersetzen und jeweils Modifikationen vorschlagen, um dann zu einer eigenen Definition von Medienevents zu kommen.

Zunächst ist es in jedem Fall sinnvoll, den Medienevent-Begriff von einem bestimmten historisch bedeutsamen TV-Genre abzulösen, damit der Begriff auch unter veränderten oder erweiterten Bedingungen der Medienproduktion und -rezeption sinnvoll verwendet werden kann. Denn unabhängig von der medialen Form geht es bei der Medienevent-Analyse um die Untersuchung der *symbolischen Ressourcen*, die in der Aufführung eines Medienevents produziert und bereitgestellt werden.

> **Definition: Symbolische Ressourcen** Mit symbolischen Ressourcen sind Gesten, Bilder, Slogans, Ideen und Erzählungen über die Welt gemeint, die in der öffentlichen Kultur verfügbar sind und in öffentlichen Deutungsprozessen verwendet werden können, um spezifische Weltdeutungen zu erzeugen.

Medienevent-Inszenierungen zentrieren diese symbolischen Ressourcen, wie Hepp und Couldry überzeugend darlegen, um einen thematischen Kern.[3] In einem transnationalen

---

[3] Bei Hepp und Couldry wird nicht ganz klar, ob mit thematischem Kern eine eher formale Kategorie gemeint ist, etwa die Verwendung der immer gleichen Bilder der einstürzenden Türme des World Trade Center am 11. September 2011, oder ob damit die zentrale Botschaft einer bestimmten,

Tab. 6.2 Typologie transnationaler Medienevents

	Dominante Erlebnisweisen		
	„Feiern" (Euphorie, Hoffnung etc.)	„Trauern" (Schock, Betroffenheit etc.)	„Trösten" (Unterstützung, Ermutigung etc.)
Globale Konstellation symbolischer Ressourcen	Eher unumstritten		
	Eher umstritten		

Kontext variiert dieser thematische Kern in den meisten Fällen zwischen verschiedenen Ländern und kulturellen Kontexten, wie die oben diskutierten unterschiedlichen Perspektiven insbesondere auf Kriege und Terrorereignisse zeigen. Für eine Analyse transnationaler Medienevents ist es deshalb besonders wichtig, die jeweils spezifische, grenzüberschreitende *Konstellation der symbolischen Ressourcen* in den Blick zu nehmen (siehe Tab. 6.2): Werden in den verschiedenen Kontexten unterschiedliche symbolische Ressourcen produziert oder nicht und ergeben sich daraus grenzüberschreitend ähnliche Deutungen (wie es etwa bei Naturkatastrophen zu beobachten ist) oder weichen die thematischen Kerne stark voneinander ab (wie bei Terror und Krieg)?

Zweitens ist der Verweis von Hepp und Couldry auf die Vielfalt der unterschiedlichen Zugangs-, Aneignungs- und Beteiligungsweisen des Publikums im Verhältnis zu einem bestimmten Medienevent wichtig. Dabei ist auch darauf zu achten, dass subversive Aneignungsformen nicht von vornherein ausgeblendet werden (siehe dazu auch Abschn. 9.3 in diesem Band). Gleichwohl interessiert sich die Medienevent-Analyse zu Recht für solche Aneignungs- und Beteiligungsformen, die a) den Erlebnischarakter von Medienevents betonen und die b) gesellschaftlich folgenreich, d. h. weitverbreitet sind. Wir schlagen deshalb vor, auf die drei oben bereits genannten Grundformen rituellen Erlebens zurück zu kommen, nämlich Feiern, Trauern und Trösten. Auf diesen *dominanten Erlebnisweisen* und der Konstellation symbolischer Ressourcen lässt sich eine einfache Typologie transnationaler Medienevents aufbauen (siehe Tab. 6.2), die wir in Kap. 7 weiter ausführen und mit Beispielen illustrieren. In die sechs Zellen dieser Typologie lassen sich jeweils konkrete Medienevents einsortieren.

Drittens bleibt die Frage nach der „zentrierenden Qualität" der Medienevent-Aufführungen zu klären. Sie erfordert einen kleinen Exkurs, denn sie wirft die grundlegendere Frage auf, welche Bedeutung der „Inhalt" von Ritualen für die rituelle Sicht auf Kommunikation hat. Couldry argumentiert im Rückgriff auf Bourdieu, dass Rituale nicht durch

---

für den jeweiligen kulturellen Kontext spezifischen Medienevent-Inszenierung bezeichnet wird (vgl. Hepp und Couldry 2010, S. 11). Wir verwenden den Begriff im Sinne der inhaltlichen Deutung oder Kernbotschaft.

6.4 Medienevents als „zentrierende Aufführungen" im globalen Zeitalter

die Botschaften charakterisiert sind, die sie repräsentieren, also dadurch, welche Gemeinschaft sie im Einzelnen stiften und bestätigen, sondern durch die sozialen Grenzziehungen, die sie vornehmen und als „natürlich" erscheinen lassen (Couldry 2003, S. 27). „[M]edia rituals are formalised actions around key media-related categories and boundaries, whose performance frames, or suggests a connection with, wider media-related values" (2003, S. 29). Was meint Couldry mit „medienbezogenen Kategorien und Grenzziehungen" und welche „weiter reichenden medienbezogenen Werte" hat er im Auge? Im Kern geht es ihm um den *Mythos eines medienvermittelten Zentrums der Gesellschaft* („myth of the mediated centre"; Couldry 2003, S. 45). Es geht ihm darum herauszuarbeiten, wie die Medien sich selbst als das symbolische Zentrum der Gesellschaft stilisieren. Die Medien erreichen dies dadurch, dass sie die Unterscheidung zwischen dem, was in den Medien ist, und dem, was außerhalb der Medien bleibt, beständig reproduzieren und als natürlich erscheinen lassen. Dabei schreiben sie dem, was in den Medien ist, regelmäßig einen höheren Wert zu (Couldry 2003, S. 47) und bestätigen damit den angenommenen privilegierten Zugang der Medien zu einem angenommenen Zentrum der Gesellschaft. Medienrituale sind dann Handlungsweisen, die den Unterschied zwischen Innen und Außen deutlich machen: die Scheu im Umgang mit Medienprominenten; Auftritte von Medienprofis, die ihren Sonderstatus gegenüber dem Publikum bestätigen; aber auch der Stolz von „Alltagsmenschen", wenn sie in bestimmten Medienformaten ihr Innerstes offenbaren (Couldry 2003, S. 52). Immer geht es in diesen formalisierten Handlungen darum, a) die Grenze zwischen Innen und Außen der Medien (die „medienbezogene Grenzziehung") zu bestätigen und als „natürliche" Grenze unsichtbar zu machen sowie b) das Innen höher zu stellen und damit die Medien als das symbolische Zentrum der Gesellschaft zu mystifizieren, um auf diese Weise die symbolische Macht der Medien zu bekräftigen.

Nun hat unsere Auseinandersetzung mit den rituellen Aspekten medialer Kommunikation im Allgemeinen und mit Medienevents im Besonderen in der Tat gezeigt, dass die Inszenierungen dieser Events nicht für bare Münze genommen werden dürfen. Aus diesen Inszenierungen dürfen wir nicht umstandslos auf integrative, hegemoniale Effekte in der Gesellschaft schließen. Dies gilt umso mehr, wenn wir transnationale Kommunikation betrachten. In der Weltgesellschaft wird man von eindeutig integrativen Medienevents ohnehin kaum sprechen können. Interpretationsunterschiede und symbolische Kämpfe sind allgegenwärtig und unumgänglich. Insofern ist eine grundsätzlich kritische Sicht auf die widersprüchlichen Konstruktionsprinzipien und Deutungskämpfe in jedem Fall angemessen. Andererseits dürfen wir die Frage nach der Bedeutung ritueller Kommunikation aber auch nicht in die Frage nach der Selbstmystifizierung der Medien als symbolisches Zentrum der Gesellschaft auflösen. Die rituellen Aspekte von Medienkommunikation und speziell von Medienevents sind nicht nur als formale Bauprinzipien oder nur im Hinblick auf strukturelle Folgen für die Verteilung symbolischer Macht zwischen den Medien und anderen gesellschaftlichen Institutionen zu verstehen. Eine Analyse ritueller Kommunikation, die zugunsten einer allgemeinen Theorie der symbolischen Macht von Medien an den Besonderheiten von Medienevents vorbeischauen wollte, würde ihren Gegenstand verfehlen. Um dies deutlich zu machen, schlagen wir folgende Definition von Medienevents vor.

▸ **Definition: Medienevents** Medienevents sind *Aufführungen*, die eine bestimmte Vorstellung von Gesellschaft und Welt *erlebbar* machen. Ihre symbolische Macht besteht genau darin, dass sie andere Vorstellungen von Gesellschaft, die ebenfalls möglich und im Prozess der symbolischen Produktion auch vorhanden sind, an den Rand drängen. Sie stellen *bestimmte* symbolische Ressourcen bereit – und andere nicht. Und sie stellen diese symbolischen Ressourcen als *Erlebnisgrundlage* bereit, nicht primär als kognitiven Gehalt, obwohl kognitive Elemente nie ganz abwesend sind.

6.5 Schlussfolgerungen für die empirische Medieneventanalyse

Aus unserer bisherigen Argumentation ergibt sich, dass bei der empirischen Analyse von transnationalen Medienevents immer die folgenden drei Fragen gestellt werden sollten:

1. Welche symbolischen Ressourcen werden in transnationalen Medienevents produziert und bereit gestellt, und wie sind sie grenzüberschreitend konstelliert?
2. Welche (dominanten) Erlebnisweisen sind mit diesen transnationalen Medienevents verbunden?
3. Welche Folgen haben transnationale Medienevents für die kommunikative Konstruktion der globalisierten Welt? Tragen Sie eher zu Annäherung oder Distanzierung, zu Homogenisierung oder Heterogenisierung bzw. zu Verständigung oder Verfeindung bei?

Die Fragen 1 und 2 haben wir oben bereits eingeführt. Zu Frage 3 sind einige zusätzliche Erläuterungen notwendig (vgl. Tab. 6.3). Die drei genannten Prozessdimensionen Annäherung versus Distanzierung, Homogenisierung versus Heterogenisierung und Verständigung versus Verfeindung werden in der Literatur zur transnationalen Kommunikation nämlich sehr kontrovers diskutiert.

- Die Dimension *Annäherung – Distanzierung* knüpft an der grundlegenden Einsicht an, dass durch die Globalisierung „die Welt näher zusammenrückt". Allerdings sind Globalisierungsprozesse nicht einseitig als fortschreitende Annäherung zu interpretieren, sondern als Herausbildung neuer Konstellationen von Annäherung und Distanzierung. Auf der Ebene der Mediendiskurse ist festzuhalten, dass sich Nähe als wesentliches Selektionskriterium in der Nachrichtenproduktion (Schulz 1990; Scherer et al. 2006) wie auch der Unterhaltungsproduktion erwiesen hat (vgl. das Konzept der „multiple proximities" bei Straubhaar 2007). Annäherung bedeutet hier, dass in das als „nah" geltende Medienangebot vermehrt auch grenzüberschreitende Angebote und transnationale Medienevents Eingang finden. Auf der Ebene der Medienpublika drückt sich Annäherung in Wissenszuwachs und verstärkten Gefühlen der Zusammengehörigkeit mit den entfernten Anderen aus (vgl. etwa Shaw 1996; Höijer 2004; Kyriakidou 2008). Der

6.5 Schlussfolgerungen für die empirische Medieneventanalyse

Tab. 6.3 Kommunikative Konstruktion der globalisierten Welt: Idealtypische Prozessdimensionen

Annäherung	↔	Distanzierung
Ausweitung des „Nahbereichs" auf transnationale Medienevents; „global compassion"		Zunehmende Distanziertheit und Gleichgültigkeit; „compassion fatigue"
Homogenisierung	↔	**Heterogenisierung**
Konvergenz von Welt-Bildern und Werten		Hervorhebung kultureller Eigenheiten und Unterschiede
Verständigung	↔	**Verfeindung**
Globale Vielstimmigkeit; kommunikative Brückenbauer		„Othering": Exotisierung, Konfliktstilisierung; Abschottung, Verhärtung

Gegenpol der Distanzierung ist auf der Medienebene durch die Herstellung von symbolischer Distanziertheit oder Irrelevanz geprägt. Auf der Ebene der Mediennutzer liegt Distanzierung vor allem dann vor, wenn sich Gefühle der Nähe oder Zusammengehörigkeit verflüchtigen, z. B. durch Desinteresse, Abstumpfung und „compassion fatigue" (Moeller 1999).

- Die Dimension *Homogenisierung – Heterogenisierung* greift die Erkenntnis auf, dass Globalisierung nicht mit der Entstehung einer einheitlichen Globalkultur unter westlicher Führerschaft gleichzusetzen ist (vgl. Norris und Inglehart 2009; Tomlinson 1991), sondern zentripetale und zentrifugale Prozesse umfasst sowie Mischungsverhältnisse, die unter dem Stichwort Hybridisierung diskutiert werden (vgl. Kraidy 2005). Dabei wird empirisch zu analysieren sein, inwieweit einzelne transnationale Medienevents homogenisierende Wirkungen auf Welt-Bilder und Werte ausüben oder ob die Verfügbarkeit „fremder" Medienevents die Hervorhebung kultureller Eigenheiten und Unterschiede gerade verstärkt (siehe zu dieser Dimension auch Kap. 9 in diesem Buch).

- Die Dimension *Verständigung – Verfeindung* schließlich bezieht sich auf die Frage, wie sich transnationale Medienevents auf den Umgang mit Unterschieden und Konflikten auswirken – eine Frage, die unter den Stichworten „global public sphere" (Volkmer 2003; Cottle und Rai 2008; Eide, Kunelius und Phillips 2008) versus „clash of civilizations" (Huntington 1996) diskutiert wird. In Bezug auf Mediendiskurse kann die grenzüberschreitende Verfügbarkeit von Medienevents in Echtzeit sowohl zur Entstehung globaler Vielstimmigkeit und Debatte als auch zu Exotisierung und Konfliktstilisierung führen. Im Hinblick auf Medienpublika stellt sich die Frage, welche Gruppen und Publikumssegmente sich durch ihre Art der kommunikativen Aneignung von Medienevents besonders als Brückenbauer eignen bzw. bei welchen die globale Medienverfügbarkeit zu Abschottungen und Verhärtungen führt (vgl. z. B. Georgiou 2006; Hepp et al. 2010).

Diese drei Prozessdimensionen geben der empirischen Medieneventanalyse eine spezifische Richtung. Sie machen deutlich, dass die spezifische Ausgestaltung transnationaler Medienevents durch symbolische Ressourcen und die in ihnen realisierten dominanten Erlebnisweisen nicht ohne Folgen bleiben. Symbolische Ressourcen und dominante Erlebnisweisen entwickeln in der kommunikativen Konstruktion der globalisierten Welt im Gegenteil eine realitätsschaffende Potenz.

Empfohlene Basislektüre zur Ergänzung dieses Kapitels:
Couldry, N. 2003. *Media rituals: A critical approach*. New York: Routledge (Kap. 4).

Dayan, D., Katz, E. 1992. *Media Events: The Live Broadcasting of History*. London: Harvard University Press (Kap. 1 und 2).

Weiterführende Literatur:
Carey, J. 1988 [1975]. A cultural approach to communication. In Carey, J.W. (Hg) *Communication as culture. Essays on media and society*, 23–34. New York: Routledge.

Dayan, D. 2010. Beyond media events: Disenchantment, derailment, disruption. In Couldry, N., Hepp, A., Krotz, F. (Hg.) *Media events in a global age*, 23–31. New York: Routledge.

Eide, E., Kunelius, R., Phillips, A. 2008. *Transnational media events: The Mohammed cartoons and the imagined clash of civilizations*. Göteborg: Nordicom.

Katz, E., Liebes, T. 2007. „No more peace!": How disaster, terror and war have upstaged media events. *International Journal of Communication*, 1(1): 157–166.

Kyriakidou, M. 2008. Rethinking media events in the context of a global public sphere: Exploring the audience of global disasters in Greece. *Communications*, 33(3): 273–291.

Liebes, T. 1998. Television's disaster marathons: A danger for democratic processes? In Liebes, T., Curran, J. (Hg.) *Media, ritual and identity*, 71–84. London: Routledge.

Nossek, H. 2008. ‚News media' – media events: Terrorist acts as media events. *Communications*, 33(3): 313–330.

7 Transnationale Medienevents

▶ In diesem Kapitel analysieren wir die Bedeutung von Medienevents für die transnationale Kommunikation. Wir wenden dabei die in Kap. 6 entwickelte Typologie transnationaler Medienevents an und verdeutlichen das Spektrum unterschiedlicher Medieneventtypen an konkreten Beispielen aus den letzten Jahren. Wir fragen dabei nach den im Rahmen der jeweiligen Medienevents produzierten symbolischen Ressourcen, nach den durch sie ermöglichten dominanten Erlebnisweisen und schließlich nach den Folgen, die diese transnationalen Medienevents für die kommunikative Konstruktion der globalisierten Welt haben. Zwei transnationale Medienevents mit Populärkulturbezug werden dabei im Detail untersucht: der Eurovision Song Contest 2010 in Oslo, bei dem Lena Meyer-Landrut den Titel für Deutschland holte, und die von Bob Geldof organisierten Live-Aid- und Live-8-Konzerte 1985 und 2005.

7.1 Typen transnationaler Medienevents

Als transnationale Medienevents bezeichnen wir sowohl solche Medienevents, die von vornherein einen transnationalen Entstehungskontext haben (wie etwa das Live-Aid-Konzert 1985, das simultan an mehreren Orten stattfand und weltweit übertragen wurde), als auch solche, die in einem bestimmten (meist nationalen) Kontext entstehen, aber transnationale Aufmerksamkeit erregen (wie beispielsweise die Hochzeit von Prinz William und Kate Middleton im April 2011). Bei der nun folgenden Analyse transnationaler Medienevents orientieren wir uns an den in Kap. 6 entwickelten Fragen nach den symbolischen Ressourcen, den dominanten Erlebnisweisen sowie den Folgen transnationaler Medienevents für die kommunikative Konstruktion der globalisierten Welt. Mit der Orientierung an diesen Fragestellungen wollen wir eine Darstellung der Medienevents vermeiden, die sich zu stark an kontingenten äußeren Merkmalen der Ereignisse orientiert, etwa daran, ob sie mit Hilfe der Massenmedien vorgeplant wurden oder für diese selbst überraschend kamen. Die Fragen 1 und 2 dienen der Typologisierung transnationaler Medienevents (siehe Abb. 7.1). Alle drei Fragen lassen sich im Anschluss für eventspezifische Fallanalysen nutzen.

In Bezug auf die *symbolischen Ressourcen* gehen wir von der grundlegenden Einsicht aus, dass transnationale Medienevents in verschiedenen nationalen und kulturellen Kontexten medial unterschiedlich ausgestaltet werden. Diese Feststellung bildet in Zeiten der Globalisierung inzwischen einen Allgemeinplatz mit wenig Neuigkeitswert. Für ein vertieftes Verständnis ist es deshalb sinnvoll, zwei idealtypische Konstellationen von symbolischen Ressourcen im globalen Maßstab zu unterscheiden:

- Die verschiedenen Interpretationsweisen eines Medienevents können sich einerseits im *Konflikt* miteinander befinden, so dass das betreffende Medienevent global betrachtet umstritten ist. Dies trifft insbesondere auf Terrorereignisse und Kriege zu; aber auch andere Eventtypen wie Wettkämpfe und Eroberungen können in bedeutendem Maße strittig sein (Abb. 7.1, unterer Teil). Der umstrittene Charakter der genannten Medieneventtypen führt auch dazu, dass sich ihre Inszenierung bisweilen auf dem Grenzgebiet zur strategischen Kommunikation bewegt (vgl. dazu genauer Kap. 8 in diesem Buch).
- Die symbolischen Ressourcen, die in unterschiedlichen nationalen und kulturellen Kontexten produziert werden, können sich andererseits aber auch *indifferent* zueinander verhalten. In einem Kontext wird dieser und in einem anderen Kontext jener Aspekt eines Medienevents besonders hervorgehoben, ohne dass dazwischen notwendigerweise ein Widerspruch besteht bzw. wahrgenommen wird. Im globalen Maßstab erscheint das Medienevent dann als vergleichsweise unumstritten (Abb. 7.1, oberer Teil). Den Grenzfall einer tatsächlichen inhaltlichen Übereinstimmung, also einer explizit konsensualen Ausgestaltung eines Medienevents überall auf der Welt können wir hier vernachlässigen; es ist einfach zu unwahrscheinlich, dass er jemals auftritt.

Die zwei idealtypischen Grundkonstellationen symbolischer Ressourcen – umstritten und unumstritten – kombinieren sich nun in charakteristischer Weise mit den dominanten Erlebnisweisen Feiern, Trauern und Trösten. Unsere Rede von dominanten Erlebnisweisen soll dabei nicht verschleiern, dass grundsätzlich jedes Medienevent – wie überhaupt jeder Medieninhalt – unterschiedliche Aneignungsweisen zulässt. Es ist immer möglich, dass sich einzelne Menschen oder Gruppen der Eventinszenierung entziehen oder diese in ihrer Aneignung unterlaufen oder konterkarieren. Dennoch weisen Medienevents dominante Färbungen in ihrer Erlebnisqualität auf, die sich darin niederschlagen, welcher Art der kommunikativen Konstruktion der globalisierten Welt sie Vorschub leisten. Im konkreten Einzelfall sind freilich auch Mischungen unterschiedlicher Erlebnisweisen zu finden.

7.1 Typen transnationaler Medienevents

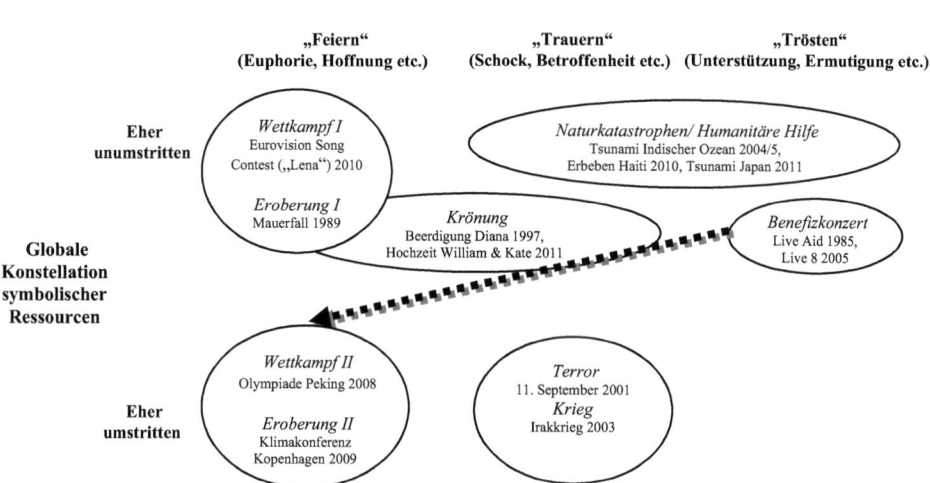

Abb. 7.1 Eine Typologie transnationaler Medienevents

7.1.1 Feiern

Die von Dayan und Katz (1992) unterschiedenen rituellen Medienevent-Typen – Wettkampf, Eroberung und Krönung – haben ihren Schwerpunkt auf den ersten Blick klar bei den unumstrittenen und den auf Feiern orientierten Medienevents (Abb. 7.1, linke obere Ecke). Ein genauerer Blick zeigt hier allerdings ein komplexeres Bild. Zum einen gibt ein Teil der Ereignisse, die bei Dayan und Katz „Krönungen" heißen, hinsichtlich ihrer Erlebnisqualität eher zum Trauern als zum Feiern Anlass. Zu denken ist etwa an die Beerdigung von Lady Diana im Jahre 1997 oder die Trauerfeier für Michael Jackson 2009. Beide Ereignisse haben eine Flut von öffentlich bekundeter Trauer ausgelöst – vom Blumenmeer vor dem Buckingham-Palast bis zu bewegenden Reden am glitzernden Sarg des King of Pop. Aus diesem Grund sind die Krönungen in Abb. 7.1 zwischen Feiern und Trauern angesiedelt.

Noch wichtiger ist allerdings die Tatsache, dass Wettkämpfe und Durchbrüche keineswegs immer unumstritten sind, sondern dass ihre Deutung im globalen Maßstab häufig stark umkämpft ist. Als einen transnationalen Prototyp des zeremoniellen *Wettkampfs* hatten Dayan und Katz Olympische Spiele und Weltmeisterschaften ausgemacht. Die Olympischen Sommerspiele 2008 in Peking jedoch zeigen, dass solche Spiele – ganz unabhängig von der Fairness der Wettkämpfe selbst – höchst umstritten sein können, wenn sie als nationales Imageprojekt angelegt und dann durch oppositionelle Exil-Gruppen zur Imagebeschädigung genutzt werden (vgl. Price und Dayan 2008). Der international sichtbare tibetische Protest gegen die chinesische Regierung hat so zu einem symbolischen Deutungskampf geführt, der die sportlichen Wettkämpfe überlagert hat. Aus diesem Grund gehört die Pekinger Olympiade in den unteren Teil der Abb. 7.1.

Auch *Eroberungen* sind bisweilen strittiger, als man vermuten könnte. Bereits die von Dayan und Katz als Prototyp der Eroberung angeführte erste Mondlandung 1969 fiel in die Zeit des Kalten Kriegs und war deshalb jenseits ihrer Bedeutung für „die Menschheit" durchaus gegensätzlichen Deutungen ausgesetzt. Dabei ging es darum, inwieweit der Westen durch die erste Mondlandung gegenüber der Sowjetunion symbolischen Boden gut machen konnte, nachdem die Sowjetunion mit dem erfolgreichen Start des ersten Sputnik-Satelliten im Oktober 1959 den Sputnik-Schock ausgelöst und symbolisch in Führung gegangen war. Auf diese Weise wurde die erste Mondlandung zu einem Schachzug im Wettkampf der Supermächte und damit zu einer umstrittenen Eroberung.

Die bipolare Weltordnung des Kalten Krieges bot in der zweiten Hälfte des 20. Jahrhunderts den Hintergrund für viele solche symbolischen Wettkämpfe. Das Ende dieser Weltordnung wird nun markiert durch den Fall der Berliner Mauer im November 1989, dessen mediale Inszenierung als globales Medienevent denn auch als Beispiel für einen eher unumstrittenen Durchbruch gelten kann. Nicht zuletzt wegen der friedlichen Revolution in Ostdeutschland wurden Stimmen, die das alte Grenzregime aufrechterhalten wollten oder verteidigten, im Rahmen der Eventinszenierung eindeutig in eine marginale Position gedrängt. Der Durchbruchscharakter wird auch dadurch deutlich, dass sich in die Eventinszenierung des Mauerfalls auch die Mondlandung selbst wieder als Metapher eingeschlichen hat. Wark (1994) berichtet von folgender Begebenheit: „Der oppositionelle Kirchenmann Werner Kratschell erinnert sich, wie er durch die Lücke in der Mauer fuhr und seine Frau ihn bat, das Auto im Westen anzuhalten: ‚Sie wollte ihren Fuß nur einmal auf den Boden setzen. Den Boden berühren. Armstrong nach der Mondlandung. Sie war niemals zuvor im Westen gewesen'" (Wark 1994, S. 58, Übers. durch die Autoren).

Eine transnationale Eventinszenierung als Eroberung war auch im Falle des UN-Klimagipfels in Kopenhagen im Dezember 2009 geplant. Die Hoffnung, die in der wochenlangen Vorberichterstattung vielfach geschürt wurde, ging dahin, dass endlich der Durchbruch zu einem neuen globalen Klimaabkommen gelingen sollte, der das auslaufende Kyoto-Protokoll ablösen und das Weltklima „retten" könne. Mit dem ersichtlichen Scheitern dieser Hoffnungen während der Gipfelverhandlungen setzten dann heftige gegenseitige Schuldzuweisungen ein, die den medial beschworenen, aber misslungenen Durchbruch im Stimmengewirr der nunmehr multipolaren Weltordnung auflösten (zur globalen Klimakommunikation siehe genauer Abschn. 10.1).

Auf Basis der vorhandenen empirischen Erkenntnisse lässt sich nicht eindeutig klären, ob Wettkämpfe und Durchbrüche heute häufiger umstritten sind als in den Jahrzehnten zuvor. Vielleicht hat ja die inzwischen geäußerte wissenschaftliche (Selbst-)Kritik am ursprünglichen Medienevent-Konzept von Dayan und Katz (Couldry 2003; Dayan 2010; siehe Kap. 6 dieses Buches) nur den Blick verstärkt auf strittige Medienevents gelenkt. In jedem Fall muss festgehalten werden, dass die symbolischen Ressourcen auch bei dominant durch den Erlebniswert des Feierns geprägten Medienevents keineswegs so konfliktfrei daherkommen, wie es eine harmonistisch-hegemoniale Interpretation von Medienevents nahelegen würde.

7.1.2 Trauern

Die Erlebnisqualität der von Katz und Liebes (2007) beschriebenen traumatischen Medienevents – Katastrophen, Terror und Krieg – scheint zunächst klar im Bereich des Trauerns zu liegen (Abb. 7.1, mittlere Spalte). Alle drei Eventtypen erzeugen Leid und Betroffenheit, alle drei sind – mal mehr, mal weniger – mit einer negativen Schockwirkung verbunden. Prominente Beispiele aus den letzten Jahren sind der Tsunami im Indischen Ozean im Dezember 2004, die Terroranschläge vom 11. September 2001 in New York und Washington sowie der Beginn des Irakkriegs im März 2003. Im Erleben von Schock und Betroffenheit liegt ja gerade das Traumatische und Disruptive dieser Ereignisse, auf das Katz und Liebes abheben. Doch sind auch hier zwei wichtige Einschränkungen notwendig.

Erstens ist die Erlebnisqualität von Katastrophen, zumal von Naturkatastrophen, die nicht von Menschen verursacht sind, häufig dadurch geprägt, dass der Schock in der medialen Eventinszenierung durch Helfenwollen ergänzt, ja beantwortet wird (vgl. Kyriakidou 2008). Der Tsunami in Indischen Ozean vom 26. Dezember 2004 ist dafür ein gutes Beispiel. Wenige Tage nach der verheerenden Überflutung, die insgesamt über 200.000 Menschenleben kostete, setzten die Spendengalas ein, die unter Beteiligung der bekanntesten Fernsehprominenten ein Gefühl der Solidarität erzeugten und durch die zugleich tatsächlich Spendengelder eingesammelt wurden (vgl. Krause 2007). Bei Katastrophen ist es zudem üblich, dass auch Nachrichtensendungen Hilfsappelle mit eingeblendeten Spendenkontonummern enthalten. Diese Art der Eventinszenierung hat deutlich mehr Ähnlichkeit mit den großen transnationalen Benefizkonzerten (siehe die Fallstudie zu Live Aid/Live 8 unten) als mit den anderen Typen traumatischer Medienevents (Terror und Krieg). Aufgrund dieser Verknüpfung mit humanitärer Hilfe sind Naturkatastrophen in Abb. 7.1 als übergreifender Eventtyp zwischen Trauern und Trösten angesiedelt.

Zweitens bieten Terrorereignisse und Kriege gerade aufgrund ihres umstrittenen Charakters Anlass zu unterschiedlichen Erlebnisweisen, die sich nicht vollständig mit Schock und Betroffenheit fassen lassen. So kann man den Irakkrieg nicht adäquat verstehen, wenn man ihn nur als Anlass zum Trauern betrachtet. Das Rituelle am Irakkrieg 2003 bestand gerade auch darin, dass er das „Rallying-around-the-flag", die nationale Sammlung hinter der Führung ermöglichte (vgl. Hallin 1994). Und dieser Rally-Effekt verbindet Schock und Betroffenheit regelmäßig mit medialen Demonstrationen von Stärke und Aggressivität, die sich mit rituellen Kategorien nicht hinreichend fassen lassen. Gerade Kriegsereignisse sind in höchstem Maße strategisch konstruierte Medienereignisse, wie die Geschichte der Kriegszensur zeigt (vgl. Dominikowski 2004). In noch schärferem Maße gilt dies für Terrorereignisse mit Medieneventcharakter. Der 11. September 2001 hat vielfach Schock und Trauer ausgelöst, aber eben auch antiamerikanische Freudentänze und Flaggenverbrennungen (vgl. Hepp 2004, S. 334–336). In gewisser Hinsicht kann man auch den transnationalen Konflikt um die Veröffentlichung der Mohammed-Karikaturen durch die dänische Zeitung „Jyllands-Posten" Ende 2005 als umstrittenes transnationales Medienevent einordnen (vgl. Eide et al. 2008). Sein Ausgangspunkt lag im Mediensystem selbst; die Gewalt folgte einer medieninternen Inszenierung von radikaler Meinungsfreiheit. Aber die Konstruktion eines Kampfes der Kulturen war ein wichtiges Element in der medialen Aufbereitung dieses Konflikts.

Alle genannten konfliktären Medienevents – vom Krieg über Terror bis zum Karikaturenstreit – enthalten gegenseitige identitätsstiftende Stereotypisierungen, die bewusst geschürt und mit mehr oder weniger Aggressivität vorgetragen werden (Kunelius und Nossek 2008). Wegen des strategischen Elements sind diese Ereignisse auch nur zu einem Teil aus einer rituellen Perspektive zu verstehen und bedürfen der ergänzenden Analyse unter der Perspektive strategischer Kommunikation. Dies gilt in abgeschwächter Weise für alle umstrittenen Medienevents, also auch die oben bereits angesprochenen umstrittenen Wettkämpfe und Eroberungen. Unsere Typologie transnationaler Medienevents franst daher nach unten in Richtung strategische Kommunikation aus.

7.1.3 Trösten

Den letzten Teil der Typologie in Abb. 7.1 bildet ein Eventtyp, der primär im Zeichen der Hilfe steht: die weltweit übertragenen *Benefizkonzerte* wie etwa die von Bob Geldof initiierten Medienevents Live Aid und Live 8. Wir werden diese Konzerte im Abschn. 7.3 unten noch genauer untersuchen. Bereits ein oberflächlicher Blick auf die Art des Medienevents macht allerdings deutlich, dass hier in charakteristischer Weise Elemente der Hilfe mit Betroffenheit und populärkulturellem Starkult gekoppelt werden. Schon in ihrer Anlage versuchen diese Benefizkonzerte daher, alle drei Erlebnisweisen miteinander zu verbinden. Die Frage drängt sich auf, welche Erlebnisweise die Oberhand behält und was diese besondere Verbindung der Erlebnisweisen für die symbolischen Ressourcen bedeutet, die hier produziert werden können (siehe Abschn. 7.3).

Im Folgenden untersuchen wir die am stärksten populärkulturell geprägten transnationalen Medienevents aus unserer Typologie genauer: den Eurovision Song Contest 2010 und Bob Geldofs Benefizkonzerte. Wir loten dabei das Potenzial einer empirischen Medieneventanalyse aus, die sich der Fragen bedient, die wir oben entwickelt haben.

7.2 Eurovision Song Contest 2010: Lena gewinnt Europa für Deutschland

Es gibt sicher kaum jemanden in Deutschland, der oder die nicht weiß, dass Lena Meyer-Landrut den Eurovision Song Contest 2010 gewonnen hat. Ihr Sieg in Oslo war ein nationales wie transnationales Medienevent. Doch welche symbolischen Ressourcen hat die

Inszenierung des Wettbewerbs für die transnationale Kommunikation bereitgestellt und welche Erlebnisweisen wurden dabei genutzt? Welche Folgen schließlich hat beides für die kommunikative Konstruktion der globalisierten Welt? Grundlage der nun folgenden kleinen Fallstudie bilden zwei Ausschnitte aus der Live-Übertragung des Osloer Wettbewerbs im deutschen Fernsehen (siehe www.eurovision.de). Der eine Ausschnitt zeigt die Bekanntgabe von Lenas Sieg und ihren anschließenden „Triumphzug" auf die Bühne. Der andere Ausschnitt zeigt den „Euro Dance", eine Musik- und Tanzsequenz mit Schaltungen in verschiedene europäische Länder, die simultane Massenchoreographien zeigen.

> **Fallstudie**
> **Der Eurovision Song Contest in Oslo**
> **Ausschnitt 1: Lenas Sieg** – „Stefan Raab jubelt, Lena kann es nicht fassen. Deutschland ist Gewinner, Deutschland ist Sieger des Eurovision Song Contest 2010 mit 246 Punkten. Ein Riesenglückwusch. Es ist nicht zu fassen. Die Bilder aus Deutschland sind dort eingeblendet, aus Hannover, aus Hamburg. Und es ist wirklich überwältigend."
> So kommentiert Peter Urban die Live-Übertragung von Lenas Sieg beim Eurovision Song Contest in Oslo am 29. Mai 2010 in der ARD. Stefan Raab schwenkt eine Deutschlandfahne wild auf und ab. Lena hält eine Fahne in ihrer Hand, winkt und wirkt noch etwas desorientiert. Beide stehen noch in der Koje des deutschen Teams zusammen mit Backgroundsängerinnen und einem weiteren Delegationsmitglied. Eine fanfarenartige Hintergrundmusik ist zu hören. Die Bilder aus Deutschland zeigen riesige Menschenmengen im Freien und einzelne Fans ebenfalls mit der Deutschlandfahne oder geflochtenen Halsketten in den Nationalfarben. Während Lena und ihre Delegation die Koje in Richtung Bühne verlassen, winken die Delegationen der anderen Länder ihr mit ihren eigenen Nationalflaggen zu. […] Schließlich kommt Lena mit einem Blumenstrauß und der Deutschlandfahne in der linken Hand die Treppe zur Bühne hinunter, geht mit ihrer Begleitdelegation den Laufsteg entlang zu den Moderatoren. Euphorische Fans werden gezeigt, Stefan Raab schwenkt immer noch wild seine Fahne. Kommentator Peter Urban findet: „Ein Wahnsinn. Ja, da ist doch wohl auch jeder überwältigt, selbst der alte, coole Stefan Raab ist da doch mitgenommen, Lena sicherlich jetzt auch." […] „Lena, congratulations! Any words to describe this moment?", fragt der norwegische Moderator auf der Bühne. Lena zögert und lacht: „Hi." – „I think … I'm not… I'm not strong enough to take this the whole time." Sie gibt die Glastrophäe an eine der Ko-Moderatorinnen ab. […] „Lena", sagt eine der Moderatorinnen, „the whole of Europe is watching you, Germany, your friends, your fans, is there anything you'd like to say to them?" „Now, it's just, I'm so happy, and so thankful, and so grateful. I never thought we could do this. So this is so… Ahhh…" Und bei diesen Worten bedeckt sie ihr Gesicht mit der Deutschlandfahne.

Der Moment des Sieges in Oslo verbindet zwei scheinbar gegensätzliche Momente: einerseits eine bis ins Detail vorgeplante Medieninszenierung – die Fahnen, der Blumenstrauß, die Trophäe, die Bilder aus der Heimat, die Fragen der Moderatoren, die Dankesworte – und andererseits die kleinen, persönlichen Selbstinszenierungen – das kecke Zögern, das charmante Späßchen mit der Trophäe, das kindliche Überwältigtsein. Es ist unklar, inwieweit auch diese „Lenaismen", wie sie später in den Medien genannt werden, einstudiert sind. Vermutlich sind sie weit weniger spontan, als sie wirken sollen. In jedem Fall „passen" sie und geben der leicht ins Pathetische tendierenden Siegerehrung eine überraschende, frische Note, ohne allerdings gleich alles Pathos über Bord zu werfen oder ironisch zu brechen. Der Sieg in dieser Nationenkonkurrenz bleibt in Lenas Inszenierung ein Sieg, wenn auch ein sympathischer, fast ungewollter.

Was können wir aus dieser Siegerehrungs-Sequenz über transnationale Kommunikation lernen? Zunächst ist der Eurovision Song Contest seit seinen Anfängen 1956 als Grand Prix d'Eurovision de la Chanson ein Wettbewerb zwischen europäischen Ländern gewesen. Das Grundgerüst bildet immer noch der Wettbewerb, auch wenn inzwischen nur noch wenige Musiker in ihrer Landessprache singen und landestypische Musikstile kaum noch präsent sind. Die meisten, auch Lena, liefern englischsprachigen Pop ab. Bisweilen werden Musiker „importiert", die dann für ein anderes als ihr Heimatland singen. Oder Beiträge werden von Komponisten und Textern aus anderen Ländern geschrieben. So stammt der von Lena vorgetragene Titel „Satellite" von der US-amerikanischen Songwriterin Julie Frost und dem dänischen Komponisten John Gordon. Aber manche Titel enthalten nach wie vor einzelne Worte in der Landessprache als nationale Marker. Und die Auszeichnung der nationalen Herkunft ist in die Kommentierung und die visuelle Präsentation der Länderbeiträge abgewandert (vgl. Bolin 2006, S. 201). Und was läge da näher als die massive Präsenz der Landesflagge?

Die nationale Identifikation, die hier zelebriert wird, kommt nicht aggressiv daher. Das ist bedeutsam, weil es in der Geschichte des ESC durchaus Konflikte und Spaltungen, insbesondere zwischen Ost- und Westeuropa gegeben hatte. So wurde 2002 zunächst die Jurywertung im ESC abgeschafft, so dass fortan die Gewinner einzig durch die Abstimmung der Zuschauer bestimmt wurden. Von 2009 an entscheiden wieder Jurys zur Hälfte mit über die Platzierung. Grund waren Beschwerden der westlichen Länder, insbesondere der Hauptfinanziers, zu denen auch Deutschland gehört, dass die osteuropäischen und zentralasiatischen Zuschauer ausschließlich Künstler aus ihren eigenen Ländern mit Punkten bedachten (Maier 2008). Die Fairness des Wettbewerbs stand grundsätzlich zur Diskussion und damit das Funktionieren der Eventinszenierung als fairer Wettbewerb, wie Dayan und Katz (1992) ihn beschrieben hatten.

Fallstudie

Der Eurovision Song Contest in Oslo

2: Der Eurovision Flash Mob Dance – „Would you rather dance?" – „Europe, it's time to dance" – „Are you ready?" Mit diesen Worten leiten die Moderatoren in Oslo den Euro Dance ein. Zwischen den Wettbewerbsbeiträgen und der Bekanntgabe der Ergebnisse ist ein etwa achtminütiges Musikstück platziert. Zur Musik des Hiphop- und Reggae-Duos

„Madcon" aus Norwegen werden Tanzchoreographien und im zweiten Teil Wohnzimmerszenen aus ganz Europa gezeigt.

Die Sequenz beginnt damit, dass die beiden Musiker Tshawe Baqwa und Yosef Wolde-Mariam durch die in Oslo versammelten Gäste des Wettbewerbs singend und tanzend auf die Kamera zulaufen. Rechts und links von ihnen sieht man die Zuschauer mit ihren jeweiligen Landesfahnen vorbeirauschen. Mehrere Zuschauer versuchen, sich länger vor der Kamera zu halten und werden vom mitlaufenden Sicherheitspersonal abgedrängt. Es folgt eine Sequenz, in der ein Teil des Saalpublikums mit offenbar vorab einstudierten Choreographien zur Musik tanzt. Danach werden in kurzen Sequenzen von wenigen Sekunden bis knapp einer halben Minute nächtliche Tanzszenen in Spanien und Island, Slowenien, Schweden, Litauen, Großbritannien, Deutschland, Irland und wieder Slowenien gezeigt. Die Schaltungen sollen die Anmutung von Liveness erzeugen: Europa tanzt simultan zur gleichen Musik. Mal sieht man mehr jubelnde Mengen, mal mehr einstudierte Choreographie.

Der zweite Teil des Musikblocks besteht aus ganz kurzen Szenen mit tanzenden Menschen in ihren Wohnzimmern überall in Europa, die das Tanzgeschehen an die Parties der Fernsehzuschauer rückbindet. Zu den Tänzern gehört ganz kurz auch die norwegische Kronprinzessin Mette-Marit. Zwischen die Wohnzimmerszenen sind Bilder einer professionell wirkenden Tanzformation „live from Hamburg, Germany" sowie eines einzelnen, Arme schwenkenden Mannes auf einer Felseninsel („North Sea") montiert. Den Abschluss bildet wieder Oslo, wo wir den Schluss des Songs als Konzertsituation mit Tanzgruppe auf der Bühne und jubelndem Publikum sehen. Moderator Peter Urban resümiert: „Und es geht: Ganz Europa hat getanzt. Haben Sie die Bilder aus Hamburg gesehen, vom Spielbudenplatz, oder aus Düsseldorf? Super! Eine ganz großartige Idee der norwegischen Macher dieses Song Contests."

In der Medieneventinszenierung des Eurovision Song Contest dient der Euro Dance eindeutig dazu, das grenzüberschreitende Element und die Zuschauerbeteiligung zu betonen. Wieder kann man darüber spekulieren, ob die Sequenzen tatsächlich live waren; die Auszeichnung der Hamburger Szene als „live" spricht dafür, dass der Musikblock ansonsten weitgehend vorproduziert wurde. Als symbolische Ressource scheint dieser Teil des Medienevents ESC zu sagen: Europa vereint sich – unter dem Dach eines mainstreamfähigen Poptanzsongs. Nationale Herkunft und kulturelle Prägung spielen keine Rolle, nur der Spaß.

Die beiden ausgewählten Ausschnitte aus der deutschen Übertragung des Eurovision Song Contest 2010 zeigen, dass die Eventinszenierung nationale und transnationale Elemente miteinander vereint. Der Länderwettbewerb wird durch die Omnipräsenz der Nationalfarben und -flaggen betont. Das transnationale Element wird durch synchrones Tanzen und Feiern in öffentlichen und privaten Räumen inszeniert. Der ESC 2010 greift damit ein Element auf, das wir bereits aus der Forschung zur Entstehung einer europäischen Öffentlichkeit kennen: die Gleichzeitigkeit. Geht es bei der europäischen

Öffentlichkeit unter anderem um gleichzeitige und inhaltlich konvergente öffentliche Debatten in verschiedenen europäischen Ländern (vgl. Kap. 4 und 5 dieses Buches), so wird beim ESC die Synchronität sogar noch weiter gesteigert, nämlich bis in die rhythmischen Bewegungen der Choreographie hinein, die an allen Orten mehr oder weniger identisch vollführt wird. Die Kombination aus fairer Konkurrenz und Synchronität schafft eine Balance zwischen kultureller Heterogenität und Homogenität. Diese Balance entspricht genau dem von der Europäischen Union propagierten Motto von der „Einheit in der Vielfalt". Der transnationale Raum Europas wird im ESC 2010 als ein Hybrid-Terrain konstruiert, das die Gegensätze und Gegnerschaft des Nationalen im gemeinsamen Feiern aufhebt. Es ist allerdings nicht ohne Ironie, dass dieses europaspezifische Erlebnisangebot durch englischsprachigen Mainstream-Pop funktioniert, der stilistisch nicht an Europa gebunden ist, sondern gerade über Europa hinausweist. Lenas Sieg für Deutschland in Europa ist deshalb, so könnte man zugespitzt formulieren, auch ein Sieg der globalen Unterhaltungsindustrie unter angloamerikanischem Vorzeichen. Die Welt, die im Medienevent ESC konstruiert wird, ist nicht primär die alte Welt der Nationenkonkurrenz oder der europäischen Einigung, sondern eine globalisierte Welt der grenzüberschreitenden Jugendkultur.

7.3 Live Aid und Live 8: Bob Geldof als „celebrity diplomat"

Am 13. Juli 1985 fand im Londoner Wembley Stadion und im John F. Kennedy Stadion in Philadelphia (USA) ein Doppelkonzert von gigantischen Ausmaßen statt (vgl. Abb. 7.2). Das Konzert in London dauerte von 12 bis 22 Uhr (Greenwich Mean Time, GMT) und endete mit dem Titel „Do they know it's Christmas?", während das Konzert in Philadelphia bis 22 Uhr Ortszeit (4 Uhr GMT) andauerte und mit dem Titel „We are the world" von Michael Jackson und Lionel Richie abschloss. Der Initiator des Mammutkonzerts auf zwei Kontinenten war der britische Rockmusiker Bob Geldof („Boomtown Rats"). Rund 60 international bekannte Rock- und Popmusiker beteiligten sich an Live Aid. Das Konzert soll weltweit mindestens eine Milliarde Zuschauer gehabt haben (Stewart 2004) und war das bis dahin größte Medienevent der Geschichte. Technisch ermöglicht wurde die weltweite Live-Ausstrahlung durch die erstmalige Zusammenschaltung von 13 Satelliten mit insgesamt 22 Transpondern (Uplinger 1989). Rund 330 Millionen US-Dollar sollen als direkte Folge von Live Aid für Äthiopien gespendet worden sein (Stewart 2004).

Auslöser für Live Aid war nach Aussage von Geldof ein Filmbericht des Journalisten Michael Buerk in den Six O'Clock News der BBC vom 23.10.1984 (http://www.youtube.com/watch?v=XYOj_6OYuJc&feature=related). Buerk zeigt darin in schockierenden Bildern die vom Hungertod bedrohten und sterbenden Menschen nahe der äthiopischen Stadt Korem. Buerks Bericht hatte Geldof zunächst dazu veranlasst, Band Aid ins Leben zu rufen, ein internationales Bandprojekt, das bereits fünf Wochen nach Buerks Bericht, am 29.11.1984

7.3 Live Aid und Live 8: Bob Geldof als „celebrity diplomat"

Abb. 7.2 Live Aid, 13.7.1985: Bob Geldof mit Charles und Diana im Londoner Wembley Stadion (Foto: AP, http://einestages.spiegel.de/external/ShowTopicAlbumBackground/a2331/l1/l0/F.html#featuredEntry)

den Titel „Do they know it's Christmas?" als Single herausbrachte, der dann das Live-Aid-Konzert in London beschließen sollte.

> **Fallstudie**
>
> **Live Aid: Das CBC Famine Video** – In die weltweite Konzertübertragung am 13.7.1985 und die Konzerte vor Ort eingespielt wurde das sogenannte „CBC Famine Video", ein etwa vierminütiger Film des kanadischen Fernsehmachers Colin Dean (http://www.youtube.com/watch?v=fZG3ZLQ4MO8&feature=player_embedded). Das Video wird kurz von David Bowie angekündigt und verzichtet ansonsten völlig auf Worte. Gezeigt werden Bilder von halbtoten, sterbenden Kindern, unterlegt mit dem Song „Drive" der US-amerikanischen Mainstream-Popband „The Cars", die in Philadelphia auch live mit vier Titeln vertreten war. Die Bilder stammen von der Canadian Broadcasting Corporation, dem öffentlichen Rundfunk in Kanada, und waren von Kameramann Philippe Billard und Reporter Brian Stewart in der Nähe von Korem gedreht und am 1.11.1994 im kanadischen Fernsehen gezeigt worden. Das Famine Video enthielt auch Bilder der damals dreijährigen Birhan Woldu in den Armen ihres Vaters Ato (Stewart 2004), die international zum „Gesicht des Hungers" wurde (Abb. 7.3).

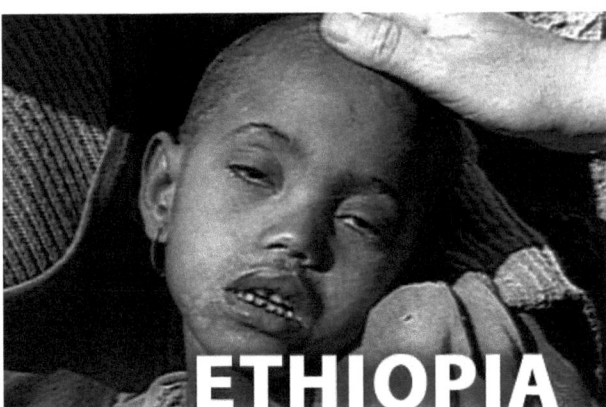

Abb. 7.3 „Face of Famine" von Birhan Woldu (1984) (Foto: CBC/Phillipe Billard, http://www.cbc.ca/news/background/ethiopia/index.html)

Birhan Woldu hat die Hungersnot überlebt und 2004, zum zwanzigjährigen Jahrestag der äthiopischen Hungerkatastrophe von 1984, Medienberühmtheit als Hoffnungsträgerin erlangt – unter anderem durch einen Auftritt in der US-amerikanischen „Oprah Winfrey Show". Als im Sommer 2011 erneut eine Hungersnot am Horn von Afrika ausbricht, taucht das Foto von Birhan Woldus „Gesicht des Hungers" aus dem Jahre 1984 wieder in den Medien auf. Am 26.7.2011 etwa fragt bild.de: „Hungersnot in Afrika: Ist es heute so schlimm wie damals in Äthiopien?".

Das menschliche Leid, das im CBC Famine Video gezeigt wird, hat wahrhaft unerträgliche Ausmaße. Es fällt schwer, dem Film vier Minuten lang zu folgen, ohne wegzuschauen. Es erscheint unmöglich, ihn ohne starke emotionale Reaktion anzusehen. Zur Tragik dieser Bilder steht der Song der „Cars" in einem eigentümlichen Kontrast. Zwar ist das Tempo gemäßigt und der Text spricht von Mitleid und Sorge. Aber der Mainstream-Pop wirkt angesichts der Bilder von sterbenden und gestorbenen Kindern letztlich oberflächlich. In dieser Oberflächlichkeit kristallisiert sich die Spannung, die das Live Aid-Event durchzieht. Der Unterhaltungskontext muss die Tragik abflachen. Die emotionale Betroffenheit muss als Spendenanreiz konfektioniert werden, damit sie die Konzertstimmung nicht verdirbt. Sie darf nicht ausufern und die Dramaturgie nicht kaputt machen. Sie muss genügend Raum für Fan-Verhalten lassen. Das Medienevent „Live Aid" soll Feiern, Trauern und Trösten vereinen und schlägt sich letztlich doch auf die Seite des Feierns (vgl. Abb. 7.1). Die Leidenden bekommen im wahrsten Sinne des Wortes keine Stimme.

In Deutschland hatte es im Herbst 1984 ähnliche Reaktionen auf die Hungersnot in Äthiopien und Buerks BBC-Bericht gegeben wie in anderen westlichen Ländern. Analog zu Band Aid nahm eine Gruppe der damals bekanntesten Rock- und Popmusiker Deutschlands den Titel „Nackt im Wind" von Herbert Grönemeyer auf. Dieser Titel wurde später als deutscher Beitrag in die weltweite Übertragung des Live-Aid-Konzerts eingespeist, zusammen mit einem von Udo Lindenberg in Köln verlesenen politischen Statement, das die Mitverantwortung des Westens für den Hunger in Afrika betont. Bereits am 23.1.1985, also zwei Monate nach Buerks BBC-Bericht, veranstaltete die ARD selbst einen „Tag für Afrika" mit Musikprogrammen, politischer Hintergrundinformation, Diskussionsrunden und einem enormen Spendenaufkommen. Der Songtext von „Nackt im Wind" greift die Bildsprache von Buerks BBC-Bericht und Deans CBC Video auf: den „Wind, der brüllt und wütet", den „Orkan, der Menschen frisst" und das sterbende Kind („Nur ein paar Breitengrade südlich/ Und dann nach Osten weint ein Kind/ Noch ehe dieses Lied hier ausklingt/ Verhungert es, stirbt nackt im Wind").

Fallstudie

Live Aid: Visuelle Repräsentation von Hilfsbedürftigkeit – Das Live-Aid-Konzert in Wembley stand unter dem Motto „Feed the World". Das Live-Aid-Logo zeigt eine E-Gitarre, deren Korpus die Kontur von Afrika hat.

Das DVD-Set zum „Tag, an dem Musik die Welt veränderte", zeigt diese Afrika-Gitarre vergoldet. Wichtiger ist jedoch ein anderes optisches Element: das nackte, abgemagerte Kind mit dürren Beinchen, das unten rechts in Rückenansicht platziert ist. Der Hungerbauch ist deshalb nicht zu sehen, auch nicht die mitleidheischenden Augen. Die periphere Platzierung und die Größenverhältnisse machen klar, dass das leidende Kind nicht im Zentrum steht. Es fungiert als ein visueller Erinnerungsposten, repräsentiert aber kein menschliches Gegenüber.

Auch das DVD-Set zum Live 8-Event im Jahre 2005 verwendet diese Optik, nur dass der Gitarrenhals nun eine 8 beschreibt (Abb. 7.4). Live 8 (sprich „live eight") war ein noch größeres multinationales Konzertevent am 2.7.2005 und wurde ebenfalls von Bob Geldof initiiert. Bei Live 8 ging es nicht um die Sammlung von Spenden sondern von Unterschriften, auch wenn dies in der öffentlichen Wahrnehmung nicht immer klar wurde (Sireau 2009, S. 190). Die im schottischen Gleneagles versammelten Regierungschefs der G8-Staaten sollten zu einem Schuldenerlass für die Entwicklungsländer bewegt werden (vgl. Cooper 2007).

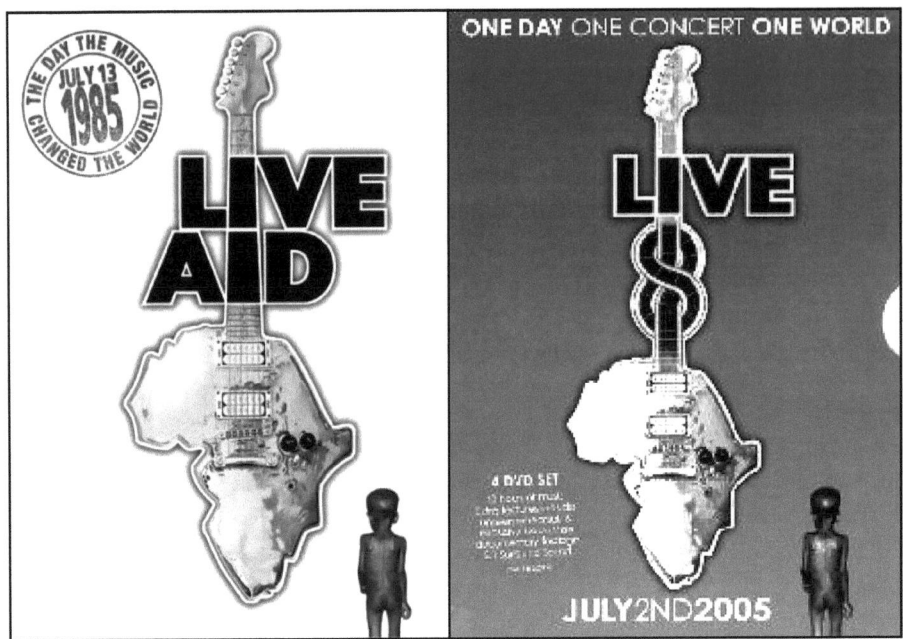

Abb. 7.4 Cover der DVD-Sets zu Live Aid und Live 8 (Quelle: http://en.wikipedia.org/wiki/Live_Aid sowie http://en.wikipedia.org/wiki/Live_8)

Es ist bezeichnend, dass das abgemagerte, nackte, schwarze Kind in der Selbstvermarktung von Live Aid/Live 8 als visuelle Ressource bis in die Jetztzeit überlebt hat. In Deutschland hatten etwa die kirchlichen Hilfswerke Misereor und Brot für die Welt in den 1960er und den frühen 1970er Jahren ähnliche Bilder zur Spendenwerbung verwendet (vgl. die Abbildungen in Lingelbach 2007). Doch seit Mitte der 1970er Jahre verabschiedeten sich die seriösen Hilfswerke von diesen Elendsbildern. Lingelbach zitiert aus einer Pressekonferenz von Brot für die Welt vom 3.3.1977: „Bilder von ausgemergelten, halb verhungerten Kindern, von Aussätzigen, Blinden müssen dazu herhalten, daß der Geldbeutel schnell geöffnet wird. [...] Nur darf dieses Ansprechen nicht dazu führen, daß man sich durch eine Spende von einem belastenden Bild und Anblick freikauft [...]. Emotion soll zur Reflexion, zum Nachdenken und zum anhaltenden Engagement führen." (2007, S. 361). Und der Misereor-Jahresbericht 1978 vermeldete: „Die Zeit, in der sogenannte Elendsbilder im Vordergrund standen, gilt endgültig als überwunden. Fotos und Plakate sollen immer auch etwas von der Würde des Menschen erkennen lassen" (zitiert in Lingelbach 2007, S. 361).

Die Organisatoren von Live Aid/Live 8 haben diese Wende in der visuellen Repräsentation von Hilfsbedürftigkeit und Hilfe ganz offenkundig nicht mit vollzogen und damit noch 2004/2005 die Chance verpasst, eine zeitgemäße Darstellungsform zu entwickeln. Ein Grund dafür könnte sein, dass sie keine eigenen Erfahrungen mit tatsächlicher Entwicklungshilfe haben und so die Lernprozesse nicht mit vollziehen können, auf die Lingelbach abhebt: „Ein Verzicht auf Elendsdarstellungen war die konsequente Antwort auf die Lernprozesse, die auch in der praktischen Entwicklungshilfearbeit stattfanden. Doch viele Organisationen setzten vor [und nach; d. A.] der Jahrtausendwende diesen Lernprozess in der Spendenwerbung nicht in aller Konsequenz um: Weiterhin dominierten Kinder, wenn auch lachende oder lächelnde Kinder, die Sammlungsplakate – in diesem Sinne blieb der paternalistische Duktus erhalten" (Lingelbach 2007, S. 362). Das Gleiche trifft auch auf Live 8 zu.

Das Live 8-Konzert vom 2.7.2005 wirft jedoch noch weiter gehende Fragen zum Verhältnis zwischen populärkulturell geprägten Medienevents und entwicklungspolitischen Nichtregierungsorganisationen (NGOs) auf. Das Spannungsverhältnis lässt sich bereits am Datum des Konzertes festmachen, dem 2.7.2005. Für genau diesen Tag hatte eine breite Koalition von entwicklungspolitischen NGOs unter dem Dachmarke „Make Poverty History" (MPH) eine seit Monaten vorbereitete Massendemonstration anberaumt, die in Edinburgh unweit des G8-Konferenzortes Gleneagles stattfand. Zwar hat Live 8-Initiator Bob Geldof die „Make Poverty History"-Kampagne vor Ankündigung seines Konzertevents kontaktiert, um die Pläne aufeinander abzustimmen. Gleichwohl war seine Festlegung auf den 2.7. in MPH-Kreisen sehr umstritten. Einerseits fehlte der MPH-Koalition ein eigenes prominentes Gesicht, weshalb die Kampagne sich mit so vielen Prominenten wie möglich schmücken wollte. Und hier versprach Bob Geldof maximale Medien- und Publikumsaufmerksamkeit. Geldof war zudem inzwischen zu einem „celebrity diplomat" geworden, der zusammen mit Bono, dem Sänger der irischen Band U2, direkten Zugang zu Regierungschefs wie Tony Blair, Angela Merkel und George W. Bush genoss (Cooper 2007). Andererseits fühlten sich viele MPH-Aktivisten von Geldof überfahren, weil MPH Geldofs Verlautbarungen nicht beeinflussen konnte (vgl. die detaillierte, interviewgestützte Rekonstruktion bei Sireau 2009, S. 177–198). Der Konflikt zwischen MPH und Geldof eskalierte schließlich öffentlich an der Frage, wie die Ergebnisse des G8-Gipfels von Gleneagles zu bewerten seien.

Fallstudie

Celebrity diplomacy und der Streit über die Deutungshoheit – „A difficult moment was during the press conference just after the G8. The media reported that Geldof and Bono praised the G8 almost unconditionally. Following the announcement of the G8 package on international development, Geldof spoke of a ‚great day' and gave the G8 summit ‚10 out of 10 on aid, eight out of 10 on debt'. According to the *Observer*, Geldof read the final G8 communiqué and said, ‚Mission accomplished, frankly.' […] NGOs approached Geldof to make a more restrained statement about the G8, but he refused, claiming that it was ‚the most important summit there had ever been for Africa.' Many of the members of the coalition were furious, particularly the more radical ones. […]

The media then focused on the disagreement between Geldof and the campaign, which became an argument between the more radical elements of the coalition and Geldof. Yet, again, it was the presence of Geldof at the centre of this dispute that made it newsworthy, emphasizing again the role of celebrity in the construction of news" (Sireau 2009, S. 195–197).

Die medialen Produktionsroutinen begünstigen einen „celebrity diplomat" wie Geldof natürlich gegenüber Akteuren aus der entwicklungspolitischen Bewegung und prägen so unmittelbar das Bild des Medienevents wie auch die mit ihm verbundenen Deutungen der Welt. Nimmt man die traditionelle visuelle Repräsentation von Hilfsbedürftigkeit im Rahmen von Live 8 hinzu, die wir oben herausgearbeitet haben, so zeigt sich der Graben, der zwischen „celebrity diplomats" einerseits und professionellen Hilfsorganisationen und sozialen Bewegungen andererseits entstehen kann. Auf der anderen Seite hat Geldof bei der Planung von Live 8 durchaus auf frühere Kritik am Live-Aid-Konzert von 1985 reagiert, indem der anders als 20 Jahre zuvor Musiker aus dem globalen Süden, allen voran Youssou N'Dour, diesmal mit auftreten ließ. Das Weltbild, das Live 8 zeichnete, war nach allem, was wir über den Produktionsprozess wissen, ein Ergebnis intensiver Aushandlungsprozesse hinter den Kulissen und vor großem Publikum. Die Botschaft des Events ist daher durchaus vieldeutig geblieben. Das erinnert daran, dass das Publikum über die Bedeutung von Medienevents durch seine Aneignungspraxis mitentscheidet. Wir kommen auf diesen Punkt in Kap. 9 zurück.

7.4 Fazit

Wir haben in diesem Kapitel zwei transnationale Medienevents mit starken populärkulturellen Bezügen genauer betrachtet. Es hat sich dabei als hilfreich erwiesen, die symbolischen Ressourcen genau zu beschreiben, die im Rahmen der Eventinszenierungen jeweils produziert werden. Im Falle des Eurovision Song Contest sind wir dabei auf die Kombination aus Nationenkonkurrenz und europäischer Synchronität als zentralem thematischen Kern gestoßen, der allerdings von einer über Europa hinausweisenden globalen Populärmusik überlagert wird. Bei Live Aid und Live 8 fiel die Spannung zwischen populärkulturellem Fan-Verhalten und einer paternalistisch inszenierten Hilfsbedürftigkeit ins Auge. Der eigentlich angezielte Hilfs- und Mobilisierungsaspekt trat zugunsten des gemeinsamen Feierns in den Hintergrund. Und anders als beim ESC war die Gesamtbotschaft bei Live 8 zudem öffentlich durchaus umstritten.

Folgenreich sind die verwendeten symbolischen Ressourcen und die durch sie bedienten dominanten Erlebnisweisen für die Art und Weise, wie die Medienevents die globalisierte Welt jeweils konstruieren. Der ESC 2010 scheint die Welt als ein spannungsfreies Nebeneinander von nationalen, europäischen und global-westlichen Elementen zu konstruieren, während im Falle von Live Aid/Live 8 der Weltzusammenhang mit Ungleichheiten, Machthierarchien, aber auch mit Zusammengehörigkeitsgefühlen und wahrgenommenen Hilfspflichten assoziiert wird. Beide Welt-Konstruktionen werden in den analysierten Medienevents als Erlebnisse erfahrbar gemacht und verweisen insofern auf die realitätsstiftende Kraft ritueller Kommunikation.

Empfohlene Basislektüre zur Ergänzung dieses Kapitels:

Bolin, G. 2006. Visions of Europe: Cultural technologies of nation-states. *International Journal of Cultural Studies*, 9(2): 189–206.

Lingelbach, G. 2007. Das Bild des Bedürftigen und die Darstellung von Wohltätigkeit in den Werbemaßnahmen bundesrepublikanischer Wohltätigkeitsorganisationen. *Archiv für Kulturgeschichte*, 89: 345–365.

Weiterführende Literatur:

Alleyne, M.D. 2005. The United Nations' celebrity diplomacy. *SAIS Review of International Affairs*, 15(1): 175–185.

Cooper, A.F. 2007. *Celebrity diplomacy*. Boulder, CO: Paradigm Publishers.

Couldry, N., Hepp, A., Krotz, F. (Hg.) 2010. *Media events in a global age*. New York, NJ: Routledge.

Sireau, N. 2009. *Make poverty history. Political communication in action*. Basingstoke: Palgrave Macmillan.

Tsaliki, L., Frangonikolopoulos, C.A., Huliaras, A. 2011. *Transnational celebrity activism in global politics: Changing the world?* Bristol, u. a.: Intellect Books.

8 Strategische Kommunikation

▸ Strategische Kommunikation ist eine Kommunikationsform, die auf bestimmte Wirkungen bei den Adressaten angelegt ist und bei der bestimmte Wirkungen bei den Adressaten zu beobachten sind. Allerdings stimmen die intendierten Wirkungen keineswegs immer mit den beobachtbaren Wirkungen überein. Manch intendierte Kommunikation verfehlt ihr Ziel, hat Nebenwirkungen oder erzeugt sogar Widerstand (Abschn. 8.1).
Beides, den strategischen Ansatz wie die misslingenden Wirkungen transnationaler Kommunikation machen wir am Gegenstand der Mediated Public Diplomacy deutlich: Regierungen, NGOs, internationale Organisationen und andere Akteure entwickeln strategisch geplante Kommunikationsaktivitäten, die auf die Beeinflussung von Publika in anderen Ländern oder rund um den Globus zielen (Abschn. 8.2). Am Beispiel der Beziehungen zwischen dem Westen und der arabischen Welt zeigen wir anschließend die Erfolgsfaktoren und die Grenzen von Mediated Public Diplomacy auf (Abschn. 8.3). Dabei betrachten wir die Wirkungen der strategischen Kommunikationsaktivitäten der USA ebenso wie diejenigen der israelischen und palästinensischen Regierungen.

8.1 Beeinflussen und Überzeugen: die strategische Perspektive

Der Begriff der strategischen Kommunikation rückt die Wirkungsorientierung von Kommunikation in den Mittelpunkt. Sie wird in der *International Encyclopedia of Communication* wie folgt definiert: „Strategic communication is the study of how organizations or communicative entities communicate deliberately to reach set goals" (Holtzhausen 2008). Zu den relevanten kommunikativen Einheiten („communicative entities") zählt Holtzhausen Akteure aus „trade and industry, politics, nonprofit, government agencies, activist groups, and even celebrities in the sports and entertainment industries". Unterschiedliche gesellschaftliche Akteure kommunizieren also absichtlich und zielgerichtet, um vorher festgelegte Ziele zu erreichen. Zu diesen Zielen zählen etwa „winning market share, building a positive reputation, winning a political campaign, or enacting social change" (Holtzhausen 2008).

In dieser Orientierung auf bestimmte Ziele, die durch Kommunikation erreicht werden sollen, steht strategische Kommunikation im Einklang mit den Grundannahmen des Übertragungsmodells von Kommunikation, wie es McQuail (2010) beschreibt (siehe Abschn. 1.8 in diesem Band). In der berühmten Lasswell-Formel von 1948 „Who says what to whom, through what channel and with what effect?" ist dieses wirkungsorientierte Verständnis von Kommunikation in knapper Form ausgedrückt. Entscheidend für medienvermittelte öffentliche Kommunikation ist die Unterscheidung zwischen zwei Arten von Kommunikatoren, den gesellschaftlichen ‚Quellen' oder ‚Stimmen' einerseits und den Medienproduzenten andererseits. Der Begriff der strategischen Kommunikation wird allerdings nur auf den ersten Kommunikatortyp bezogen. Die Massenmedien dienen dann im Wesentlichen als Kommunikationskanäle für die strategisch kommunizierenden gesellschaftlichen Akteure. Unabhängig davon, ob die Botschaften die Adressaten medienvermittelt erreichen oder nicht, die Kernfunktion von strategischer Kommunikation besteht in jedem Fall darin, dass bei den Adressaten eine Wirkung erreicht wird, dass sie in ihrem Denken, Fühlen und Handeln durch Kommunikation beeinflusst werden. Damit umfasst strategische Kommunikation auch die Erzeugung von Aufmerksamkeit für die Anliegen des jeweiligen Kommunikators, wie sie im Publicity-Modell betont wird (vgl. Abschn. 1.8), geht in ihrer Zielstellung aber weit darüber hinaus.

Allerdings stimmen die intendierten Wirkungen strategischer Kommunikation keineswegs immer mit den beobachtbaren Wirkungen überein. Dabei sind vier Fälle zu unterscheiden:

1. Die intendierte Wirkung tritt ein (erfolgreiche Kommunikation).
2. Die intendierte Wirkung tritt nicht ein (erfolglose Kommunikation).
3. Unabhängig vom Eintreten der intendierten Wirkung treten nicht-intendierte Wirkungen ein (Nebenwirkungen).
4. Es treten nicht-intendierte Wirkungen ein, die die intendierten Wirkungen konterkarieren (Bumerangeffekte).

Von *erfolgreicher strategischer Kommunikation* sprechen wir, wenn die intendierte Wirkung eintritt und zugleich keine signifikanten Nebenwirkungen (siehe unten) auftreten, die den Erfolg gefährden.

Bei *erfolgloser strategischer Kommunikation* stehen dem Eintreten der intendierten Wirkungen bestimmte äußere Hindernisse entgegen. Zum Beispiel erreicht die Botschaft, die die Wirkung auslösen soll, den Adressaten gar nicht, wird von ihm ignoriert oder nicht verstanden oder wird in ihrer Stärke von konkurrierenden Botschaften überlagert, so dass sie sich nicht durchsetzen kann. Solche Formen der Erfolglosigkeit sind ein dauernder Begleiter strategischer Kommunikationsbemühungen. Professionell gestaltete strategische Kommunikation versucht daher, diese Hindernisse zu antizipieren und auszuschalten.

Nebenwirkungen sind vor allem aus der Medizin bekannt, lassen sich aber auch in der strategischen Kommunikation beobachten. Unabhängig davon, ob eine Kommunikationsstrategie erfolgreich oder erfolglos ist (ob sie also ihre intendierte Wirkung erzielt oder nicht erzielt), kann die Strategie zu anderen Wirkungen führen, die nicht vorgesehen waren. Zum Beispiel können andere, unbeteiligte Akteure durch die strategischen Kommunikationsbemühungen auf ein Thema aufmerksam werden und eigene Kommunikationsaktivitäten entwickeln. Wir verwenden den Begriff der Nebenwirkungen unabhängig davon, wie stark die nicht-intendierten Wirkungen im Vergleich zu den intendierten Wirkungen sind. Strategisch relevant werden solche Nebenwirkungen, wenn sie selbst wieder auf die Erfolgschancen der ursprünglich intendierten Kommunikation zurückwirken. Im Rahmen professionell gestalteter strategischer Kommunikation wird deshalb auch versucht, Nebenwirkungen vorherzusehen und zu vermeiden, vor allem wenn sie wie beschrieben Rückwirkungen auf die intendierte Wirkung entfalten können.

Bumerangeffekte schließlich sind nicht-intendierte Wirkungen, die beim Adressaten selbst auftreten und die intendierte Wirkung konterkarieren. Der Inhalt oder die Form bestimmter Botschaften können beim Adressaten Widerstand auslösen, so dass die intendierte Wirkung nicht eintreten kann. Eine bekannte Form von Bumerangeffekten sind übertriebene Furchtappelle. So kann etwa eine Warnung vor dem Klimawandel, in der mit Horrorszenarien und Weltuntergangsstimmung gearbeitet wird, eher Fatalismus und Inaktivität auslösen, als zu klimabewusstem Verhalten animieren. Auch die Antizipation solcher Widerstände ist Teil des Arsenals professioneller strategischer Kommunikation.

Die hier genannten Wirkungsarten spielen auch im transnationalen Kontext eine bedeutende Rolle, weshalb sie im weiteren Verlauf dieses Kapitels wieder auftauchen werden. Strategische Kommunikation lässt sich wie folgt definieren.

▶ **Definition: Strategische Kommunikation** Als strategische Kommunikation bezeichnen wir Kommunikationsprozesse, die auf bestimmte Wirkungen bei den Adressaten angelegt sind. Strategische Kommunikation als Forschungsperspektive untersucht die kommunikativen Strategien von Akteuren und nimmt dabei erfolgreiche ebenso wie erfolglose Strategien und intendierte wie nicht-intendierte Wirkungen in den Blick.

Über diese Grundbestimmung hinaus bietet der Begriff der strategischen Kommunikation im Kontext unseres Buches noch einen zweiten theoretischen Anknüpfungspunkt, nämlich als Gegenstück zu diskursiver Kommunikation. Diskursive, also verständigungsorientierte Kommunikation zielt auf „rational motiviertes Einverständnis" zwischen Sprecher und Zuhörer, also auf die freiwillige und auf gemeinsamen Überzeugungen beruhende Übernahme von Deutungen (Habermas 1988, S. 114, 387; vgl. Burkart und Lang 2007, S. 46). Für strategische Kommunikation gilt diese freiwillig gegebene und auf rationaler Einsicht beruhende Übereinstimmung zwischen Sprecher und Hörer gerade nicht. Strategische Kommunikation zielt ebenfalls auf Übereinstimmung, aber es ist unerheblich,

Tab. 8.1 Grundformen strategischer Kommunikation nach Habermas (Quelle: Burkart und Lang 2007, S. 47)

Verständigungsorientierte Kommunikation		Gemeinsame Überzeugungen	Rational motiviertes Einverständnis
Strategische Kommunikation	Offen strategisch	Drohungen	Erzwungene Übereinstimmung
		Lockungen	Erkaufte Übereinstimmung
	Verdeckt strategisch	Bewusste Täuschung (Manipulation)	Erschlichene Übereinstimmung
		Unbewusste Täuschung (systematisch verzerrte Kommunikation)	Täuschende Übereinstimmung

wie diese zustande kommt. Entscheidend ist, dass sie zustande kommt. Burkart und Lang (2007, S. 47) unterscheiden dabei im Anschluss an Habermas (1988, S. 446) noch weiter zwischen offen strategischer und verdeckt strategischer Kommunikation (siehe Tab. 8.1). Offen strategische Kommunikation kann die Form von Drohungen oder Lockungen annehmen, je nachdem, ob die Übereinstimmung auf Seiten des Empfängers erzwungen oder erkauft wird. Drohung und Lockung sind Grundformen der Kommunikation in Verhandlungssituationen, also dann, wenn ein Akteur versucht, von einem anderen Akteur Zugeständnisse zu erwirken, ohne auf dessen freiwillige Einsicht setzen zu wollen oder zu können.

Komplexer sind die beiden Formen verdeckter strategischer Kommunikation. Bei der bewussten Täuschung (Manipulation) „verhält sich mindestens einer der Beteiligten erfolgsorientiert, lässt aber andere in dem Glauben, dass alle die Voraussetzungen kommunikativen [verständigungsorientierten; d. A.] Handelns erfüllen" (Habermas 1988, S. 445). Durch Vorenthalten von Informationen oder Lüge wird die Übereinstimmung des Gegenübers erschlichen – jedenfalls solange, bis die Manipulation aufgedeckt wird. Bei der unbewussten Täuschung schließlich „täuscht mindestens einer der Beteiligten sich selbst darüber, dass er in erfolgsorientierter Einstellung handelt und bloß den Schein kommunikativen Handelns aufrechterhält" (Habermas 1988, S. 446). Diese Selbsttäuschung führt zur Ausblendung und Verdrängung relevanter Sachverhalte aus der Kommunikation und verzerrt dadurch die Kommunikation in systematischer Weise. Die Beteiligten stimmen nur deshalb überein, weil sie sich aus ideologischen oder neurotischen Gründen über die Realität täuschen.

Dieses Verständnis von strategischer Kommunikation als Gegenpol zur diskursiven Kommunikation unterscheidet sich vom gängigen Verständnis des Transmissionsmodells. Es ist zum einen enger, weil es als strategische Kommunikation nur die Formen von Kommunikation definiert, bei denen die Übereinstimmung der Beteiligten nicht freiwillig entsteht und nicht auf Einsicht beruht. Dabei können Argumente durchaus Mittel strategischer Kommunikation sein. Der Unterschied zu verständigungsorientierter Kommunikation besteht jedoch in der einseitig persuasiven Ausrichtung strategischer Kommunikation, bei der es nicht darum geht, sich wechselseitig zu verständigen. Zum anderen ist die Habermassche Typologie strategischer Kommunikation differenzierter als das Transmissionsmodell, weil es den Blick für die verschiedenen möglichen Wirkungsweisen von strategischer Kommunikation öffnet. So wird es bei den nun folgenden Abschnitten über Mediated Public Diplomacy jeweils interessant sein zu fragen, welchen der dargestellten Wirkungsmechanismen wir jeweils annehmen müssen.

8.2 Mediated Public Diplomacy

Im Bereich der grenzüberschreitenden Kommunikation richtet die Perspektive der strategischen Kommunikation den Blick auf solche Prozesse, bei denen Akteure aktiv versuchen, Adressaten „jenseits der Grenzen" kommunikativ zu beeinflussen. Solche Versuche zielen darauf, das Bild zu prägen, das sich die Adressaten in anderen Ländern und Kulturen vom Akteur selbst, von seinem Land, seiner Kultur, seinen Motiven, Interessen und Handlungsweisen etc. machen. Wir konzentrieren uns hier auf solche Strategien, die im weitesten Sinn einen politischen Bezug haben, auch wenn sie nicht ausschließlich von staatlichen Stellen betrieben werden. Für diese Art des strategischen Einwirkens auf Publika in anderen Ländern hat sich der Begriff der *Public Diplomacy* eingebürgert, der auch im Deutschen verwendet wird (vgl. Snow und Taylor 2009; Cull 2008; Gilboa 2008). Public Diplomacy kann sich verschiedener Kommunikationskanäle bedienen. Die größte Breitenwirkung verspricht der Versuch, auf die Medienberichterstattung im Zielland oder den Zielländern einzuwirken, um auf diese Weise einen größeren Teil der dortigen Bevölkerung mit den eigenen Botschaften zu erreichen. Diese strategische Einwirkung auf den Medieninhalt in anderen Ländern wird *Mediated Public Diplomacy* (MPD) genannt (vgl. Entman 2008; Sheafer und Gabay 2009).

▸ **Public diplomacy (PD)** „the process by which international actors seek to accomplish the goals of their foreign policy by engaging with foreign publics" (Cull 2008, S. 31)
„where state and nonstate actors use the media and other channels of communication to influence public opinion in foreign societies" (Gilboa 2008, S. 58)
Mediated Public Diplomacy (MPD): „involves shorter term and more targeted efforts using mass communication (including the Internet) to increase support of a country's specific foreign policies among audiences beyond that country's borders" (Entman 2008, S. 88)

Eytan Gilboa (2001) unterscheidet in diesem Zusammenhang zwei weitere verwandte Begriffe, die deutlich speziellere Funktionen von Medienkommunikation im Kontext zwischenstaatlicher Verhandlungen bezeichnen: Unter „media diplomacy" versteht Gilboa die Verwendung von Medien durch staatliche Akteure bei der Auslotung von Verhandlungsspielräumen und Konfliktlösungspotenzialen, also etwa die Übermittlung von Verhandlungsangeboten an die Gegenseite mit Hilfe der Medien des eigenen Landes. Als „media-broker diplomacy" schließlich bezeichnet Gilboa den seltenen Fall, in dem einzelne Journalisten vorübergehend die Rolle von Diplomaten annehmen und als Vermittler in internationalen Verhandlungen fungieren, weil sie kommunikativen Zugang zu allen Seiten haben. Für unseren Zusammenhang sind diese Begriffe jedoch weniger relevant.

8.2.1 Zeitgemäße Konzepte der Mediated Public Diplomacy

Nach der klassischen, aus der Zeit des Kalten Krieges stammenden Sichtweise (vgl. z. B. Tuch 1990), ist Public Diplomacy die Domäne der Nationalstaaten, die hier traditionelle Elemente der Außenpolitik durch Aktivitäten ergänzen, die auf öffentliche Wirkung abzielen (z. B. durch Informationsarbeit in Gastländern oder das Betreiben von Auslandssendern, Kulturinstituten und Austauschprogrammen) (vgl. Cull 2008). Neuere Vorstellungen sehen dagegen auch nichtstaatliche Akteure (NGOs, Wirtschaftsunternehmen, nichtstaatliche Kultureinrichtungen etc.) als Urheber von Public Diplomacy an, weil auch sie großen Einfluss auf das Bild eines Landes außerhalb seiner Grenzen haben können. Eine Unterscheidung zwischen Public Diplomacy und dem breiteren Feld der internationalen politischen PR wird damit hinfällig (Gilboa 2008). Unabhängig von den jeweiligen Urhebern ist Public Diplomacy durch einen Doppelschritt gekennzeichnet: Über die Kommunikation mit ausländischen Publika (Schritt 1) sollen deren Regierungen beeinflusst und zu einem entgegenkommenderen Verhalten gegenüber dem Initiator der Public Diplomacy-Bemühungen bewegt werden (Schritt 2). Auch Mediated Public Diplomacy möchte Publika und politische Eliten beeinflussen. Allerdings liegt hier der erste Schritt in der Beeinflussung der Medienberichterstattung im Zielland (Schritt 1), die dann zu entsprechenden Wirkungen beim Publikum (Schritt 2) und den Eliten (Schritt 3) führen soll.

Während die Ausweitung des Akteursspektrums auf nichtstaatliche Akteure für ein zeitgemäßes Verständnis von Public Diplomacy wichtig ist, erscheint eine noch weitere Entgrenzung des Begriffs, wie sie etwa Snow (2009) vorschlägt, nicht sinnvoll (vgl. auch Melissen 2005). Sie lässt sich von neuen technologischen Entwicklungen wie dem Web 2.0 inspirieren und erklärt letztlich jede Kommunikation über Ländergrenzen hinweg zu Public Diplomacy, auch private Kontakte ohne Überzeugungsabsicht. Eine solche Begriffsverwendung würde allerdings jede Trennschärfe vermissen lassen. Aus unserer Sicht bleibt Public Diplomacy eine koordinierte Tätigkeit mit strategischem Ansatz.

Gilboa (2001) unterscheidet drei Varianten von Public Diplomacy, wie sie in der empirischen Realität angetroffen werden können:

- eine *Basisvariante*, bei der, wie oben bereits ausgeführt, die Regierung eines Landes A auf die Bevölkerung eines Landes B einwirkt, um deren Regierung zu einer freundlicheren Haltung zu bewegen

- eine *Vor-Ort-Agentur-Variante*, bei der die Regierung des Landes A im Zielland B eine PR-Agentur beauftragt, die für sie die Kommunikation mit der Bevölkerung des Landes B gestaltet, um damit wiederum auf deren Regierung einzuwirken; sowie schließlich
- eine *nichtstaatlich-transnationale Variante*, bei der ein nichtstaatlicher Akteur aus Land A (etwa Greenpeace Deutschland) eine globales Medienevent inszeniert oder sich in einem transnationalen Diskurs, etwa der Debatte über Klimaschutz oder das Walfangverbot, zu Wort meldet, um auf die Bevölkerungen anderer Länder B, C etc. einzuwirken, die jeweils ihre Regierungen beeinflussen sollen.[1]

Bei der Beschreibung dieser Varianten flaggt Gilboa die Rolle der Medien nicht eigens aus, obwohl er die Massenmedien zu Recht für die wichtigsten Kommunikationskanäle der Public Diplomacy hält. Auch ist die Liste der Varianten nicht erschöpfend. Es sind andere Varianten denkbar – die transnationale Variante kann zum Beispiel auch von einem staatlichen Akteur initiiert werden. Vor allem sind im Zeitalter globaler medialer Echtzeitkommunikation die Kommunikationsbeziehungen zwischen zwei einzelnen Ländern so gut wie immer in größere transnationale Kontexte eingebettet. Sowohl staatliche als auch nichtstaatliche Akteure sind heute oft auch transnational vernetzt, so dass die von Gilboa präsentierten Varianten nur jeweils die einfachsten denkbaren Grundmodelle wiedergeben. In ihrem Versuch, Publika in anderen Ländern zu erreichen, nehmen staatliche und nichtstaatliche Akteure zudem nicht nur nationale Medien sondern auch transnationale Medien wie etwa CNN International und Al Jazeera ins Visier (vgl. zu den transnationalen Medien Kap. 5 in diesem Band).

8.2.2 Teilprozesse der Mediated Public Diplomacy

Wie können wir uns den Prozess der Beeinflussung der nationalen und transnationalen Medien im Rahmen von MPD-Initiativen im Einzelnen vorstellen? Sheafer und Gabay (2009) zerlegen den Prozess der Mediated Public Diplomacy in zwei Teilprozesse: das internationale Agenda-building und das internationale Frame-building. Der Begriff des Agenda-building wurde von Cobb und Elder (1971) eingeführt und betrifft die Frage, „how issues are created and why some controversies or incipient issues come to command the attention and concern of decision-makers, while others fail". Im Kontext der MPD betrifft *internationales Agenda-building* die Frage, wovon es abhängt, dass manche Akteure und Themen die Aufmerksamkeit der angezielten nationalen oder transnationalen Medien auf sich ziehen, während das anderen Akteuren mit ihren Anliegen nicht gelingt (Sheafer und Gabay 2009, S. 448). *Internationales Frame-building* bezeichnet einen ähnlichen Pro-

---

[1] Die nichtstaatlich-transnationale Variante verbindet die Perspektive der Public Diplomacy mit der Rolle globaler Medienevents (siehe dazu genauer Kap. 7 dieses Bandes) und transnationaler Mediendebatten (siehe Kap. 5 dieses Bandes).

zess, allerdings geht es hier nicht um Aufmerksamkeit, sondern um die Frage, warum sich manche Deutungen (Frames) in der Medienberichterstattung eher durchsetzen als andere.

Im Rahmen der MPD versuchen staatliche und nichtstaatliche Akteure also, mit strategisch geplanten Maßnahmen sowohl ihre Themen als auch ihre Interpretationen in der Berichterstattung der angezielten Medien unterzubringen. Wie Sheafer und Gabay (2009) überzeugend zeigen, konkurrieren sie dabei mit mindestens drei verschiedenen Instanzen:

- erstens mit ihren jeweiligen Konkurrenten oder Konfliktgegnern, die ihrerseits versuchen, gegenläufige Themen und Deutungen zu platzieren,
- zweitens mit Akteuren in den Ländern, in denen die angezielten Medien erscheinen – nationale Medien haben in der internationalen Berichterstattung beispielsweise eine besondere Nähe zur Position ihrer eigenen Regierung – sowie
- drittens mit den Selektionsmustern der angezielten Medien selbst, die aufgrund professioneller Routinen, kultureller Einflüsse und ihrer redaktionellen Linie bestimmte Akteure, Themen und Frames bevorzugen.

Mediated Public Diplomacy ist also keineswegs ein Selbstläufer. Doch wovon hängt der Erfolg von MPD-Aktivitäten in dem geschilderten kompetitiven Umfeld ab?

8.2.3 Erfolgsfaktoren der Mediated Public Diplomacy

Die Frage nach den Erfolgsfaktoren ist für alle MPD betreibenden Akteure von entscheidender strategischer Bedeutung. Es gibt darauf jedoch bislang keine eindeutige, empirisch abgesicherte Antwort. Immerhin präsentiert Entman (2008) ein Erklärungsmodell, das die vermutlich relevanten Einflussfaktoren benennt und zueinander in Beziehung setzt. Als wichtigsten Erfolgsfaktor benennt Entman die *kulturelle Kongruenz* zwischen der Position des aussendenden Akteurs (in seinem Fall der Position der US-Regierung) und dem Zielland der MPD-Bemühungen. Das Konzept der kulturellen Kongruenz wird dabei mit dem Theorem der „spreading network activation" verbunden, demzufolge kulturelle Kongruenz die in einer Kultur habitualisierten kognitiven Schemata aktivieren hilft, während zu geringe Kongruenz diese Aktivierung blockiert (Entman 2004, S. 14–17; vgl. auch Abb. 8.1). Ein Beispiel für die Aktivierung kognitiver Schemata könnte etwa die relativ größere Akzeptanz sein, die die israelische Position im Nahostkonflikt in der politischen Kultur Deutschlands genießt. Trotz durchaus vorhandener Gegenstimmen akzeptieren die meisten Öffentlichkeitsakteure aufgrund der Judenverfolgung im Nationalsozialismus nachvollziehbarerweise eine besondere Verantwortung Deutschlands gegenüber der Existenz Israels, die dazu führt, dass die Position Israels in aktuellen politischen Fragen einen zwar schwachen, aber erkennbaren habitualisierten Plausibilitätsvorschuss gegenüber der palästinensischen Position genießt.

Wenn die kulturelle Kongruenz gering ist, so Entman (2008, S. 94), wird die Position des MPD betreibenden Akteurs in den Medien des Ziellandes attackiert oder aber ignoriert werden. Ist die kulturelle Kongruenz dagegen mittelmäßig ausgeprägt, gibt es also eine gewisse kulturelle Nähe wie im Falle Deutschlands und Israels und/oder ein ambivalentes Verhältnis zur Position des aussendenden Landes, dann besteht die Chance, dass die Position des aussendenden Landes in den internen medialen Deutungskampf des Ziellandes als eine zusätzliche Stimme einbezogen wird. Wenn die kulturelle Kongruenz dagegen sehr ausgeprägt ist, kann die Position des aussendenden Landes im nationalen Mediendiskurs des Ziellandes als wichtige oder sogar dominante Stimme bestehen. Dieser letzte Fall findet sich vor allem bei Verbündeten des MPD betreibenden Akteurs, während in den Ländern, für die Mediated Public Diplomacy eigentlich gedacht ist und in denen sie ein feindliches Meinungsklima umdrehen soll, der Einfluss des MPD-Initiators auf die Medienberichterstattung eher schwach ist. Aufgrund der angenommenen großen Bedeutung der kulturellen Kongruenz für den Erfolg von MPD sprechen Sheafer und Gabay (2009) von der zirkulären Natur der Mediated Public Diplomacy: Dort, wo sie Erfolgschancen hat, ist Erfolg am wenigsten „notwendig". Wo sie aber für den MPD-Initiator „notwendig" erscheint, hat sie kaum Aussicht auf Erfolg.

Als weiteren Einflussfaktor auf den Erfolg von MPD nennt Entman (2008, S. 96) die Frage, ob das *Mediensystem* des Ziellandes offen und pluralistisch geprägt oder zentral gesteuert ist. Bei hoher kultureller Kongruenz zwischen MPD-Akteur und Zielland wirkt sich ein gesteuertes Mediensystem eher positiv für den MPD-Initiator aus, weil die autoritäre Steuerung mögliche Gegenstimmen im Zielland unterdrückt. Genau umgekehrt ist die Lage unter den Bedingungen geringer kultureller Kongruenz. Hier haben MPD-Aktivitäten generell nur geringe Chancen auf Medienresonanz im Zielland. Und nur wenn im Mediensystem des Ziellandes ein gewisser Pluralismus herrscht, ist es einzelnen Akteuren dort möglich, die unpopuläre Position des MPD-Initiators in den Ziel-Medien zu Gehör zu bringen und zu unterstützen.

8.2.4 Einflusskanäle der Mediated Public Diplomacy

Schließlich stellt sich die Frage, wo genau die MPD-Bemühungen eines Akteurs A im Zielland B andocken und sich auswirken können. Zur Beantwortung dieser Frage wendet Entman sein für die außenpolitische Kommunikation in den USA entwickeltes Cascading-activation-Modell auf den transnationalen Kontext an (Abb. 8.1). Zunächst wird das politische Kommunikationssystem des Ziellandes als Kaskade von Instanzen mit unterschiedlichen Machtressourcen konzipiert (Entman 2008, S. 98). Die politische Führung des Ziellandes steht an der Spitze der Kaskade, darunter die Medien, zwischen beiden – je nach Offenheit oder Geschlossenheit des politischen Systems – die Opposition des Ziellandes. Die in den Medien tätigen Journalisten produzieren Nachrichtenframes in verbaler und bildlicher Form, die wiederum vom Publikum wahrgenommen werden. Es gibt neben der Opposition zwei wichtige Feedbackschleifen in diesem System: Einerseits beeinflussen die Meinungen des Publikums – in Form von Meinungsumfragen und anderen Indikatoren – die Medien des Ziellandes und zum anderen können die Nachrichtenframes Rückwir-

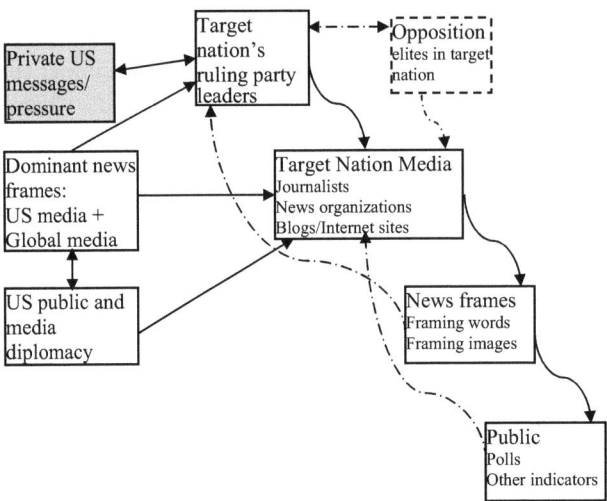

Abb. 8.1 Das Cascading-activation-Modell der Mediated Public Diplomacy nach Entman (Quelle: Entman 2008, S. 98)

kungen auf die politische Führung haben. Diese Bottom-up-Feedbacks sind in aller Regel schwächer ausgeprägt als die machtbewehrten Top-down-Einflüsse.

Die Kaskade der politischen Kommunikation im Zielland wird durch die Aktivitäten des aussendenden Landes (hier der USA) nun in dreifacher Weise mit externen Einflüssen versorgt (Entman 2008, S. 97). Zum einen gibt es als Alternative zur Mediated Public Diplomacy immer auch direkte, nichtöffentliche Einflüsse auf die politische Führung des Ziellandes, etwa in Form von diplomatischen Drohungen oder Lockungen. Zum Zweiten beeinflusst die Berichterstattung der US-Medien wie auch der westlichen transnationalen Medien (von Entman „global media" genannt) die politische Führung und die Journalisten im Zielland. In dem Maße, wie diese Medien im Zielland von Teilen der Bevölkerung genutzt werden, beeinflussen sie natürlich ihre Nutzer auch direkt; insofern fehlt im Modell ein entsprechender Pfeil zur „Public". Drittens schließlich beeinflusst die Mediated Public Diplomacy der USA die Journalisten des Ziellandes sowohl direkt als auch vermittelt über die Beeinflussung der Berichterstattung der US-amerikanischen und der transnationalen Medien.

Die komplizierten Verschachtelungen in diesem Modell machen deutlich, wie schwierig es für MPD-Aktivitäten von außen ist, das Publikum im Zielland zu beeinflussen. Dazu sind mehrere voraussetzungsvolle Schritte notwendig: Von der MPD-Initiative (ggf. über die eigenen und die transnationalen Medien) zu den Journalisten des Ziellandes, von dort in die Nachrichtenframes und schließlich zum Publikum. Mindestens genauso voraussetzungsvoll ist der Folgeschritt, die von der MPD in der Regel angestrebte Beeinflussung der politischen Führung durch Stimmungswandel in der Bevölkerung: Die Bevölkerungsmeinung muss durch die Feedbackschleife die Medien erreichen und sich über die Nachrichtenframes dann wiederum auf die politische Führung auswirken.

All dies zeigt, dass ein wichtiger Parameter grenzüberschreitender strategischer Kommunikation darin besteht zu entscheiden, ob und unter welchen Umständen sich Mediated Public Diplomacy überhaupt lohnt und wann der Versuch erfolgversprechender ist, auf direktem, nichtöffentlichen Wege auf die politische Führung des Ziellandes Einfluss zu nehmen.

8.3 Fallstudie: Mediated Public Diplomacy im Nahen Osten

Die wissenschaftliche und politische Diskussion über (Mediated) Public Diplomacy hat sich in den ersten Jahren des neuen Jahrtausends deutlich verstärkt (vgl. Cowan und Cull 2008; Snow und Taylor 2009). Die Anschläge auf das World Trade Center in New York und das amerikanische Verteidigungsministerium in Washington vom 11. September 2011, vor allem aber der im März 2003 begonnene Irakkrieg, haben die konfliktreiche Beziehung zwischen den USA und einigen ihrer westlichen Verbündeten auf der einen und manchen Ländern in der arabischen Welt[2] auf der anderen Seite in den Blickpunkt gehoben. Die Konflikte sind differenziert zu betrachten, und keineswegs wollen wir sie hier pauschal als „Kampf der Kulturen" interpretieren. Weder auf der westlichen noch auf der arabischen Seite gibt es einheitliche Fronten; auf beiden Seiten existieren Uneinigkeiten in der Bewertung der Konflikte sowie der Kriege in Afghanistan und im Irak. Vor allem aber sind die Konfliktursachen nicht in einem Gegensatz zwischen festgefügten „Kulturen" oder „Wertegemeinschaften" zu sehen, auch wenn sich im Durchschnitt natürlich Unterschiede in den Werten zeigen, die die Bevölkerungen der verschiedenen Länder vertreten (vgl. Norris und Inglehart 2009).

Für unseren Zusammenhang ist vor allem wichtig, dass Länder und Akteure auf beiden Seiten ein Interesse an einer positiven Medienresonanz im jeweils anderen „Lager" haben. So sind die USA damit konfrontiert, dass ihr Image in vielen arabischen und/oder islamischen Ländern schlecht ist – traditionell aufgrund ihrer Unterstützung für Israel, aber verstärkt seit Beginn der Kriege in Afghanistan und im Irak. Aus diesem Grund betreiben die USA ein umfangreiches Programm der Mediated Public Diplomacy in der arabischen Welt. Generelles Ziel des Programms ist es, ein positiveres Medienbild der USA im Nahen

---

[2] Der unspezifische Terminus „arabische Welt" bezieht sich auf ein geo-kulturelles Gebiet, das sich vom Atlantischen Ozean im Westen bis zum Persischen Golf im Osten erstreckt und folgende Länder umfasst: Ägypten, Algerien, Bahrain, Irak, Jemen, Jordanien, Katar, Kuwait, Libanon, Libyen, Marokko, Oman, Palästinensische Autonomiegebiete, Saudi Arabien, Sudan, Syrien, Tunesien und die Vereinten Arabischen Emirate. Die Region zeichnet sich durch eine gemeinsame Hochsprache (Hocharabisch) sowie eine gemeinsame Mehrheitsreligion aus, weshalb die arabischen Länder als religiös, kulturell und politisch weitgehend homogen wahrgenommen werden (Amin 2001, S. 23).

Osten zu bewirken, das zu einer besseren Beurteilung der USA in der Bevölkerung und bei den politischen Eliten beitragen soll.

Aber auch die Konfliktparteien in der Region selbst haben zum Teil ein Interesse an einem positiven Medienecho im Westen. Dies gilt insbesondere für die israelische und die palästinensische Regierung. Israel ist auf materielle, militärische und symbolische Unterstützung aus dem Westen angewiesen, und dafür ist ein relativ positives Image in westlichen Medien zentral. Umgekehrt ist die palästinensische Führung nicht nur an einem negativen Israelbild interessiert, sondern auch daran, dass ihre eigenen Anliegen und Interessen im Westen als legitim angesehen werden (vgl. Sheafer und Gabay 2009). Exemplarisch wollen wir im Folgenden die Wirksamkeit der Mediated Public Diplomacy in beiden Richtungen – vom Westen in den Nahen Osten und umgekehrt – untersuchen und damit den Handlungsspielraum für strategische Kommunikation im transnationalen Kontext ausloten.

8.3.1 Mediated Public Diplomacy der USA nach 9/11

Nimmt man das oben dargestellte Cascading-activation-Modell der Mediated Public Diplomacy von Entman zum Ausgangspunkt (siehe Abb. 8.2), so lassen sich drei Kanäle unterscheiden, durch die die USA in der Zeit seit dem 11. September 2011 versucht haben, Einfluss auf die Einstellungen von Eliten und Bevölkerung im Nahen Osten auszuüben:

- direkte Kommunikation mit den jeweiligen Eliten,
- Medienberichterstattung in nationalen und transnationalen Medien des Westens sowie
- Präsenz westlicher Akteure in arabischen Medien.

Verlässliche Informationen über das Ausmaß und die Folgen der direkten Kommunikation mit Eliten sind naturgemäß sehr schwierig zu bekommen. Auch der direkte Einfluss der westlichen Medien auf politische Eliten und Journalisten in der arabischen Welt lässt sich nur schwer messen. Unsere Fallstudie behandelt deshalb einerseits den Einfluss westlicher Medien auf die Bevölkerungen im Nahen Osten sowie andererseits die Präsenz westlicher Akteure in arabischen Medien. Sie decken damit den Kernbereich der US-amerikanischen Mediated Public Diplomacy seit dem 11. September ab. Unsere Darstellung beruht zum einen auf empirischer Forschung und zum anderen auf Expertenmeinungen eines Insiders: William A. Rugh, ein früherer Diplomat und Public Diplomacy-Spezialist der USA, stand von 1964 bis 1995 in den Diensten des amerikanischen Foreign Service, davon mehrfach für die United States Information Agency (USIA), die bis zu ihrer Auflösung 1999 die Public Diplomacy-Aktivitäten der USA zentral steuerte. Rugh, der Arabisch spricht, war US-Botschafter im Jemen und in den Vereinigten Arabischen Emiraten und nimmt heute Lehraufgaben wahr. In seinem Aufsatz „Repairing American Public Diplomacy" beschreibt er, wie die US-Regierung anfänglich versucht hat, die neu entstandenen panarabischen Fernsehnachrichtensender wie Al-Jazeera und Al-Arabiya zu bekämpfen und zu boykottieren.

> **Fallstudie**
>
> **US-Mediated Public Diplomacy I: US-Präsenz in arabischen Medien** – „American officials imposed an unannounced boycott on al-Jazeera, preventing senior officials from participating in its programs.
>
> This ineffective policy of trying to fight al-Jazeera was reversed later by Karen Hughes when she became Undersecretary of State in 2005. She realized that the boycott was harming American public diplomacy efforts more than helping them, and voices explaining and defending American policy were not being heard, so she encouraged officials to engage proactively with Arab media, and they did so. She also established ‚media hubs' in Dubai and London staffed with public diplomacy professionals who jousted with Arab media full time. As the situation in Iraq deteriorated, for example, and critics all over the world and especially in the Arab countries blamed the United States for the lack of security, lack of services and generally chaotic conditions there, Karen Hughes herself and other senior officials participated in talk shows on Arab media in an effort to explain the American point of view. When the Israeli-Hizbullah conflict broke out in the summer of 2006 [in Lebanon; d.A.], and criticism of Washington's posture became intense, they again worked hard to engage in a discussion of American policy.
>
> Working-level public diplomacy professionals continued to participate in discussions in Arabic and English with Arab media. Alberto Fernandez, a fluent Arabic speaker responsible for public diplomacy in the Near East Bureau at the State Department, was particularly active, speaking by phone usually several times each day with Arab broadcasting outlets, making the American case in a sophisticated and persuasive way. […]
>
> Such outreach has been effective and should be sustained. There are encouraging indications that Barack Obama understands this. In his first week as President, he gave an exclusive interview to al-Arabiya Television, one of the leading regional Arab TV channels, in which he spoke directly to Arabs and Muslims in a way that was sensitive to their concerns. Prominent Arab commentators welcomed Obama's choice of an Arab TV channel for one of his first interviews" (Rugh 2009, S. 2f.).

Neben der Präsenz von US-Politikern und Public Diplomacy-Experten in arabischen Medien haben die USA in der Zeit nach dem 11. September neue eigene arabischsprachige Medienangebote für den Nahen Osten ins Leben gerufen: Radio Sawa (Arabisch für „gemeinsam, zusammen") und den Fernsehsender Al-Hurra („Der Freie"). Die Wirksamkeit dieser von der US-Regierung finanzierten Angebote ist allerdings zweifelhaft, wie nicht nur die Einschätzung von William A. Rugh zeigt.

> **Fallstudie**
>
> **US-Mediated Public Diplomacy II: Radio Sawa und Al-Hurra** – „The Broadcasting Board of Governors (BBG), which is responsible for all of the U.S. Government's international broadcasting, has also made several missteps since 9/11 that have seriously harmed American public diplomacy. The Congress in 1999 abolished the U.S. Informa-

tion Agency that then controlled all government civilian broadcasting, and turned it over to the nine-member bipartisan BBG. [...]

In March 2002, the BBG cancelled the Voice of America's Arabic Service that had been operating successfully since World War II, and substituted ‚Radio Sawa', that broadcast mostly popular music for young listeners. The VOA Arabic Service had provided a broad spectrum of news, current affairs, features and other programs intended to appeal not only to youth but to all age groups including influential adults. When it was cancelled in 2002 it was reportedly reaching more than three million Arab adults on medium wave and short wave, including nearly half a million Saudis. The move towards youthoriented programming came at the expense of reaching decision makers and politically influential adults. Critics of Radio Sawa said it abandoned these listeners, undermining the public diplomacy impact of Arabic broadcasting.

Then in February 2004, the BBG established a new Arabic language television channel, al-Hurra, intended to compete with al-Jazeera and other Arabic news channels. The BBG argued that al-Hurra would provide accurate information and truthful commentary in an environment that they claimed was both hostile to the U.S. and insufficiently ‚free'. But this project turned out to be a disappointment because of its poor programming and poll data showing that it failed to attract a significant audience. Moreover, its basic rationale was thrown into doubt when viewers who watched it found that it was less willing to tackle controversial subjects than al-Jazeera and other satellite TV channels. Independent observers have concluded that al-Hurra has failed" (Rugh 2009, S. 3).

Einen Hinweis darauf, dass die mangelnde Glaubwürdigkeit von Radio Sawa und Al-Hurra deren Wirksamkeit zunichte macht, liefert auch eine Umfrage, die el-Nawawy (2006) unter College-Studierenden in fünf arabischen Ländern durchgeführt hat (Kuwait, Vereinigte Arabische Emirate, Jordanien, Palästina und Marokko). Zwar liegt der Befragung keine Zufallsstichprobe zugrunde, so dass die Repräsentativität der Ergebnisse für die Studentenpopulationen in diesen Ländern unklar ist. Gleichwohl deuten die Ergebnisse darauf hin, dass die Glaubwürdigkeit der beiden Sender relativ gering ist und dass zugleich eine niedrige Glaubwürdigkeitseinschätzung mit einer negativen Haltung gegenüber den USA einhergeht. Die Befragten gaben auch an, dass sich ihre Haltung gegenüber den USA leicht verschlechtert habe, seit sie den jeweiligen Sender nutzen. Bei aller gebotenen Vorsicht in Bezug auf die Repräsentativität der Daten, lässt sich doch zumindest sagen, dass die Studie keine Hinweise darauf erbracht hat, dass die Sender die Haltung zu den USA in Richtung auf ein positiveres Bild verschoben hätten. Dies deckt sich mit den von Rugh (2009) zitierten Experteneinschätzungen.

8.3.2 Die Wirkung transnationaler Nachrichtenkanäle

Empirisch gut abgesicherte Erkenntnisse gibt es über den Einfluss derjenigen westlichen und arabischen transnationalen TV-Nachrichtenkanäle, die nicht eigens zu MPD-Zwecken geschaffen wurden. Dazu gehören auf der westlichen Seite vor allem CNN International und BBC World sowie auf der arabischen Seite vornehmlich Al-Jazeera, die Middle East Broadcasting Corporation (MBC) sowie später Al-Arabiya. Nisbet et al. (2004) verwenden repräsentative Bevölkerungsumfragen, die 2002 vom Gallup-Befragungsinstitut in neun vornehmlich muslimischen Ländern durchgeführt wurden, um den Einfluss zu messen, den die Nutzung dieser Sender auf antiamerikanische Einstellungen in der Bevölkerung haben.

Methodik

Die Gallup-Befragungen (Nisbet et al. 2004) – Fünf der von Gallup untersuchten Länder liegen in der arabischen Welt und damit im primären Verbreitungsgebiet der panarabischen TV-Nachrichtensender (Jordanien, Kuwait, Libanon, Marokko und Saudi-Arabien); die übrigen vier Länder befinden sich außerhalb dieser Zone und haben andere Landessprachen als Arabisch (Indonesien, Iran, Pakistan und Türkei). Antiamerikanismus oder genauer: negative Wahrnehmungen der USA wurden in den Gallup-Umfragen durch zehn Ja-/Nein-Fragen erhoben. Die Befragten sollten angeben, ob sie die USA als aggressiv, eingebildet, vertrauenswürdig, freundlich, arrogant, leicht zu provozieren, rücksichtslos, friedlich im Innern, als ein Land mit hoher Kriminalitätsrate und ein Land mit einseitig parteiischer Außenpolitik wahrnehmen oder nicht. Auf einer Zehnpunkteskala mit 10 als dem höchsten Antiamerikanismus-Wert lag der Durchschnitt über alle untersuchten Länder hinweg mit 7,1 relativ hoch (Nisbet et al. 2004, S. 25). Die Fernsehnachrichtennutzung wurde durch eine offene Frage erhoben, bei der die Befragten den einen Sender angeben sollten, dem sie sich am ehesten für die Nachrichtennutzung zuwenden. 7,4 % der Befragten gaben als ersten Fernsehsender einen westlichen Kanal an (CNN, CNN International, CNBC oder BBC World), 21,4 % wendeten sich als erstes einem panarabischen Kanal zu (Al-Jazeera oder MBC), die große Mehrheit jedoch (71,2 %) nutzte primär nationale Sender, um auf dem Laufenden zu bleiben. Der Kontrast zwischen diesen drei unterschiedlich großen Gruppen hilft Unterschiede im Antiamerikanismus zu erklären. Zusätzlich wurden die Befragten gebeten, anhand von fünf konkreten Themen den Grad ihrer Aufmerksamkeit für die Außenpolitik der USA und ihre Rolle in der muslimischen Welt anzugeben.

Wovon hängt es ab, ob ein Individuum in einem der muslimischen Länder starke oder schwache antiamerikanische Einstellungen hegt? Die Analyse von Nisbet et al. (2004) zeigt, dass bereits eine erhöhte Aufmerksamkeit der Befragten für die Rolle der USA in der Region mit stärkeren antiamerikanischen Einstellungen einhergeht. Angesichts der relativ starken antiamerikanischen Voreinstellungen, die in muslimischen Ländern generell anzutreffen sind, aktiviert eine höhere Aufmerksamkeit für die USA vielfach unmittelbar deren negative Bewertung. Die Nutzung der panarabischen Programme ging ebenfalls mit stärkerem Antiamerikanismus einher, die Nutzung der westlichen Kanäle dagegen mit we-

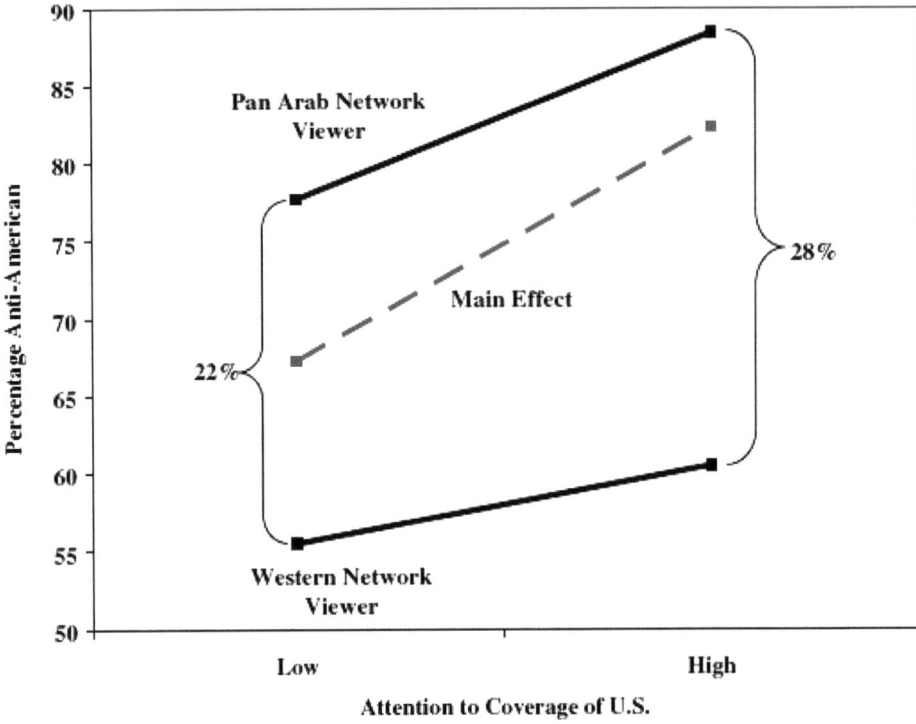

Abb. 8.2 Antiamerikanische Einstellungen erklären: Der moderierende Einfluss des genutzten TV-Sendertyps auf die Wirkung der Aufmerksamkeit für die USA (Quelle: Nisbet et al. 2004, S. 30)

niger negativen Wahrnehmungen der USA.[3] Ein Mediennutzungseinfluss auf das Ausmaß des Antiamerikanismus ist hier ebenso denkbar wie die umgekehrte Wirkungsrichtung, nämlich dass Mediennutzer, die den USA gegenüber aufgeschlossener sind, sich eher den westlichen Kanälen zuwenden.

Besonders aufschlussreich ist aber die Interaktion der beiden Mediennutzungsvariablen (Abb. 8.2): Wie die ansteigenden Linien zeigen, wachsen USA-kritische Einstellungen mit der Aufmerksamkeit für die Rolle der USA in der Region an, und zwar auch bei denjenigen Befragten, die sich für die Nachrichtennutzung zuerst einem westlichen Sender zuwenden (unterste Linie). Die Nutzung der westlichen Kanäle verringert also den Antiamerikanismus nicht, sondern lässt ihn nur etwas weniger stark ansteigen, je höher die Aufmerksamkeit für die Rolle der USA wird: Bei niedriger Aufmerksamkeit beträgt der Unterschied im Antiamerikanismus zwischen den Nutzern westlicher und panarabischer

---

[3] Bei allen hier berichteten Zusammenhängen wurde der Einfluss wichtiger gesellschaftlicher Makrofaktoren sowie soziodemographischer Merkmale der Befragten statistisch kontrolliert. Die Zusammenhänge mit der Mediennutzung bleiben also auch dann erhalten, wenn andere mögliche Einflüsse auf den Antiamerikanismus ausgeschlossen werden.

Fernsehkanäle 20 Prozentpunkte, bei hoher Aufmerksamkeit steigt diese Differenz auf 28 Prozentpunkte an.

Diese Ergebnisse liefern wichtige Anhaltspunkte über die Wirksamkeit von Mediated Public Diplomacy im Allgemeinen. Sie zeigen zum einen, dass das vorherrschende Meinungsklima in einem Land der Wirkung von MPD-Aktivitäten generell enge Grenzen setzt, weil eine erhöhte Aufmerksamkeit für die „Gegenseite" zunächst nur die bei einem Großteil der Bevölkerung bestehenden negativen Voreinstellungen aktiviert. Auch die Bereitstellung und Nutzung von Medienangeboten, die dem MPD aussendenden Land freundlicher gegenüber stehen, kann den Trend offenbar nicht umkehren. Dies gilt, wie wir oben gesehen haben, natürlich ganz besonders für MPD-generierte Angebote wie Radio Sawa und Al-Hurra, die wenig Glaubwürdigkeit bei ihren Zielgruppen genießen.

8.3.3 Mediated Public Diplomacy der Konfliktparteien im Nahen Osten

Der größte Teil der verfügbaren Forschung beschäftigt sich mit westlicher Public Diplomacy, insbesondere der MPD, die die USA betreiben. Das Konzept der Mediated Public Diplomacy ist aber nicht auf einen Kulturkreis beschränkt, sondern kann auf strategische Kommunikation in jeder Richtung angewendet werden, also auch auf die Kommunikation der Konfliktparteien im Nahen Osten selbst. Zwar gibt es wohl in jedem Konflikt Parteien, die sich um ihr Außenbild jenseits ihres eigenen Einflussbereichs nur wenig kümmern, solange sie ihre Gefolgschaft im Innern sichern können. Umgekehrt ist es aber ein Zeichen für die Bedeutsamkeit der transnationalen Kommunikation, dass Konfliktparteien vermehrt ihr internationales Erscheinungsbild prägen wollen, um die Legitimität ihrer Anliegen zu untermauern. Ein gutes Beispiel hierfür sind die MPD-Aktivitäten rund um die Entwicklung im Gazastreifen, vom Rückzug Israels aus Gaza im Jahre 2005 über die Wahlen in den palästinensischen Autonomiegebieten 2006, nach denen Hamas die Macht im Gazastreifen übernommen hat, bis zum Gazakrieg um die Jahreswende 2008/2009.

Sheafer und Gabay (2009) haben die Wirksamkeit der israelischen und palästinensischen Mediated Public Diplomacy beim Gazarückzug und den palästinensischen Wahlen (Mai 2005 bis Januar 2006) im Detail und mit einem neuartigen Ansatz untersucht. Sie fragen danach, welche der Konfliktparteien in welcher Phase erfolgreicher die Berichterstattung in den US-amerikanischen und britischen Medien beeinflussen konnte. Dazu haben sie eine Inhaltsanalyse der offiziellen Verlautbarungen der israelischen und palästinensischen wie auch der britischen und der US-Regierung durchgeführt und den Inhalt dieser Verlautbarungen mit der Berichterstattung in den wichtigsten landesweit verbreiteten Tageszeitungen und Fernsehnachrichten in Großbritannien und den USA verglichen.

Im Hinblick auf das *internationale Agenda-building*, also die Beeinflussung der von den Medien sowie den vier Regierungen aufgegriffenen Themen, zeigte sich zunächst, dass die jeweiligen Ereignisinitiatoren die Nase vorn hatten: In der Phase des Gazarückzugs konnte die israelische Regierung die Themen der Nahost-Kommunikation bei allen Medien und Akteuren sehr deutlich prägen – mit Ausnahme der palästinensischen Regierung, die den Rückzug in ihren Verlautbarungen weitgehend ignorierte. Das bedeutet, dass während des Gazarückzugs in den Verlautbarungen und den Medien diejenigen Themenaspekte dominierten, die der israelischen Position entgegen kamen. Umgekehrt gelang es der palästinensischen Autonomiebehörde in der Phase der palästinensischen Wahlen die Themenstruktur aller Medien und Akteure – hier sogar einschließlich der Verlautbarungen der israelischen Regierung – zu prägen (Sheafer und Gabay 2009, S. 455). Das *internationale Frame-building* wurde durch eine Feinanalyse von fünf verschiedenen Framing-Dimensionen analysiert.

> **Methodik**
>
> **Vorgehensweise der Framing-Analyse (Sheafer und Gabay 2009, S. 453)** – Die Verlautbarungen der vier Regierungen sowie die Berichte der britischen und US-amerikanischen Medien wurden zunächst daraufhin untersucht,
>
> - welchen Zustand oder welche Begebenheit sie als das Problem definieren,
> - wen sie für das Problem verantwortlich machen und
> - welche generelle Lösungsstrategie sie bevorzugen (zu diesen drei Framing-Elementen vgl. Entman 2004).
>
> Zusätzlich wurde kodiert,
>
> - als wie *legitim* die jeweilige Konfliktpartei in der jeweiligen Regierungsverlautbarung oder dem Medienbericht dargestellt wurde und
> - in welchem Ausmaß von einer Konfliktpartei *Zugeständnisse* verlangt wurden.
>
> Das Legitimitäts-Framing kombiniert die direkte moralische Bewertung einer Konfliktpartei (positiv, negativ oder neutral) mit ihrer Darstellung als Täter oder Opfer. Das Zugeständnis-Framing reicht von der Forderung nach völliger Aufgabe der jeweiligen Position im Konflikt (maximale Zugeständnisse) bis zur Unterstützung für eine vollkommen kompromisslose Durchsetzung der Position der jeweiligen Konfliktpartei (keine Zugeständnisse).

Im Ergebnis zeigt sich zunächst, dass das Framing über die fünf Elemente hinweg nicht konsistent ist. Wenn ein Akteur oder ein Medienbericht also etwa die Problemdefinition der palästinensischen Seite übernimmt, bedeutet das nicht, dass er auch die palästinensische Lösungsstrategie befürwortet oder von der palästinensischen Autonomiebehörde keine Zugeständnisse verlangt (Sheafer und Gabay 2009, S. 463). Das setzt der Fähigkeit einer Konfliktpartei, ihren gesamten Frame mit allen Dimensionen bei einer westlichen Regierung oder einem westlichen Medium durchzusetzen, Grenzen. Noch entscheidender ist aber, dass die Erfolgsaussichten auf Durchsetzung des eigenen Frames, wie von Entman (2008, S. 94) vorausgesagt, von der kulturellen Kongruenz zwischen den Frames der Konfliktpartei und jenen des angezielten Akteurs oder Mediums abhängt. So findet Israels

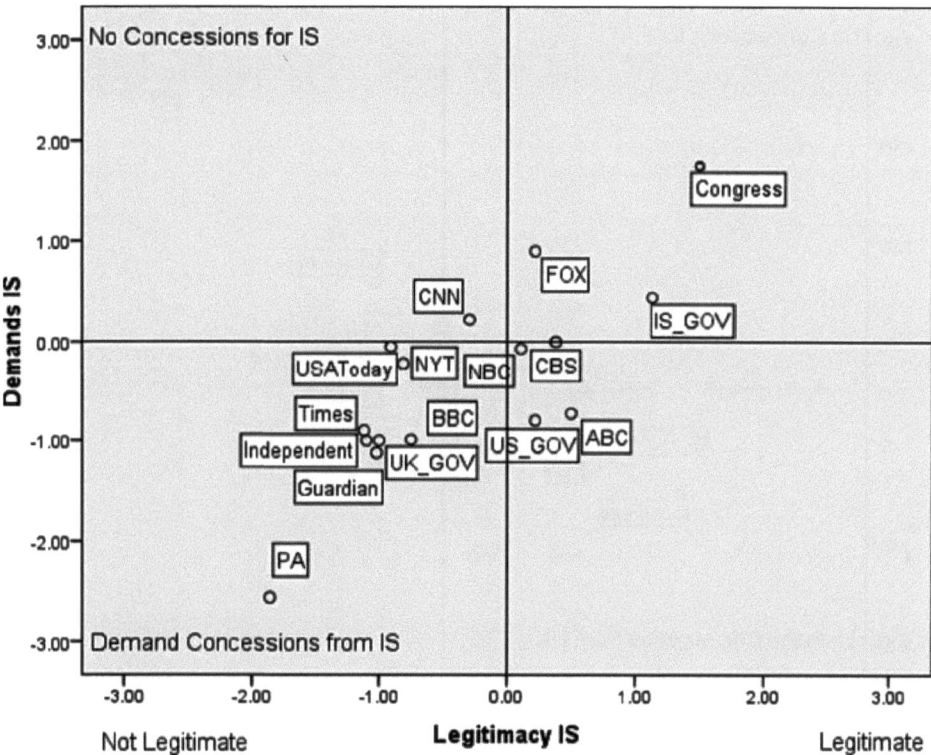

Abb. 8.3 Legitimitäts- und Zugeständnis-Framing in Bezug auf Israel in der Phase vor dem Gazarückzug 2005 (Quelle: Sheafer und Gabay 2009, S. 460)

Position eine größere Resonanz bei der amerikanischen Regierung und den amerikanischen Medien (Abb. 8.3), während die palästinensische Position mehr Rückhalt bei der britischen Regierung und den britischen Medien genießt (Abb. 8.4).

Dieses Muster der kulturellen Kongruenz führen Sheafer und Gabay (2009, S. 451) auf demographische und kulturelle Prägungen zurück: Der Anteil der Muslime an der Bevölkerung ist in Großbritannien deutlich größer als der Anteil der Juden. In den USA ist es umgekehrt. Der Name Mohammed nimmt in Großbritannien Platz 22 in der Liste der beliebtesten Vornamen ein (in den USA Platz 685). Und in Meinungsumfragen äußern sich die Briten aufgeschlossener gegenüber den Palästinensern als gegenüber Israel. Die kulturellen Prägungen erschweren die Mediated Public Diplomacy-Bemühungen der jeweiligen Gegenseite, weil sie gemäß des Theorems der „spreading network activation" (Entman 2004, 2008) die in einer Kultur habitualisierten kognitiven Schemata aktivieren helfen und die Resonanzchancen abweichender Schemata tendenziell blockieren.

Die Abb. 8.3 und 8.4 aggregieren jeweils das Legitimitäts- und Zugeständnis-Framing auf Akteurs- bzw. Medienebene. Die Extrempositionen werden jeweils vom US-Kongress einerseits und von der palästinensischen Autonomiebehörde andererseits markiert. So ist

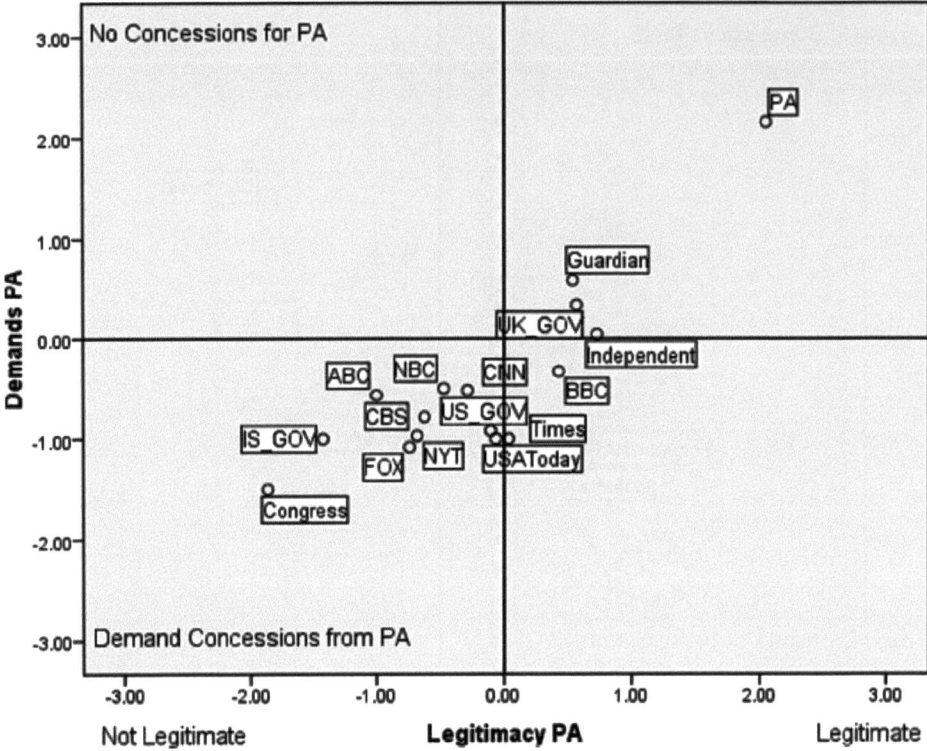

Abb. 8.4 Legitimitäts- und Zugeständnis-Framing in Bezug auf Palästina in der Phase vor dem Gazarückzug 2005 (Quelle: Sheafer und Gabay 2009, S. 460)

der US-Kongress derjenige Akteur, der in seinen Verlautbarungen die wenigsten Zugeständnisse von Israel verlangt und der Position Israels die größte Legitimität zuschreibt. Umgekehrt verlangt der US-Kongress die größten Zugeständnisse von den Palästinensern und gesteht ihnen die geringste Legitimität zu. Die untersuchten Medien sind grundsätzlich weniger extrem in ihrem Framing der Konfliktparteien als die Konfliktparteien und der US-Kongress, aber auch hier zeigt sich das charakteristische Muster der kulturellen Kongruenz: Die britischen Medien (Times, Independent, Guardian und BBC) sind beim Framing Israels (Abb. 8.3) im unteren linken Quadranten angesiedelt. Das heißt, dass sie die Position Israels in der Vorbereitungsphase auf den Gazarückzug als leicht illegitim interpretiert und von Israel einige Zugeständnisse erwartet haben. Beim Framing der palästinensischen Seite sind die britischen Medien (Abb. 8.4) rechts von der Mittelinie angesiedelt, so dass sie die palästinensische Position als schwach legitim gedeutet haben. Bei der Frage der Zugeständnisse von palästinensischer Seite verfolgen die britischen Medien keine einheitliche Linie. Die Position der britischen Medien liegt zudem in unmittelbarer Nachbarschaft zur Position von Downing Street 10. Die US-amerikanischen Medien und die US-Regierung liegen ebenfalls nahe beieinander und nehmen jeweils die zu den Briten entgegengesetzte Position ein.

8.4 Fazit

Strategische Kommunikation ist wirkungsorientierte Kommunikation. Wir haben diesen Wirkungsprozess am Beispiel derjenigen Strategien betrachtet, mit denen Medieninhalte grenzüberschreitend gesteuert werden sollen. Dabei hat sich gezeigt, dass der Erfolg von Mediated Public Diplomacy-Aktivitäten von vielen Voraussetzungen und Vermittlungsstufen abhängt. Die angestrebten Wirkungsprozesse sind im transnationalen Kontext noch komplexer, als sie es im nationalen Rahmen ohnehin schon sind. Neben die innerstaatliche Einflusskaskade treten bei Mediated Public Diplomacy mehrere externe Einflusskanäle, die sich zudem gegenseitig beeinflussen können. Die Forschung ist weit davon entfernt, diese komplexen Beziehungen vollständig entwirrt zu haben, und die Forschungsgegenstände entwickeln sich rasch weiter. Aber die bisher vorliegenden empirischen Belege für und Hinweise auf Hindernisse auf dem Weg zu einer strategisch gesteuerten Beeinflussung der Eliten, Medien und Bevölkerungen in anderen Ländern sind vielfältig. Mediated Public Diplomacy ist, wie immer man das bewertet, ein schwieriges Geschäft.

Empfohlene Basislektüre zur Ergänzung dieses Kapitels:
Entman, R.M. 2008. Theorizing mediated public diplomacy: The US case. *The International Journal of Press/Politics*, 13(2): 87–102.
Gilboa, E. 2008. Searching for a theory of public diplomacy. *The Annals of the American Academy of Political and Social Sciences*, 616(1): 55–77.

Weiterführende Literatur:
Cull, N.J. 2008. Public diplomacy: Taxonomies and histories. *The ANNALS of the American Academy of Political and Social Science*, 616(1): 31–54.
Gilboa, E. 2001. Diplomacy in the media age: Three models of uses and effects. *Diplomacy und Statecraft*, 12(2): 1–28.
Nisbet, E.C., Nisbet, M.C., Scheufele, D.A., Shanahan, J.E. 2004. Public diplomacy, television news, and Muslim opinion. *Harvard International Journal of Press/Politics*, 9(2): 11–37.
Rugh, W.A. 2009. Repairing American public diplomacy. *Arab Media und Society*, Nr. 7 (Februar 2009).
Sheafer, T., Gabay, I. 2009. Mediated public diplomacy: A strategic contest over international agenda building and frame building. *Political Communication*, 26(4): 447–467.

9 Folgen grenzüberschreitenden Kulturkontakts bei den Mediennutzern

> In diesem Kapitel beschäftigen wir uns mit den Folgen, die der über transnationale Kommunikation vermittelte grenzüberschreitende Kulturkontakt auf der Mikroebene der Mediennutzer zeitigt. Diese Folgen sind als kumulatives Ergebnis von Kommunikationsakten anzusehen, die selbst in aller Regel nicht auf die Prägung von Weltbildern abzielen. Wir betrachten die Folgen dabei aus zwei entgegengesetzten Perspektiven. Zunächst fokussieren wir – ganz im Sinne des Übertragungsmodells – auf Wertewandel als eine mögliche Folge grenzüberschreitenden Kulturkontakts, also auf den Zusammenhang zwischen der Ankoppelung an globale Informationsströme und den Wertvorstellungen von Individuen in verschiedenen Ländern und Weltgegenden. Dabei kommen sowohl die individuelle Mediennutzung als auch gesellschaftliche Makrofaktoren wie Medienfreiheit und internationale Marktintegration als Erklärungsfaktoren in den Blick. Im zweiten Schritt betrachten wir – mit Hilfe des Aneignungsmodells – am Beispiel der Fernsehserie „Dallas" die Folgen, die unterschiedliche kulturelle Prägungen der Mediennutzer selbst auf die Aneignung ein und desselben Medienprodukts in verschiedenen kulturellen Kontexten zeitigen. In der Zusammenschau zeigt sich, dass die Folgen grenzüberschreitenden medienvermittelten Kulturkontakts bei den Mediennutzern als eine Dynamik verstanden werden muss, die sich zwischen Medienangebot, kulturellem Kontext und Nutzeraktivität abspielt.

9.1 Die Folgenperspektive

Die Folgenperspektive, die wir in diesem Kapitel entwickeln und anwenden, folgt einerseits der Logik des Übertragungsmodells und andererseits dem Aneignungsmodell von Massenkommunikation, wie sie von McQuail (2010, S. 70, 73) beschrieben worden sind. Im Sinne des Übertragungsmodells geht es im ersten Schritt darum, welche Folgen die Konfrontation mit und das Einklinken in transnationale Kommunikation bei den Mediennutzern zeitigt (Abschn. 9.2). Die Botschaften der transnationalen Kommunikation sind dabei allerdings nicht notwendigerweise auf konkrete, intentional agierende Kommunikatoren als Urheber zurückführbar. Insofern untersuchen wir hier nicht Prozesse der strategischen Kommunikation, wie wir sie in Kap. 8 betrachtet haben. Im Zentrum stehen vielmehr unbeabsichtigte, kumulative und/oder langfristige Folgen transnationaler Kommunikation auf der Mikroebene.

Im zweiten Schritt untersuchen wir mit Hilfe des Aneignungsmodells, wie unterschiedliche kulturelle Prägungen der Mediennutzer die Bedeutungen prägen, die Mediennutzer den Produkten der transnationalen Kommunikation beimessen (Abschn. 9.3). Wir sprechen in diesem Zusammenhang von Folgen und nicht von Wirkungen, um deutlich zu machen, dass der Prozess der Bedeutungsgenerierung nicht unidirektional ist. Es sind nicht nur die Botschaften, die ein Wirkungspotenzial aufweisen, sondern es sind ebenso die kulturellen Kontexte, in denen Individuen leben, die sich auf die Aufnahme und Aneignung der Botschaften auswirken. Was bei den Mediennutzern passiert, wenn sie transnationaler Kommunikation ausgesetzt sind, ist deshalb eine Folge des Zusammenwirkens von Kommunikaten, Kommunikationskontexten und Aktivitäten auf Seiten der Rezipienten. Dieses Zusammenwirken ist im Zusammenhang mit transnationaler Kommunikation noch nicht umfassend untersucht.

Die Verwendung einer rezipientenorientierten Folgenperspektive ist im Feld der transnationalen Kommunikation besonders wichtig, weil ein bedeutender Teil dessen, was wir aus anderen Ländern, Weltgegenden und Kulturen erfahren, uns nicht direkt intentional gesteuert erreicht, sondern sozusagen aufgeschnappt wird, aber dennoch Folgen hat. Nicht alles ist Mediated Public Diplomacy. Der Kontakt mit Kommunikaten, die Grenzen überschreiten, ist noch kontingenter und durch mehr Stufen und Instanzen vermittelt, als dies im Rahmen von national begrenzten Kommunikationszusammenhängen der Fall ist. Kommunikation in grenzüberschreitenden Kontexten durchläuft mehrere Stufen oder Schichten von kommunikativer De- und Rekontextualisierung, die eine genaue Rekonstruktion von Intentionalität in diesen Prozessen erschweren.

9.2 Kulturelle Homogenisierung als Folge transnationaler Kommunikation?

9.2.1 Der historische Ausgangspunkt: Die These vom Medienimperialismus

Eine angenommene Folge grenzüberschreitender Kommunikation durchzieht die Literatur zur grenzüberschreitenden Kommunikation von Anfang an: die Vermutung oder Befürchtung, dass die Rezeption westlicher Medieninhalte überall auf der Welt zur Homogenisierung von Wertvorstellungen und zum Verlust nationaler kultureller Besonderheiten führt. Dies ist eine explizite oder implizite Grundannahme der These des Kulturimperialismus

9.2 Kulturelle Homogenisierung als Folge transnationaler Kommunikation?

bzw. Medienimperialismus, auch wenn die Frage der Medienwirkungen auf das Publikum westlicher Medienangebote bei Vertretern dieser These kaum im Zentrum stand. Ihr Fokus lag vielmehr lange Zeit auf Medienstrukturen. Die These vom Medienimperialismus hat die Diskussion über grenzüberschreitende Kommunikation in den 1970er und 1980er Jahren stark bestimmt und in die Debatte über eine Neue Weltinformationsordnung geführt (vgl. MacBride 1980; McPhail 2006). Der Fokus auf strukturelle Aspekte der Medien wird an der Definition von Medienimperialismus deutlich, die Oliver Boyd-Barrett früh in die Diskussion eingeführt hat.

- **Definition Medienimperialismus:** „the process whereby the ownership, structure, distribution or content of the media in any one country are singly or together subject to substantial external pressures from the media interests of any other country or countries without proportionate reciprocation of influence by the country so affected" (Boyd-Barrett 1977, S. 117).

Diese Definition beschränkt den behaupteten imperialistischen Einfluss auf die Bereiche Medienbesitz, Medienstrukturen, Medienverbreitung und Medieninhalte. Das Publikum kommt hier nicht vor. In seiner Reformulierung der Theorie des Medienimperialismus zwei Jahrzehnte später thematisiert Boyd-Barrett diesen Mangel selbst.

- **Revision der Definition des Medienimperialismus:** „My 1977 definition ignored the question of audiences; this is a significant but not irreparable omission. The model needs to take account of audiences, audience preferences, audience consumption of specified cultural products as a proportion of total media and non-media consumption. Yet we must not assume any simple correlation between colonization of communication spaces and the attitudes, beliefs and behaviors of audiences" (Boyd-Barrett 1998, S. 167f.).

Damit rückt Boyd-Barrett die Frage nach den Einstellungen, Überzeugungen und Verhaltensweisen unterschiedlicher Publika als Folge von intendierten oder nichtintendierten Dominanzbeziehungen zwischen Medien in westlichen und nichtwestlichen Ländern in den Fokus der Forschung. Im gleichen Atemzug jedoch stellt Boyd-Barrett die Wirkungsfrage wieder hintenan.

- **Forschungsprioritäten** „It is not in the area of effects that we need to look for justification of an enquiry into colonization of communications space, but in relation to the question: whose voices get to be heard, and which voices are excluded? That is all. Whether the voices that do get to be heard are popular with audiences, try to manipulate them, are honest or dishonest, intelligent and entertaining or otherwise, etc., is of great interest and importance, but within an overriding concern with the democratization of communication it is the obstacles in the way of access to mass audiences that should have research priority" (Boyd-Barrett 1998, S. 168).

Es hat den Anschein, dass innerhalb einer an internationalen Dominanzverhältnissen orientierten Forschungsperspektive die Frage der Medienwirkungen selbst dann in den Hintergrund gerät, wenn sie explizit als wichtig anerkannt wird (vgl. auch Elasmar 2003).

Und so steckt die Folgenperspektive in der Forschung zur grenzüberschreitenden Kommunikation nach wie vor in den Kinderschuhen. Erst seit wenigen Jahren und insbesondere seit dem Erscheinen des Buches „Cosmopolitan communications: Cultural diversity in a globalized world" (2009) von Pippa Norris und Ronald Inglehart sind differenziertere, empirisch besser gesicherte Antworten möglich, auch wenn nach wie vor viele Fragen offen bleiben.

9.2.2 Drei Modelle der kulturellen Globalisierung

Norris und Inglehart (2009) unterscheiden drei verschiedene Interpretationen des Einflusses kultureller Exporte aus dem Westen (USA und Westeuropa) in den Rest der Welt:

- den *L.A.-Effekt* der kulturellen Konvergenz in Richtung Vorherrschaft westlicher Werte – L.A. steht hier für Hollywood als das Zentrum der global erfolgreichen US-amerikanischen Unterhaltungsindustrie –
- den *Taliban-Effekt* der kulturellen Polarisierung zunehmend unterschiedlicher und feindlich gesonnener Kulturen sowie
- den *Bangalore-Effekt* einer Fusion nationaler Kulturen und der kulturellen Hybridisierung, wobei Bangalore als Symbol für eine multikulturelle Metropole fungiert, in der sich moderne und traditionale Kulturen unterschiedlicher Herkunft mischen.

Um den Wahrheitsgehalt dieser drei hypothetischen Modelle der kulturellen Globalisierung empirisch zu testen, entwickeln Norris und Inglehart ihr Firewall-Modell (siehe Abb. 9.1). Demnach treten vier Firewalls zwischen die kulturellen Exporte aus dem Westen einerseits und die Wertvorstellungen von Individuen überall auf der Welt andererseits. Zwei der Firewalls sind auf der gesellschaftlichen Makroebene angesiedelt, die anderen beiden auf der Mikroebene der Individuen. Die Idee des Modells besteht darin, dass die Wertvorstellungen der Menschen grundsätzlich von der Häufigkeit abhängen, mit der sie westlichen Medienprodukten ausgesetzt sind, dass die Firewalls aber diesen Einfluss moderieren.

Auf der gesellschaftlichen Makroebene ist es zunächst das Ausmaß der *Medienfreiheit*, das den Einfluss der westlichen Kulturexporte moderiert. Je stärker nationale Regierungen im eigenen Land tatsächlich Medienfreiheit gewähren, desto wahrscheinlicher ist es, so die Annahme, dass Mediennutzer mit westlichen Kulturexporten in Kontakt kommen. Der zweite Makrofaktor betrifft die *Marktintegration* eines Landes in internationale kulturelle Märkte. Wiederum gilt: Je weniger Handelsbeschränkungen ein Land errichtet, desto größer die Chance, dass die westlichen Kulturexporte die Mediennutzer erreichen. Auf der Individualebene, so die Annahme der Autoren, beeinflusst zunächst der *Medienzugang* der Menschen, also ihre ökonomisch bedingte Versorgung mit Zeitungen, Fernsehen oder Internet, den Kontakt mit Kulturexporten. Die vierte Firewall schließlich betrifft die individuelle Offenheit und Kompetenz für *soziales Lernen*, denn Voreinstellungen und Bil-

9.2 Kulturelle Homogenisierung als Folge transnationaler Kommunikation?

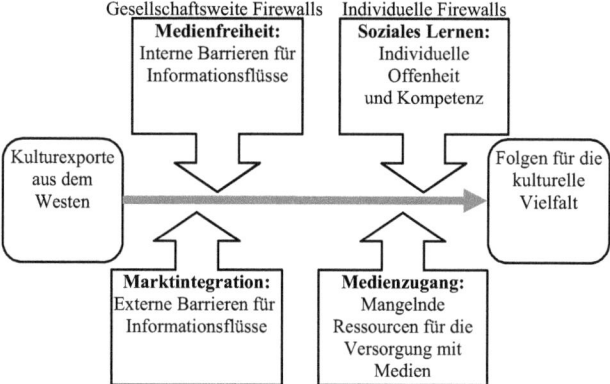

Abb. 9.1 Das Firewall-Modell nach Norris und Inglehart (Quelle: Übersetzung und Anpassung des Schaubildes von Norris und Inglehart 2009, S. 31)

dungsdefizite begrenzen die Veränderbarkeit von Wertvorstellungen. Westliche Kulturexporte schlagen nun auf diese Wertvorstellungen umso weniger durch, je stärker diese vier Firewalls im Einzelfall wirken, je beschränkter also die Medienfreiheit, je schwächer die internationale Marktintegration, je geringer der Medienzugang und je stärker die individuellen Barrieren für soziales Lernen ausfallen.

9.2.3 Methodisches Vorgehen

Wie werden nun die verschiedenen Bestandteile des Firewall-Modells gemessen? Norris und Inglehart kombinieren in ihrer Studie zwei verschiedene Datentypen, die bisher noch nicht kombiniert worden waren: die Daten der World Values Surveys (WVS) einerseits und medienbezogene Makrostrukturdaten über die untersuchten Länder andererseits. Mit den WVS-Daten wird einerseits der Outcome des angenommenen Wirkungsprozesses erhoben, die Wertvorstellungen einzelner Mediennutzer, sowie das Ausmaß der individuellen Mediennutzung, also eine direkte Folge des individuellen Medienzugangs. Mit den medienbezogenen Strukturdaten werden die Firewalls Medienfreiheit und Marktintegration gemessen sowie ein Makroindikator für den Medienzugang.

> **Methodik**
>
> **World Values Surveys (WVS) (Norris und Inglehart 2009)** – Die World Values Surveys sind groß angelegte, international vergleichende Bevölkerungsbefragungen, die inzwischen in mehreren Dutzend Ländern und in bisher fünf Erhebungswellen durchgeführt wurden, zuletzt 2005–2007 in 56 Ländern. Die WVS enthalten hauptsächlich Fragen zu den individuellen Wertvorstellungen der Befragten, unter anderem im Hinblick auf

kollektive Identitäten (national versus transnational), die Beurteilung des Wirtschaftslebens, Moralvorstellungen (in Bezug auf Sexualität, Geschlechtergerechtigkeit, Religiosität etc.) sowie Politik (Unterstützung für Demokratie und zivilgesellschaftliches Engagement) (vgl. dazu genauer Tab. 9.1).

Zusätzlich fragen die WVS nach soziodemographischen Merkmalen der Befragten sowie nach ihrer Mediennutzung. Die zentrale Mediennutzungsfrage ist wie folgt formuliert: „People use different sources to learn what is going on in their country and the world. For each of the following sources, please indicate whether you used it last week (1) or did not use it last week (0) to obtain information." Dann folgen Antwortmöglichkeiten für: (a) daily newspaper, (b) news broadcasts on radio and TV, (c) printed magazines, (d) in-depth reports on radio and TV, (e) books, (f) Internet, e-mail, (g) talk with friends and colleagues. Die Antworten auf die Items (a) bis (c), (e) und (f) – also alle nachrichtenbezogenen Variablen, nicht jedoch die Nutzung von längeren Dokumentationen in Radio und Fernsehen und Gespräche im Freundes- und Kollegenkreis – wurden dann zu einer Skala der Nachrichtennutzung zusammengefasst (Norris und Inglehart 2009, S. 312f.). Diese Mediennutzungsvariable enthält folglich keine Informationen über die Länge und Intensität der jeweiligen Mediennutzung, den Grad der Aufmerksamkeit für einzelne Themenbereiche, die Organisationsform der jeweils genutzten Medienanbieter oder die Nutzung von Unterhaltungsmedien (Norris und Inglehart 2009, S. 57).

Ein Manko von „Cosmopolitan Communications" besteht darin, dass der Ausgangspunkt des angenommenen Wirkungsprozesses, die westlichen Kulturexporte (siehe Abb. 9.1 ganz links), selbst nicht gemessen werden. Denn die Mediennutzungsdaten der WVS enthalten keine Informationen darüber, ob inländische, ausländische oder transnationale Medien genutzt werden. Insofern ist auf der Ebene der genutzten Einzelmedien gar nicht klar, ob es sich um Kulturexporte aus dem Westen handelt. Und auch für den Inhalt der genutzten Medien ist nicht bekannt, wie hoch der Anteil von Material ausländischer Herkunft ist, weil Medieninhaltsdaten in der Studie generell fehlen. Insofern wird aus den verwendeten Daten nicht deutlich, welche Weltsicht die Medien verbreiten, deren Nutzung die Befragten zu Protokoll geben. Wenn wir nicht nur wüssten, ob Menschen regelmäßig Medien nutzen, um sich über die Welt zu informieren, sondern auch welches Bild der Welt sie dort vorfinden, dann könnten wir den Einfluss dieser Medienbilder auf die Wertvorstellungen wesentlich genauer nachvollziehen. Medieninhaltsdaten kann man aus forschungspragmatischen Gründen allerdings kaum für mehrere Dutzend Länder gleichzeitig erheben (vgl. allerdings Althaus und Leetaru 2011). Um die Konturen des Medieninhalts in die Kausalanalyse einzubeziehen, bedürfte es daher fokussierterer Analysedesigns, die mit einer geringeren Zahl systematisch ausgewählter Länder arbeiten und für diese den Kausalprozess kleinteiliger rekonstruieren. Ein interessantes Beispiel für ein solches Vorgehen bietet die Studie von Iyengar et al. (2009) zur Auslandsberichterstattung in der Schweiz und den USA sowie ihren Auswirkungen auf das Wissen der Mediennutzer über internationale Themen. Aufgrund des starken öffentlich-rechtlichen Rundfunks in der Schweiz berichten die Schweizer Medien wesentlich intensiver über internationale „hard news", also politische und wirtschaftliche Themen aus dem Ausland. Auch das Interesse der Schweizer Bevölkerung an solchen Themen ist deutlich größer als in den USA. Im Ergebnis führt diese Konstellation dazu, dass die Mediennutzer in der Schweiz über internationale „hard news" wesentlich mehr wissen als die US-Amerikaner und dass die Wissenskluft zwischen Nutzern mit hoher Aufmerksamkeit für Auslandsnachrichten und den wenig aufmerksamen Nutzern in der Schweiz deutlich kleiner ist als in den USA. Das Zusammenspiel aus Angebotssituation und Nutzerinteresse hat also einen Effekt auf das Wissen der Mediennutzer.

Methodik

Makrostrukturdaten (Norris und Inglehart 2009) – Neben den WVS-Daten verwenden Norris und Inglehart Strukturdaten über die untersuchten Länder, die aus verschiedenen Datenquellen stammen. Neben Daten zur sozioökonomischen Situation eines Landes (Human Development Index) sind für das Firewall-Modell vor allem drei Maße entscheidend: der Medienfreiheits-Index von Freedom House, der Globalisierungsindex der Universität Zürich und der von Norris und Inglehart daraus entwickelte Kosmopolitismus-Index.

- Für den *Medienfreiheits-Index* lässt die US-amerikanischen Nichtregierungsorganisation Freedom House (FH) alle Länder der Erde jährlich von Experten im Hinblick auf das Ausmaß der tatsächlich vorhandenen Medienfreiheit beurteilen (www.freedomhouse.org). Die Bewertung wird durch einen Fragenkatalog angeleitet, der in 23 Fragen die rechtliche Absicherung, die politische Realisierung und die ökonomischen Voraussetzungen von Medienfreiheit erhebt. Der Fragenkatalog ist angemessen breit, die unterschiedliche Gewichtung der Fragen wird allerdings von Freedom House nicht begründet. Auch gibt es keine detaillierten Kodieranweisungen für die Zuweisung der Zahlenwerte zu den Ländern und keine Ausführungen über die Reliabilität der Expertenratings. Norris und Inglehart (2009, S. 144) zeigen auf, dass die Freedom-House-Daten mit dem alternativen Medienfreiheits-Ranking von „Reporter ohne Grenzen" stark korrelieren, so dass die Validität der FH-Daten nicht grundsätzlich angezweifelt werden muss.
- Der an der Universität Zürich entwickelte *KOF-Globalisierungsindex* (http://globalization.kof.ethz.ch) umfasst zwei Dutzend Variablen, die die soziale, ökonomische und politische Globalisierung auf Länderebene messen. Mit sozialer Globalisierung ist der Umfang zugänglicher Informationsströme in einem Land gemeint. Gemessen werden hier Indikatoren wie der Anteil der Internetnutzer an der Bevölkerung, Kabelfernsehanschlüsse, Radioversorgung, Telefonate ins Ausland, internationaler Briefverkehr, internationaler Tourismus und der Handel mit Zeitungen und Zeitschriften.

- Den *Kosmopolitismus-Index* schließlich errechnen Norris und Inglehart aus dem Freedom-House-Medienfreiheitsindex, dem KOF-Globalisierungsindex und dem Bruttoinlandsprodukt pro Kopf. Das Pro-Kopf-BIP stellt einen Makroindikator für die Versorgung der Bevölkerung mit unterschiedlichen Medientechnologien dar, weil der Grad der Medienversorgung mit dem allgemeinen Wohlstandsniveau in einem Land zusammenhängt. Die drei Bestandteile gehen zu gleichen Teilen in den Kosmopolitismus-Index ein. Der Index fasst damit die Firewalls Medienfreiheit und Marktintegration sowie ein Stellvertretermaß für Medienzugang auf Makroebene zusammen.

Mit Hilfe des Kosmopolitismus-Index klassifizieren Norris und Inglehart (2009, S. 158ff.) zunächst diejenigen 120 Länder, für die die entsprechenden Daten vorliegen. Spitzenreiter im „Kosmopolitismus" sind Luxemburg, die Schweiz, die skandinavischen Länder Norwegen, Dänemark und Schweden sowie die USA. Österreich (11. Platz) und Deutschland (14. Platz) liegen noch deutlich in der Spitzengruppe. Die ersten 33 Plätze werden ausschließlich von demokratischen Industrieländern belegt. Am unteren Ende der Skala liegen Myanmar, Rwanda, Burundi, Iran, Syrien, Haiti, Nepal und Zimbabwe. Diese Gruppe aus Ländern in Asien, Afrika, dem Nahen Osten und der Karibik zeigt, dass es nicht eine bestimmte Kultur als solche ist, die den Grad des „Kosmopolitismus" eines Landes bestimmt, sondern der Entwicklungsstand und die politische Freiheit. Die wichtigen Schwellenländer der verschiedenen Kontinente, die verstärkt die Bühne der internationalen Politik betreten, wie Brasilien, Indien, Südafrika, Russland oder Mexiko weisen durchweg ein mittleres „Kosmopolitismus"-Niveau auf. China liegt mit Platz 91 bereits deutlich im unteren Drittel.

Die Wortwahl bei Norris und Inglehart verrät eine klare Wertung (vgl. Wessler 2011). Die Länder am oberen Ende der Skala werden kosmopolitisch genannt, nicht nur globalisiert, integriert oder vernetzt; die am unteren Ende heißen provinziell (engl. „parochial"), also nicht nur schwach vernetzt, sondern mit einem Anklang von engstirnig. In diesen wertenden Bezeichnungen drückt sich eine modernisierungstheoretische Sichtweise aus, die den westlichen Pfad der ökonomischen und medientechnologischen Entwicklung im Sinne der Integration in globale Märkte und der möglichst weitreichenden Versorgung mit möglichst vielen Medientypen als Ideal setzt. Dabei kann man sich durchaus Länder vorstellen, die zwar hoch vernetzt sind, aber kulturell einen engen Horizont pflegen, mit wenig Interesse an oder einem missionarischen Verhältnis zur Außenwelt. Die Bezeichnung „kosmopolitisch" würde hier nicht passen. Eine modernisierungstheoretische Sichtweise lässt außerdem auch im Medienbereich keinen Raum für national spezifische Entwicklungsziele, weil die Erreichung einer höheren Sprosse auf der „Kosmopolitismus"-Leiter von der Optimierung der sozialen, ökonomischen und politischen Globalisierung abhängt, wie sie im Globalisierungsindex gemessen wird, und damit von der Maximierung der Medienversorgung und der Integration in globale Medienmärkte.

9.2.4 Nachrichtennutzung, gesellschaftlicher „Kosmopolitismus" und individuelle Wertvorstellungen

Die Grundidee der Studie von Norris und Inglehart (2009) besteht darin, dass eine stärkere individuelle Nutzung der Nachrichtenmedien die Wertvorstellungen in Richtung westliche Werte verschiebt (direkter Effekt). Darüber hinaus nehmen die Autoren an, dass es Interaktionseffekte über die Ebenen hinweg gibt, dass also der Einfluss der individuellen Nachrichtennutzung auf die Wertvorstellungen in seiner Stärke von den Makro-Firewalls Medienfreiheit und Marktintegration beeinflusst wird, also letztlich davon, ob das betreffende Individuum in einem „kosmopolitischen" oder einem „provinziellen" Land lebt. Dabei fragt sich natürlich, ob die Nachrichtennutzung, wie angenommen, die Wertvorstellungen beeinflusst oder nicht auch umgekehrt bestimmte Wertvorstellungen zur vermehrten oder verminderten Nutzung von Nachrichtenangeboten führen. Diese umgekehrte Kausalrichtung kann in der Tat nicht ausgeschlossen werden, weil Norris und Inglehart hauptsächlich mit Querschnittsanalysen arbeiten, die Zusammenhänge zwischen Mediennutzung und Werten zum gleichen Zeitpunkt sichtbar machen, nicht aber kausale Beziehungen (Norris und Inglehart 2009, S. 68f.). Längsschnittdaten über alle fünf Wellen des WVS hinweg sind nur für elf der untersuchten Länder verfügbar, und auch in diesen Fällen wurden nicht die gleichen Personen mehrmals befragt wie bei Panelstudien, sondern jeweils neue Stichproben untersucht. Gleichwohl argumentieren Norris und Inglehart (2009, S. 69): „[A]ny *direct* effects arising from the use of the mass media should be evident most clearly in the contrasts found between the audience and the nonaudience." Dieser Kontrast zwischen regelmäßigen Nutzern und Nichtnutzern von Nachrichtenmedien liegt denn auch den Auswertungen zugrunde.

Die empirischen Ergebnisse zeichnen insgesamt ein äußerst differenziertes Bild. Das Ausmaß der individuellen Nachrichtennutzung hängt fast durchgängig mit den „moderneren" und den eher westlich geprägten Wertvorstellungen zusammen, wie die linke Spalte von Tab. 9.1 zeigt. Wer mehr Medien nutzt, um sich über sein Land und die Welt zu informieren, zeigt eher kosmopolitische (hier passt der Begriff!) und eher kapitalistische Werte, eher liberale Moralvorstellungen und eine größere Wertschätzung für bürgerschaftliches und politisches Engagement. Zwei wichtige Ausnahmen gibt es hier: Erstens ist erhöhte Nachrichtennutzung mit stärkerem Vertrauen in Fremde, aber zugleich mit stärkerem Nationalismus verbunden, also mit der Selbstdefinition der Befragten als Bürger eines Landes oder Teil eine lokalen Gemeinschaft, mit Nationalstolz und der Bereitschaft, für das eigene Land zu kämpfen. Zweitens ist Nachrichtennutzung zwar positiv mit bürgerschaftlichem Engagement assoziiert, bei demokratischen Werten wie der Ablehnung eines starken Führers, einer starken Rolle des Militärs oder einer Regierung durch Experten konnte die Studie dagegen keine signifikanten Korrelationen mit der Nachrichtennutzung finden.

Diese differenzierten direkten Zusammenhänge auf der Individualebene werden noch einmal deutlich verkompliziert, manchmal sogar ins Gegenteil verkehrt, wenn man die Makro-Firewalls hinzu nimmt. Dies gilt etwa für den Zusammenhang von Mediennutzung

Tab. 9.1 Zusammenhang von Nachrichtennutzung und gesellschaftlichem „Kosmopolitismus" mit individuellen Wertvorstellungen (Quelle: Norris und Inglehart 2009)

	Individuelle Nachrichtennutzung (mikro)	Gesellschaftlicher „Kosmopolitismus" (makro)	Interaktion Nachrichtennutzung und „Kosmopolitismus" (mikro × makro)
Kosmopolitische Werte			
a) Vertrauen in Fremde	+	+	+
b) Ablehnung des Nationalismus	–	+	+
Kapitalistische Werte			
a) Wertschätzung indiv. Erfolgs	+	–	–
b) Konservative ökon. Werte (Selbstverantwortung, Wachstum, Einkommensunterschiede hilfreich)	+	–	–
Liberale moralische Werte			
a) Liberale Sexualmoral	+	+	+
b) Ablehnung unethischen Verhaltens (Korruption, Sozialbetrug etc.)	+	n.s.	n.s.
c) Säkularität	+	+	n.s.
d) Gleichberechtigung Gender	+	+	+
e) Nichttraditionale Familienwerte	+	n.s.	n.s.
Bürgerschaftliche Werte und politisches Engagement			
a) Institutionenvertrauen	+	n.s.	n.s.
b) Politische Mitgliedschaften	+	n.s.	n.s.
c) Protestverhalten	+	+	+
d) Politisches Interesse	+	–	+
e) Demokratische Werte (Ablehnung von starkem Führer, Experten- und Militärregierung)	n.s.	+	+

Lesebeispiel für die oberste Zelle in der linken Spalte: Je intensiver die Befragten Nachrichten nutzen, desto stärker vertrauen sie Fremden, desto weniger lehnen sie aber andererseits nationalistische Werte ab.

Die Tabelle zeigt aus Gründen der Übersichtlichkeit nur die statistische Signifikanz und die Richtung der jeweiligen Zusammenhänge an, nicht deren Stärke. „+" verweist auf einen positiven Zusammenhang, „–" auf einen negativen und „n.s." auf einen statistisch nicht signifikanten Zusammenhang. Bei allen Zusammenhängen ist der Einfluss soziodemographischer Merkmale kontrolliert (Alter, Geschlecht, Einkommen und Bildung).

und kapitalistischen Werten. In „kosmopolitischen" Gesellschaften ist die Unterstützung für kapitalistische Werte niedriger als in „provinziellen" (siehe mittlere Spalte in Tab. 9.1) und sie sinkt mit einer intensiveren Nachrichtennutzung ab, statt anzusteigen. Der positive Zusammenhang zwischen Nachrichtennutzung und kapitalistischen Werten ist in den „kosmopolitischen" Gesellschaften also in sein Gegenteil verkehrt (Tab. 9.1, rechte Spalte). Das Gleiche gilt für die Ablehnung des Nationalismus: Während Nachrichtennutzung im Allgemeinen mit stärker nationalistischen Einstellungen zusammenhängt, ist dies in den „kosmopolitischen" Gesellschaften nicht der Fall.

Was die Moralvorstellungen angeht, so ist der Einfluss der „kosmopolitischen" Gesellschaften hier weit weniger eindeutig als bei den zuvor genannten Werten. Nur drei der fünf moralbezogenen Wertegruppen sind in „kosmopolitischen" Gesellschaften liberaler ausgeprägt und der Einfluss der Nachrichtennutzung auf die Moralvorstellungen ist nur bei zwei Wertegruppen (Sexualmoral und Gleichberechtigung) in „kosmopolitischen" Gesellschaften stärker als in „provinziellen". Dies zeigt, dass neben der Nachrichtennutzung noch andere wichtige soziale Faktoren auf die Moralvorstellungen einwirken, etwa religiöse Traditionen (Norris und Inglehart 2009, S. 308). Auch bei den bürgerschaftlichen Werten ist der Einfluss der Makroebene uneinheitlich. Besonders interessant sind hier wieder die demokratischen Werte. Während sie generell nicht signifikant mit der Nachrichtennutzung zusammenhängen, sind sie in „kosmopolitischen" Gesellschaften durchaus stärker ausgeprägt und werden dort durch die Nachrichtennutzung unterstützt – ein Hinweis darauf, dass in den „provinziellen" Ländern die vielfach vorhandene Medienkontrolle dazu führen kann, dass ein möglicher positiver Zusammenhang der Nachrichtennutzung mit der Unterstützung demokratischer Werte zunichte gemacht wird (Norris und Inglehart 2009, S. 308).

Im Ergebnis zeigen die Befunde, dass es nicht ein einziges Modell der kulturellen Globalisierung gibt, das über alle Gesellschaften hinweg sowie für alle Wertebereiche gültig wäre. Keines der drei hypothetischen Modelle – L.A.-Effekt, Taliban-Effekt und Bangalore-Effekt – kann also generelle Gültigkeit beanspruchen. Die Analyse des langfristigen Wertewandels in elf Ländern über alle fünf Wellen des World Values Surveys hinweg (1981–1984 bis 2005–2007; Norris und Inglehart 2009, S. 261–286) macht zudem deutlich, dass es keine generelle Konvergenz der Wertvorstellungen zwischen „kosmopolitischen" und „provinziellen" Ländern gibt, so dass sich die These von der kulturellen Homogenisierung (L.A.-Effekt) auch im Längsschnitt als unrichtig erweist. Die besondere Leistung der Studie von Norris und Inglehart besteht darin, dass sie wie keine zweite reichhaltige Befunde bereitstellt, die vereinfachten und übergeneralisierten Deutungen von kultureller Homogenisierung einerseits und unausweichlichen Kulturkämpfen andererseits den Boden entziehen. Ob sich stattdessen der Bangalore-Effekt einer generellen kulturellen Hybridisierung (vgl. Kraidy 2005) als neue Großtheorie der kulturellen Globalisierung etabliert, ist noch nicht gewiss. Zum gegenwärtigen Zeitpunkt erscheint es sinnvoller, von vereinfachten und übergeneralisierten Deutungen ganz Abschied zu nehmen und zu präziseren Kausalanalysen vorzustoßen.

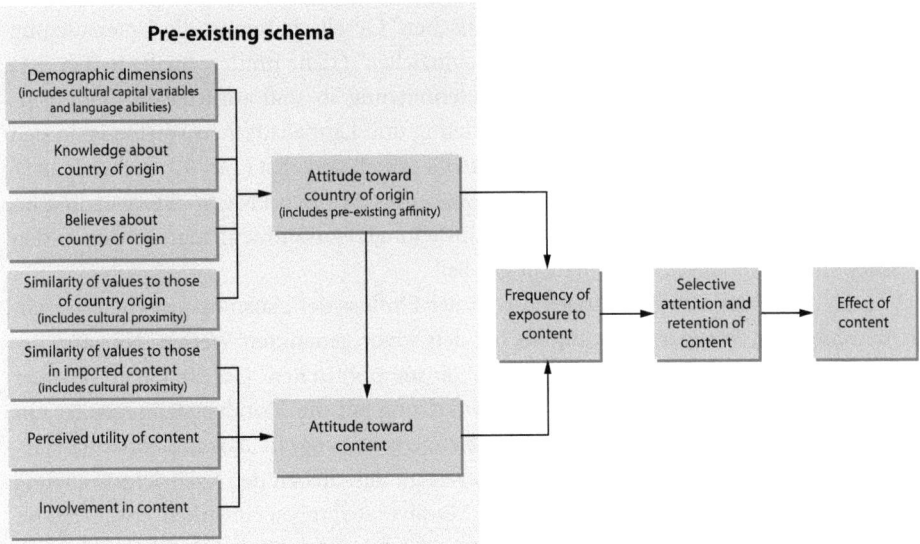

Abb. 9.2 Das SIM-Modell nach Elasmar (Quelle: Elasmar 2003, S. 170)

9.2.5 Die Folgen medialer Kulturimporte als mehrstufiger Prozess

Einen Ansatzpunkt für kleinteiligere Kausalanalysen im Bereich der transnationalen Kommunikation bietet das SIM-Modell von Michael G. Elasmar (2003). SIM steht für „susceptibility to imported media", also Empfänglichkeit oder Anfälligkeit für importierte Medienprodukte (siehe Abb. 9.2). Das SIM-Modell bezieht sich auf die Wirkungen von importierten Fernsehunterhaltungs-Angeboten auf einheimische Zuschauer. Elasmar zerlegt den Wirkungsprozess zunächst in zwei Teile: in der Rasterfläche links befinden sich diejenigen Faktoren, die der Annahme zufolge die Zuwendung zu importierten Medienprodukten steuern. Das Ausmaß der Zuwendung führt dann auf der rechten Seite zu selektiver Aufmerksamkeit und selektiver Behaltensleistung und diese wiederum zu der jeweils interessierenden Wirkung auf das Wissen, die Überzeugungen, Einstellungen, Verhaltensweisen oder Wertvorstellungen von Individuen. Diese Reihenfolge möglicher Wirkungsdimensionen spiegelt zugleich die Wahrscheinlichkeit wider, mit der die jeweiligen Wirkungen eintreten werden: Wissenszuwächse durch die Nutzung importierter Fernsehunterhaltungs-Angebote sind am wahrscheinlichsten, Änderungen in tiefer verwurzelten Werthaltungen am unwahrscheinlichsten. Den Wirkungsprozess selbst nennt Elasmar „media-accelerated cultural diffusion", also medial beschleunigte kulturelle Diffusion.

Die Zuwendung zu importierten Medienprodukten hängt nach dem SIM-Modell einerseits von der Einstellung des Individuums zu dem Herkunftsland des Angebots ab und andererseits von der Einstellung zum spezifischen Inhalt des Angebots. Die Einstellungen zum Herkunftsland speisen sich nach Elasmar aus demographischen Merkmalen (zu denen

Bildung und insbesondere auch die Kenntnis der Sprache des Herkunftslandes gehören), ferner aus dem Wissen über und den Einstellungen des Individuums zum Herkunftsland sowie aus der Ähnlichkeit der eigenen Werte mit denen des Herkunftslandes. Die Einstellungen gegenüber dem Inhalt des importierten Angebots gehen dem SIM-Modell zufolge zurück auf die Ähnlichkeit der eigenen Werte mit den im Angebot repräsentierten Werten, der wahrgenommenen Nützlichkeit des Angebots und dem persönlichen Involvement des Individuums mit dem Angebot.[1]

Die beiden Kategorien der Werteähnlichkeit, die Elasmar unterscheidet – mit Bezug zum Herkunftsland und zum Angebotsinhalt –, beziehen sich auf das, was zumeist kulturelle Nähe genannt wird. In der Literatur finden sich verschiedene Versuche, den Begriff der kulturellen Nähe genauer zu fassen. Straubhaar (2007, S. 195–220) unterscheidet drei Formen von kultureller Nähe – *genre proximity, thematic proximity* und *value proximity* –, die die Attraktivität von grenzüberschreitenden Fernsehangeboten prägen, sich aber auch teilweise widersprechen und gegenseitig aufheben können. Mit *genre proximity* ist die Vertrautheit des Publikums mit einem Genre gemeint, die über Zeit kultiviert wird; so ist etwa das Genre der lateinamerikanischen Telenovela für Deutschland zunächst neu gewesen, hat sich aber mit der Zeit in einer domestizierten Variante neben den ursprünglich amerikanisch geprägten Daily Soaps etabliert. *Thematic proximity* bedeutet, dass Zuschauer sich mit Kernthemen eines Medienangebots wie etwa den Themen sozialer Aufstieg oder Bruderkrieg identifizieren können und das Angebot deshalb attraktiv finden. *Value proximity* schließlich betrifft den Aspekt von kultureller Nähe, den auch Elasmar im Auge hat: Übereinstimmungen zwischen den Werthaltungen der Zuschauer und Werten, wie sie im Medienprodukt verkörpert sind. Zu denken wäre etwa an die Bedeutung von Religiosität oder die Akzeptanz von Homosexualität in importierten Fernsehunterhaltungsangeboten.

Es würde naheliegen, die in den World Values Surveys verwendeten Wertedimensionen (siehe oben) für eine empirische Operationalisierung von kultureller Nähe und damit für die Erklärung der Zuwendung zu importierten Medienprodukten zu verwenden. Dies ist jedoch bisher nicht geschehen. In der Studie von Norris und Inglehart (2009) werden die Wertvorstellungen der Befragten nicht mit deren Programmpräferenzen in Beziehung gesetzt, weil der WVS nicht nach solchen spezifischeren Präferenzen fragt. Eine alternative Operationalisierung von *value proximity* verwendet Trepte (2008) in ihrer Acht-Länder-Studie: die von Hofstede (1991) entwickelten Kulturdimensionen Machtdistanz, Unsicherheitsvermeidung, Individualismus/Kollektivismus und Männlichkeit/Weiblichkeit. Die Erklärungskraft dieser kulturellen Werte für die Wertschätzung verschiedener US-amerikanischer Serien erwies sich allerdings als begrenzt; sie war nicht größer als eine einfache Zuordnung nach geographischer Nähe. Dies könnte damit zusammen hängen, dass die Wertdimensionen von Hofstede dem Kontext der Erwerbsarbeit entstammen, während für die Serien-Präferenzen möglicherweise eher lebensweltliche

---

[1] Die im „Lacuna-Modell" von Rohn (2010) zusammengestellten Faktoren weisen in einigen Punkten große Ähnlichkeit mit den von Elasmar identifizierten Einflüssen auf.

Wertdimensionen eine Rolle spielen, etwa die in den WVS erhobenen moralischen Werte (siehe Tab. 9.1; Norris und Inglehart 2009, S. 220–235). Unabhängig davon, wie das Konzept der kulturellen Nähe in Zukunft genau operationalisiert werden wird, es bleibt festzuhalten, dass bereits bestehende kulturelle Affinitäten die Einstellungen von Mediennutzern zu grenzüberschreitenden Medienangeboten prägen und damit ihr Wirkungspotenzial vergrößern oder verkleinern können.

Nach dem SIM-Modell sind also diejenigen Mediennutzer am empfänglichsten für eine positive, d. h. mit der „Botschaft" des importierten Medienprodukts konforme Wirkung, auf die die folgenden Bedingungen zutreffen:

- Die Mediennutzer bringen eine positive Voreinstellung zum Herkunftsland des Medienprodukts mit;
- sie beherrschen die Sprache, in der das Medienprodukt angeboten wird (ein Faktor, der vor allem dort von Bedeutung ist, wo Medienprodukte – anders als in Deutschland – nicht synchronisiert werden);
- sie haben Wertvorstellungen, die mit den Werten des Herkunftslandes und den im Medienprodukt selbst ausgedrückten Werten kompatibel sind;
- sie hegen keine negativen Vorurteile gegenüber dem Herkunftsland und dem Medieninhalt selbst;
- sie nehmen einen Nutzen in dem importierten Angebot für sich wahr und sind in das Angebot involviert; und
- sie nutzen Angebote des gleichen Herkunftslandes häufig, sodass ein Interaktionseffekt zwischen der Häufigkeit der Zuwendung und den (positiven) Voreinstellungen eintreten kann (Elasmar 2003, S. 171f.).

Das SIM-Modell wurde bisher nicht umfassend getestet, stellt aber einen sinnvollen Ausgangspunkt für eine systematische Erforschung der Folgen von importierten Medienangeboten auf der Mikroebene dar. Schlütz (2012) präsentiert Sekundäranalysen zweier Studien, die die linke Hälfte des Modells in wichtigen Teilen bestätigen, und schlägt einige Modifikationen des Modells vor. In einer Metaanalyse der existierenden empirischen Studien zum Einfluss von Fernsehunterhaltungs-Importen zeigen Elasmar und Hunter (2003), dass Wirkungen auf das Wissen, die Überzeugungen, das Verhalten und die Werte von Individuen durchweg existieren, dass ihre Intensität aber nicht sehr groß ist. Individuen werden offenbar von anderen Faktoren, etwa ihrem gesellschaftlichen Umfeld, ihren kulturellen Traditionen und Mitmenschen, stärker beeinflusst als von Fernsehangeboten aus anderen Ländern, obwohl eindeutig ein Medieneinfluss erkennbar ist. Es zeigt sich also: Nicht nur die großangelegte Studie von Norris und Inglehart (2009), sondern auch die fokussierteren Studien aus den 1970er, 1980er und 1990er Jahren, die Elasmar und Hunter (2003) auswerten, sprechen gegen eine durchgängige kulturelle Homogenisierung als Folge von medialen Kulturimporten, aber sehr wohl für die Existenz von spezifischen und selektiven Folgen grenzüberschreitender Medienangebote auf der Mikroebene.

9.3 Kulturspezifische Aneignung „fremder" Medienprodukte

Sowohl das Firewall-Modell (Norris und Inglehart 2009) als auch das SIM-Modell (Elasmar 2003) enthält Elemente, die auf die Bedeutung der Mediennutzer für die zu beobachtenden Folgen importierter Medienangebote hinweisen. Das Firewall-Modell (Abb. 9.1) betont einerseits die Ressourcen, die das Individuum aufbringt, um sich Zugang zu Medienangeboten zu verschaffen, und andererseits die individuelle Offenheit und Kompetenz, die die Neigung zum sozialen Lernen auf Basis von Medienangeboten steuern. Das SIM-Modell (Abb. 9.2) enthält zum einen eine Reihe spezifischerer Nutzermerkmale (kulturelles Kapital, Wissen und Überzeugungen über das Herkunftsland, Wertvorstellungen im Vergleich zum Herkunftsland und zum Medienprodukt). Zum anderen verweist es auf Zuschreibungen und Erlebnisweisen, die die Mediennutzer mit dem importierten Medienangebot verbinden (wahrgenommener Nutzen, Involvement). Bei diesen beiden zuletzt genannten Aspekten wird also die Eigenaktivität des Publikums betont. Die Mediennutzer sind den Angeboten nicht nur ausgesetzt, sondern sie engagieren sich in kognitiver und emotionaler Hinsicht in Bezug auf das Medienangebot. Und diese Eigenaktivität prägt die Folgen, die sich dann bei den Mediennutzern einstellen.

Der Grundgedanke der Eigenaktivität der Mediennutzer lässt sich jedoch noch wesentlich weiter treiben, als das in den beiden wirkungsorientierten Modellen geschieht. Dafür ist es jedoch notwendig, auf andere theoretische Quellen zurückzugreifen, vor allem auf die Medienaneignungsforschung und die Cultural Studies (vgl. Hepp 2006, S. 245–263). Entscheidend ist dabei die Einsicht, dass Medienangebote, insbesondere Unterhaltungsangebote, vieldeutig sind, dass Mediennutzer an sie ganz unterschiedliche Interpretationen anknüpfen können. Zwar enthalten Medienangebote implizite Anweisungen darüber, wie sie gelesen werden sollen, was also ihre bevorzugte Lesart (*preferred reading*) ist. Aber Mediennutzer können sich gegenüber dieser bevorzugten Lesart konform, ambivalent oder kritisch verhalten (Hall 1999). Mediennutzer haben also die Freiheit, sich in der Aneignung von Medienprodukten für eine dominante, eine ausgehandelte oder eine oppositionelle Lesart zu entscheiden. Die Wahl der Lesart hängt maßgeblich vom kulturellen Kontext ab, in dem die Medienangebote genutzt werden. Dies ist der entscheidende Ansatzpunkt für die transnationale Kommunikation. Die Medienaneignungsperspektive sensibilisiert für die Tatsache, dass es eine einheitliche Bedeutung importierter oder global zirkulierender Medienprodukte nicht geben kann, weil sie in verschiedenen kulturellen Kontexten unterschiedlichen Lesarten unterzogen werden.

Den Grundstein für ein solches Verständnis der Folgen transnationaler Kommunikation hat die wegweisende Studie „The export of meaning" von Tamar Liebes und Elihu Katz (1990) gelegt. Liebes und Katz untersuchen die Aneignung der Serie „Dallas" in sechs unterschiedlichen kulturellen Kontexten. „Dallas" war in den 1980er und 1990er Jahren die US-amerikanische Serie, die weltweit die größte Verbreitung fand. Der Erfolg der Serie erklärt sich, so Liebes und Katz, aus der narrativen Offenheit von „Dallas" für die Aushandlung von Bedeutung durch die Zuschauer (vgl. das Konzept der narrativen Transparenz bei Olson 1999). Hinzu kommt weiterhin die Universalität der Thematik, die in einer Kombination aus Loyalität zwischen den Generationen und Rivalität zwischen Mitgliedern der gleichen Generation besteht. Die Familiensaga der „Ewings" in Texas ist stark geprägt von den Rangeleien zwischen den Brüdern „J.R." und „Bobby" sowie ihrem Verhältnis zur älteren und jüngeren Generation. Trotz der universellen Thematik wird die Geschichte in verschiedenen Kulturen aber ganz unterschiedlich gelesen.

Methodik

„The export of meaning" (Liebes und Katz 1990)

(Foto: Picture-Alliance/DPA, http://www.welt.de/vermischtes/article1980721/Geld_Intrigen_und_Oel_das_sind_die_Ewings.html)

Die methodische Basis der Studie bilden 65 Fokusgruppengespräche mit je drei Paaren, die sich kennen. Die Fokusgruppen wurden jeweils homogen aus den folgenden sechs Bevölkerungsgruppen rekrutiert:

- Israelische Araber
- Russische Immigranten in Israel
- Marokkanische Juden in Israel
- Westlich geprägte Kibbuz-Bewohner der zweiten Generation in Israel
- Amerikaner aus dem Raum Los Angeles
- Japaner aus dem Raum Tokyo

Die Fokusgruppen sahen sich im Beisein eines Forschers bzw. einer Forscherin gemeinsam die gerade aktuell ausgestrahlte Folge von „Dallas" im Wohnzimmer eines der Paare zur normalen Sendezeit an. Damit wurde die Forschungssituation so nah wie möglich an die natürliche Rezeptionssituation herangeführt. Eine Ausnahme bildeten die japanischen Fokusgruppen, weil zum Zeitpunkt der Untersuchung die Serie in Japan bereits wieder abgesetzt worden war. Die japanischen Gruppen schauten deshalb die Pilotfolge der Serie. Die amerikanischen Gruppen sahen die Episoden, die auch die Israelis gesehen hatten, obwohl die Serie in den USA bereits zwei Jahre weiter fortgeschritten war, um eine größtmögliche Vergleichbarkeit der Daten sicher zu stellen.

Tab. 9.2 Aneignung von „Dallas" (Quelle: nach Liebes und Katz 1990, S. 68–81)

Typus der Wiedergabe	Rahmung	Lesart	Erkenntnisperspektive	Bevorzugt verwendet durch…
Linear	Referenziell	Dominant	Soziologisch auf Entwicklung der Verwandtschaftsbeziehungen bezogen	Araber und Marokkaner
Segmentiert	Spielerisch	Ausgehandelt	Psychologisch auf das Innenleben der Charaktere bezogen	Kibbuzniks, Amerikaner
Thematisch	Kritisch	Oppositionell	Ideologiekritisch auf die angenommene Intention der Produzenten bezogen	Russische Einwanderer

Die Mitglieder der Fokusgruppen wurden zum einen während des Zuschauens von dem Interviewer/der Interviewerin beobachtet, so dass bereits erste Reaktionen auf die betrachtete Sendung registriert werden konnten. An das Anschauen der Folge schloss sich eine leitfadengestützte Gruppendiskussion an, die mit der Frage eröffnet wurde: „Können Sie bitte die Folge wiedergeben?"

Liebes und Katz stellten fest, dass die Fokusgruppen unterschiedlicher kultureller Prägung nicht nur die gesehene Episode unterschiedlich interpretierten, sondern dass bereits die Form der Wiedergabe differierte (Tab. 9.2). In den arabischen und marokkanischen Gruppen dominierte die *lineare Wiedergabe*, also eine chronologische Nacherzählung der Handlung. Bei den westlich geprägten Gruppen war eher eine *segmentierte Wiedergabe* anzutreffen, bei der selektiv Elemente zusammen gestellt wurden, durch die sich einzelne Charaktere beleuchten lassen. Die russischen Einwanderer in Israel verwendeten einen *thematischen Wiedergabetypus*, bei der sie nach einer Botschaft oder Moral der Sendung suchten, die quer zu Handlung und Charakteren lag. Die japanischen Gruppen tauchen in dieser Typologie nicht auf, weil sie die Sendung durchweg ablehnten; die Serie wurde in Japan deshalb auch rasch abgesetzt. Die japanischen Befragten entdeckten zum einen Widersprüche in der Handlung und waren zum anderen unzufrieden damit, dass am Ende der Episode die Konflikte offen bleiben, was ihren kulturellen Erwartungen an eine harmonische Familienserie zuwiderlief. Hinzu kommt, dass die USA in Japan in den 1908er Jahren nicht mehr als Vorbild angesehen wurden, was eine Identifikation mit der Serie erschwerte (Liebes und Katz 1990, S. 120–129).

Die unterschiedliche Wiedergabe der gesehenen „Dallas"-Episode hing auch zusammen mit unterschiedlichen Formen der Rahmung des Gesehenen und mit unterschiedlichen Lesarten. Alle Gruppen bedienten sich vornehmlich einer referenziellen Rahmung, durch die sie die „Dallas"-Episode mit dem Leben, auch ihrem eigenen Leben, in Verbindung brachten. Diese Rahmung war jedoch bei den Arabern und marokkanischen Juden am stärksten ausgeprägt. Mit diesem starken „Realitätsbezug" folgten diese Gruppen dem *preferred reading* und entwickelten eine dominante Lesart, die sich mit der Entwicklung der Verwandtschaftsbeziehungen und dem Familienzusammenhalt beschäftigte. Liebes und Katz (1990, S. 80) vermuten, dass ihr Interesse an Macht und Position in Familie und Gesellschaft mit ihrem Minderheitenstatus in Israel und ihren Erfahrungen von Benachteiligung zusammen hängt.

Ganz anders die westlich geprägten Kibbuz-Bewohner und Amerikaner. Sie beschäftigten sich stärker als die anderen Gruppen spielerisch, teilweise auch ironisch, mit den Charakteren und ihrem Innenleben. Dadurch entwickelten sie eine ambivalente oder ausgehandelte Lesart, die die Geschichte weder als Aussage über das „wahre Leben" noch als Manipulationsversuch der Produzenten deutete. Die westlich geprägten Gruppen leben ein vergleichsweise sicheres Leben und können sich deshalb leisten, so Liebes und Katz (1990, S. 81), sich für Individuen und deren Gefühle zu interessieren und die Episoden spielerisch und unernst zu sehen.

Eine ideologiekritische Perspektive war am stärksten bei den russischen Einwanderern in Israel festzustellen. Sie standen der Serie kritisch bis feindlich gegenüber und sahen sie als einen Versuch der Produzenten, den Zuschauern den „American way of life" mit seinen „materialistischen Werten" nahezubringen. Als ehemalige Flüchtlinge, so die Interpretation der Autoren, haben die russischen Einwanderer gelernt, zwischen den Zeilen zu lesen und nach verborgenen manipulativen Mechanismen zu suchen. Außerdem sind sie es gewohnt, Kriterien der hochkulturellen Literaturkritik auch auf ihre neue Medienumgebung anzuwenden und blicken von dieser Warte auf „Dallas" herab.

Aus heutiger Sicht fällt auf, dass die meisten der untersuchten Gruppen aus nur einem – allerdings sehr multikulturell zusammengesetzten – Land stammen. Unter den Bedingungen globalisierter Unterhaltungsproduktion läge es nahe, in zukünftigen Studien die Varianz der kulturellen Kontexte noch zu erhöhen und ein wirklich globales Spektrum der kulturellen Aneignung abzudecken. Aber die „Dallas"-Studie bleibt in der Sensibilität und Differenziertheit des Vorgehens ein Meilenstein der transnationalen Aneignungsforschung, der bislang zu wenige Nachfolger gefunden hat.

9.4 Fazit

Wir haben die Folgen transnationaler Kommunikation auf der Mikroebene der Mediennutzer von zwei unterschiedlichen Seiten her betrachtet. Zum einen haben wir die potenziellen Wirkungen kultureller Importe auf die Wertvorstellungen von Individuen untersucht und dabei festgestellt, dass sich vereinfachende und übergeneralisierende Interpretationen der kulturellen Globalisierung, wie sie im L.A.-Effekt und im Taliban-Effekt bildlich zum Ausdruck kommen, nicht bewahrheiten.

9.4 Fazit

Eine einfache kulturelle Homogenisierung nach westlichem Muster oder ein durchgängiger Kampf der Kulturen sind also nicht zu erwarten. Am produktivsten erscheint die Perspektive des Bangalore-Effekts einer kulturellen Hybridisierung (vgl. Kraidy 2005), wenn dabei nicht die realen Machtverhältnisse zwischen Ländern und Weltregionen außer Acht gelassen werden. In jedem Fall besteht ein Bedarf an detaillierteren Wirkungsanalysen, die sowohl die Charakteristik der importierten und global zirkulierenden Medieninhalte als auch die Voreinstellungen und kulturellen Kontexte der Mediennutzer selbst in den Blick nehmen.

Zum anderen haben wir in umgekehrter Perspektive nach der kulturspezifischen Aneignung importierter Medienangebote gefragt und sind dabei auf entscheidende kulturelle Unterschiede gestoßen. Global zirkulierende Medienprodukte besitzen keine allgemein geteilte Bedeutung, sondern können affirmativ, spielerisch oder subversiv gelesen und entsprechend unterschiedlich in das eigene Alltagshandeln integriert werden. Will man die Folgen von transnationaler Kommunikation auf der Mikroebene angemessen verstehen, ist es entscheidend, die Gesamtdynamik zu ergründen, die sich zwischen Medienangebot, kulturellem Kontext und Nutzeraktivität jeweils abspielt. Diese Dynamik und damit die Folgen bei den Mediennutzern sind im transnationalen Kontext noch komplexer als im nationalen Rahmen.

Empfohlene Basislektüre zur Ergänzung dieses Kapitels:
Norris, P., Inglehart, R. 2009. *Cosmopolitan communications: Cultural diversity in a globalized world*, Kap. 2, S. 28–71. Cambridge: Cambridge University Press.

Liebes, T., Katz, E. 1990. *The export of meaning: Cross-cultural readings of Dallas*, Kap. 1 und 5, S. 3–7, 68–81. New York and Oxford: Oxford University Press.

Weiterführende Literatur:
Boyd-Barrett, O. 1998. Media imperialism reformulated. In Thussu, D.K. (Hg.), *Electronic Empires. Global Media and Local Resistance*, 157–176. London: Edward Arnold.

Elasmar, M.G. 2003. *The impact of international television: A paradigm shift*. Mahwah, NJ: Lawrence Erlbaum Associates.

Hepp, A. 2006. *Transkulturelle Kommunikation*. Konstanz: UVK.

Kraidy, M.M. 2005. *Hybridity, Or the cultural logic of globalization*. Philadelphia: Temple University Press.

Rohn, U. 2010. *Cultural barriers to the success of foreign media content: Western media in China, India, and Japan*. Frankfurt a. M.: Peter Lang.

Straubhaar, J.D. 2007. *World television: from global to local*. London, California, New Delhi, Singapore: Sage.

Trepte, S. 2008. Cultural proximity in TV entertainment: An eight-country study on the relationship of nationality and the evaluation of US prime-time fiction. *Communications: The European Journal of Communication Research*, 33(1): 1–25.

10 Zukunftsperspektiven transnationaler Kommunikation

▶ In diesem Kapitel resümieren wir die bisherige Argumentation und zeigen Perspektiven für die zukünftige Forschung zur transnationalen Kommunikation auf. An zwei aktuellen Problemen transnationaler Kommunikation zeigen wir weiterführende Forschungsfragen und Forschungsdesigns auf. Wir möchten damit auch zu eigener Forschung in diesem Feld anregen. Der erste Teil des Kapitels zeigt am Beispiel der globalen Kommunikation über den Klimawandel auf, wie die Verbindung von diskursiver, strategischer und ritueller Perspektive zu neuen Erkenntnissen führen kann. Welche Wirkungen hat die strategische Kommunikation von Staaten und Nichtregierungsorganisationen rund um die jährlichen UN-Klimagipfel auf die Klimadebatten in nationalen Medien weltweit? Entsteht dabei so etwas wie eine vernetzte globale Klimaöffentlichkeit? Im zweiten Teil dieses Kapitels widmen wir uns dem Arabischen Frühling, der mit den Revolutionen in Tunesien und Ägypten im Frühjahr 2011, dem Regimewechsel in Libyen ein halbes Jahr später und den Demokratiebewegungen in anderen autokratisch regierten Ländern im arabischen Raum eine neue Welle der Demokratisierung ausgelöst hat. Insbesondere die transnationale Dimension des Arabischen Frühlings hat mit digitalen Netzwerkmedien zu tun, auch wenn wir keinesfalls von „Facebook-Revolutionen" sprechen können. Klimakommunikation und Arabischer Frühling werfen neue Fragen auf, die die Forschung zur transnationalen Kommunikation in Zukunft beschäftigen werden.

10.1 Transnationale Klimakommunikation: Diskursive, strategische und rituelle Aspekte

Der menschengemachte Klimawandel ist ein Paradebeispiel für ein globales Problem. Er wird nicht in nur einem Land verursacht, und seine Folgen sind ebenfalls nicht auf ein Land beschränkt. Sowohl die Problemverursachung als auch die Problemfolgen sind also transnational und zudem in charakteristischer Weise ungleich verteilt: Die westlichen Industrieländer, allen voran die USA, aber unter anderen auch Deutschland, haben durch ihre Kohlendioxidemissionen seit Beginn der Industrialisierung das Problem maßgeblich hervorgerufen, leiden selbst aber nicht am stärksten unter seinen Folgen. Entwicklungsländer wie Bangladesch und ganz besonders die pazifischen Inselstaaten haben zum Klimawandel kaum beigetragen, sind aber durch den steigenden Meeresspiegel und vermehrt auftretende extreme Wetterereignisse von seinen Folgen akut bedroht. Die Gruppe der Schwellenländer schließlich (etwa Brasilien, Indien und China) trägt durch Emissionen von Treibhausgasen im Zuge ihrer nachholenden Industrialisierung inzwischen durchaus kräftig zum Problem bei und ist zugleich von den Folgen betroffen. Diese unterschiedlichen Konstellationen von Verursachung und Folgen führen zu widersprüchlichen Interessenlagen der einzelnen Länder und Ländergruppen, die sich in zweifacher Weise auch in der öffentlichen Kommunikation niederschlagen: im Inhalt der nationalen Klimadebatten einerseits und in den staatlichen Kommunikationsstrategien auf den UN-Klimagipfeln andererseits. Hinzu kommen transnational agierende Nichtregierungsorganisationen (NGOs) wie Greenpeace oder der Worldwide Fund for Nature (WWF), die sich zum Teil mit spektakulären Aktionen in die Debatte einschalten und für eine klimafreundliche Politik der Staatengemeinschaft werben.

10.1.1 Nationale Klimadiskurse

Ein systematischer Vergleich nationaler Klimadebatten in unterschiedlichen Weltregionen existiert bisher erst in Ansätzen. So zeigen Schäfer, Ivanova und Schmidt (2011) in ihrer Analyse der Zeitungsberichterstattung in 23 Ländern, dass die Medienaufmerksamkeit für das Klimathema seit etwa 2006 überall deutlich ansteigt. Die Synchronität der Themenkarrieren wird dabei maßgeblich durch die UN-Klimagipfel erzeugt, die jedes Jahr Anfang Dezember stattfinden und auf denen – bislang ohne Erfolg – über ein neues internationales Klimaabkommen verhandelt wird, das das 2012 auslaufende Kyoto-Protokoll ablösen könnte (zu den Klimagipfeln siehe genauer weiter unten). Allerdings zeigt sich auch, dass die Parallelität der Themenkarrieren zwischen den untersuchten europäischen Ländern am größten ist. Gewisse Übereinstimmungen im Ausmaß der Klimaberichterstattung über Zeit zeigen sich auch zwischen Europa und Nordamerika. Die Zeitungen aus den asiatischen und afrikanischen Ländern weisen dagegen in ihrem Thematisierungsverlauf weder untereinander noch mit den westlichen Ländern große Ähnlichkeiten auf. Es wäre also übertrieben, von einer einheitlichen Themenkarriere auf globaler Ebene zu sprechen. Der größere Integrationsgrad in der Europäischen Union führt vielmehr auch beim Klimathema zur Herausbildung einer regional begrenzten Synchronität (Schäfer et al. 2011; siehe auch Kap. 5 dieses Bandes).

Auch Eide, Kunelius und Kumpu (2010) untersuchen in ihrem Buch „Global Climate – Local Journalisms" 18 Länder auf allen bewohnten Kontinenten. Die inhaltliche Analyse der Zeitungsdiskurse zum Klimawandel folgt hier allerdings keinem einheitlichen Kriterienraster. Stattdessen werden die inhaltlichen Analysekategorien aus dem jeweils untersuchten Zeitungsmaterial selbst herausgearbeitet, so dass ein systematischer Vergleich der nationalen Debatten auf dieser Grundlage kaum möglich ist.

Neben den genannten Viel-Länder-Studien existiert eine ganze Reihe von Fallstudien über die Klimadiskurse in einzelnen Ländern, die zumindest Hinweise darauf geben, dass sich die unterschiedlichen Interessenkonstellationen beim Klimathema in den nationalen Mediendebatten mehr oder weniger direkt niederschlagen. In der Klimaberichterstattung der Schwellenländer wird demnach eine klare Konfliktlinie zwischen den Industrieländern als den Verursachern des Klimawandels auf der einen und Schwellen- bzw. Entwicklungsländern als Opfern auf der anderen Seite konstruiert. Schuld- und Verantwortungszuschreibungen werden nach außen, vor allem gegen die USA gerichtet (für Indien siehe Billett 2010; für Südafrika Orgeret 2010; für Brasilien d'Essen 2010). Der Diskurs eines internationalen „carbon colonialism", wie ihn Billett (2010, S. 14) in der englischsprachigen Qualitätspresse Indiens nachweist, führt dazu, dass interne Unterschiede im CO_2-Ausstoß zwischen der urbanen indischen Mittelschicht (also der Kernzielgruppe der untersuchten Titel) und der großen Masse der ländlichen Bevölkerung von der Presse unzureichend wahrgenommen werden und so ein eigennütziger Rechtfertigungsdiskurs für den Lebensstil der Mittelklasse entsteht.

Die mediale Klimadebatte in den USA ist ganz anders geprägt. Hier herrscht Uneinigkeit darüber, ob der Klimawandel überhaupt auf menschliches Handeln zurück zu führen ist (Antilla 2005). Zehr (2000) stellt fest, dass die probabilistische Natur wissenschaftlicher Aussagen von den Medien in den USA als schwache Beweislage für den menschengemachten Klimawandel gedeutet wird. Gleichzeitig kommen in den US-Medien aufgrund des angelsächsischen Journalismusverständnisses, das den Wert der Ausgewogenheit besonders betont, Klimaskeptiker deutlich öfter zu Wort als in allen anderen Ländern (Boykoff 2008; Boykoff und Mansfield 2008; Boykoff 2007a; Boykoff 2007b; Boykoff und Boykoff 2007; McComas und Shanahan 1999). Klimaskeptiker finden zudem besonders im Internet ein Forum für ihre Sichtweise (Lockwood 2008). In jüngster Zeit scheint sich das Spektrum der Stimmen im Klimadiskurs, vor allem aus der Zivilgesellschaft, in der US-amerikanischen Qualitätspresse jedoch zu verbreitern (Russell 2010), so dass das relative Gewicht der Klimaskeptiker im öffentlichen Diskurs abnehmen dürfte. Dies würde dann auch dazu führen, dass sich die Unterschiede im Klimadiskurs zwischen den USA und anderen Ländern etwas abschwächen.

Eine dritte Variante des nationalen Klimadiskurses findet sich schließlich in Deutschland. Seit mindestens einem Jahrzehnt konstruieren die Medien in Deutschland den Klimawandel als eine ernste menschengemachte Bedrohung, die eine aktive Klimapolitik erfordert (Peters und Heinrichs 2008). Sie folgt insofern dem inzwischen etablierten weitgehenden Konsens unter Wissenschaftlern über die menschengemachten Ursachen zumindest eines größeren Teils des beobachtbaren Klimawandels. Die Berichterstattung kristallisiert sich dabei immer wieder um herausragende Ereignisse, zu denen in den letzten Jahren die Veröffentlichung des Dokumentarfilms „An Inconvenient Truth" des früheren US-Vizepräsidenten und Klimaaktivisten Al Gore, die Sachstandsberichte des Intergovern-

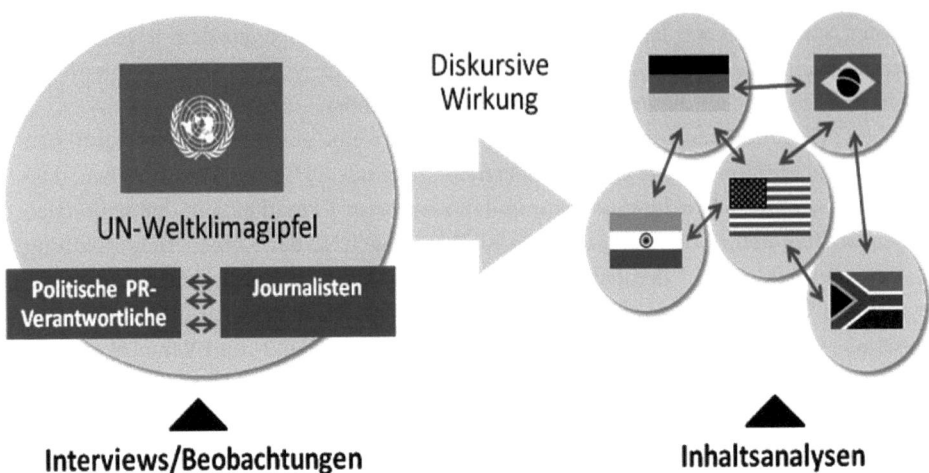

Abb. 10.1 Untersuchungsanlage zur Identifikation von diskursiven Wirkungen der UN-Klimagipfel auf nationale Mediendebatten (Quelle: Wessler und Adolphsen 2011)

mental Panel on Climate Change (IPCC) sowie die Verleihung des Friedensnobelpreises an Al Gore und das IPCC gehörten (Neverla 2008).

Die Unterschiedlichkeit der dominanten Frames in den nationalen Klimadebatten – „carbon colonialism", Konflikt mit den Klimaskeptikern oder Spiegelung des wissenschaftlichen Konsenses – motiviert die Frage, unter welchen Bedingungen eine weltweit synchrone und vernetzte Mediendebatte über ein Problem wie den Klimawandel möglich ist. Diese Frage schließt an die Forschung zur Transnationalisierung von Öffentlichkeiten an (vgl. Kap. 4 und 5 in diesem Band) und hier insbesondere an die Dimensionen Diskurskonvergenz (gleichzeitige Debatte mit ähnlichen Frames) und diskursive Integration (Einbezug von Sprechern aus anderen Ländern). Wenn die UN-Klimagipfel, wie Schäfer, Ivanova und Schmidt (2011) zeigen, Katalysatoren einer temporär synchronen Medienaufmerksamkeit rund um den Globus sind, sind sie dann auch in der Lage, weitergehende Konvergenz- und Vernetzungsprozesse in den Mediendebatten auszulösen? Können sie das journalistische Framing des Klimawandels in unterschiedlichen Ländern in eine ähnliche Richtung bewegen? Jedenfalls erscheinen die Klimagipfel in der Kakophonie der weltweiten Medienberichterstattung als die wahrscheinlichsten Auslöser für eine solche diskursive Entwicklung und damit für eine mögliche Entstehung globaler Öffentlichkeitsstrukturen. Abbildung 10.1 verdeutlicht diesen Gedanken und skizziert ein Analysedesign, mit dem ihm nachgegangen werden kann. Als Beispiele für die zu untersuchenden nationalen Klimadebatten haben wir Deutschland, die USA sowie die jeweils politisch und wirtschaftlich wichtigsten demokratischen Schwellenländer aus Lateinamerika (Brasilien), Asien (Indien) und Afrika (Südafrika) gewählt.

10.1.2 Globale inszenierte politische Medienevents (GIPME)

Worin mag nun aber die katalytische Wirkung der UN-Klimagipfel, wenn sie denn existiert, genau begründet sein? Bei der Beantwortung dieser Frage fällt der Blick auf das Zusammen- oder Gegeneinanderspiel von politischen PR-Verantwortlichen und Journalisten im Rahmen der jeweils zweiwöchigen Gipfelkonferenzen selbst (Abb. 10.1, linke Seite). Dabei gehen wir von der Vermutung aus, dass die Wirkung umso größer sein wird, je stärker es den PR-Leuten und Journalisten gelingt, den Gipfel zu einem echten Medienevent zu machen. Abbildung 10.2 zeigt ein heuristisches Modell, das die Bedingungen spezifiziert, die gegeben sein müssen, damit ein Ereignis zu einem globalen inszenierten politischen Medienevent (GIPME) wird. Das Potential zur Schaffung von GIPME liegt dem Modell zufolge nicht bei einer der beteiligten Akteursgruppen (Veranstalter, Medien und Zivilgesellschaft) allein. Es kommt vielmehr auf eine rekursive Verstärkung zwischen den drei Akteursgruppen an. Dabei kommt den Medien die zentrale Rolle zu: Im Rahmen der GIPME-Produktion durchbrechen sie die Nachrichtenroutine und schalten um in den Medienevent-Modus mit Sonderberichterstattung, zusätzlichen Korrespondenten etc. Die Veranstalter, im Falle der Klimakonferenzen also einerseits das UN-Sekretariat für Klimafragen (UNFCCC) und andererseits die Länderdelegationen, richten Ihre Kommunikationsaktivitäten auf Resonanz in den Medien aus. Und zivilgesellschaftliche Reaktionen, also auch die Aktionen von NGOs und Protestgruppen am Rande der Klimagipfel sind in dem Maße konstitutiv für das GIPME, wie sie selbst in der Event-Berichterstattung aufgegriffen werden. Indem die Veranstalter bei ihrer Eventplanung ebensolche Reaktionen antizipieren, verzahnen sich die Aktivitäten aller drei Akteursgruppen. Diese Verzahnung ist auch die Voraussetzung dafür, dass die symbolische Aufladung des Ereignisses als global bedeutsam tatsächlich „funktioniert", dass also etwa der Ausgang einer multilateralen Verhandlungskonferenz zur globalen Schicksalsfrage stilisiert werden kann, an der sich die Zukunft der Menschheit entscheidet. Es ist letztlich diese symbolische Aufladung von globalen inszenierten politischen Medienevents, die die bislang unbeantwortete Frage nach den diskursiven Wirkungen motiviert, die solche Events auf den Verlauf und den Inhalt nationaler Mediendebatten haben.

Ein Paradebeispiel für ein solches globales inszeniertes politisches Medienevent stellt der 15. UN-Klimagipfel in Kopenhagen Ende 2009 dar. Staaten, NGOs, UN und Medien inszenierten den Gipfel als Medienevent, um ihre jeweiligen Interessen durchzusetzen. Als letzte Hoffnung für den Erhalt des Planeten und die Rettung der Menschheit wurde „Hopenhagen" insbesondere von global agierenden Umwelt-NGOs wie Greenpeace, WWF oder Friends of the Earth (FoE) stilisiert. Allerdings kam kein neues Klimaabkommen zustande. Die „genre inflation" (vgl. Smith 2005), die in der starken symbolischen Aufladung des Kopenhagener Gipfels als globalem Schicksalsmoment lag, rächte sich nun: Ein tiefe Ernüchterung über die Zukunft des Weltklimas machte sich breit, auch für viele Medien war das Klimathema nach Kopenhagen „tot". Interessant ist es nun zu untersuchen, wie die beteiligten Akteure (Staaten, NGOs, UNO und Medien) diesen Kommunikations-GAU beim folgenden Klimagipfel Ende 2010 in Cancún (Mexiko) jeweils verarbeiten. Gelingt es

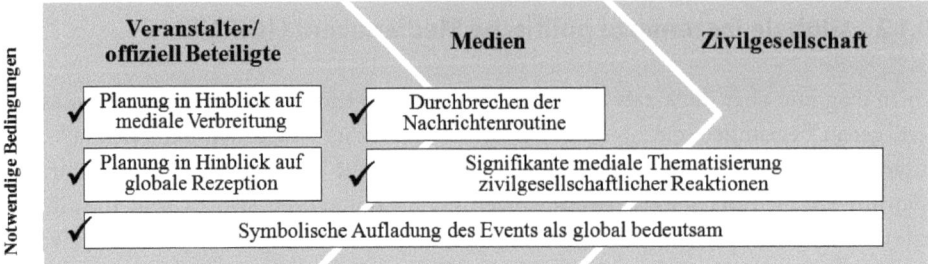

Abb. 10.2 Notwendige Bedingungen für globale inszenierte politische Medienevents (GIPME): Heuristisches Modell (Quelle: Wessler und Adolphsen 2011)

ihnen, eine „genre deflation" einzuleiten, die Erwartungen so weit zu dämpfen, dass auch kleinere Fortschritte in der Klimapolitik wieder auf die Tagesordnung der Weltpolitik und der weltweiten Medien gesetzt werden können? Aufschluss über diese Frage bietet eine Befragung der PR-Verantwortlichen wichtiger Einzelstaaten (Deutschland, USA, Brasilien, Indien, Südafrika sowie Mexiko als Gastgeber), des UN-Klimasekretariats (UNFCCC) sowie fünf global agierender NGOs (Climate Action Network, Friends of the Earth, Global Campaign for Climate Action, Greenpeace und WWF).[1]

10.1.3 Kommunikationsstrategien auf dem UN-Klimagipfel 2010 in Cancún

Um auf die Enttäuschung und Ernüchterung nach Kopenhagen zu reagieren, haben die globalen Umwelt-NGOs ein Jahr später ausdrücklich versucht, die Erwartungen an das in Cancún zu erzielende Verhandlungsergebnis zu senken. Die Aufmerksamkeit sollte zudem auf Fortschritte im Klimaschutz gelenkt werden, die außerhalb des UN-Verhandlungsprozesses erzielt wurden. Diese Intentionen kommen in den Leitfadeninterviews mit den Kommunikationschefs der NGOs deutlich zum Ausdruck. Ein Beispiel:

> **Beispiel**
> **Erwartungen senken – Fokus verschieben** – „There is a wrong perception out there – media love to talk about it, people then read this in the media and think this is the truth – that if this process doesn't deliver, we are all doomed and nothing else is happening. That's simply not true! [...] After Copenhagen, I think we all saw how dangerous it is if you rely only on the UNFCCC and you don't have an alternative narrative that kicks in or that runs parallel. We all fell into a big black hole, there was a lot of depression, the movement was in tatters!" (PR-Verantwortlicher der Global Campaign for Climate Action im Interview)

---

[1] Die folgende Darstellung basiert auf Adolphsen und Lück (2012) sowie Wessler und Adolphsen (2011). Wir danken Manuel Adolphsen für die Bereitstellung der Interviewauswertungen.

10.1 Transnationale Klimakommunikation: Diskursive, strategische und rituelle Aspekte

Auch die Regierungen betonen nun ihre Wertschätzung für eine Politik der kleinen Schritte, wie folgende Beispiele zeigen.

> **Beispiel**
>
> **Pragmatismus demonstrieren – Fortschritte betonen** – „I think that we have accomplished somehow to leave outside the matter of if we need an agreement or not, because there is too many things at stake. […] Even if we get an agreement, that's not possible, that won't solve the problem! So to leave the black-and-white way and say ‚well there's grey and there is lots of things to be done'. The agreement is just a tool, but the objective is there, and it is to lower the carbon emissions!" (Kommunikationschef Mexikos im Interview)
>
> „There is a global recognition that we need a deal. But there is also, from my observation, a global acknowledgement that we need to be realistic and pragmatic, that even if Cancún might not necessarily deliver a legally binding agreement, it should assist in terms of paving the building blocks towards that. And I think that's been the position that the media has been taking." (Kommunikationschef Südafrikas).

Im letzten Zitat werden bereits die Medien angesprochen. Bisher liegen keine gesicherten Erkenntnisse über die Rolle der Journalisten in Cancún und die Art der Berichterstattung in den nationalen und transnationalen Medien vor. Allerdings gibt es eine ganze Reihe von Hinweisen darauf, dass die zentrale Botschaft von Cancún tatsächlichen von PR-Verantwortlichen und Journalisten gemeinsam hergestellt wurde. So haben Beobachtungen auf dem Konferenzgelände ergeben, dass sich PR-Verantwortliche und Journalisten fortlaufend informell ausgetauscht haben. Sie hatten ihre Arbeitsplätze am gleichen Ort und arbeiteten also teilweise unmittelbar nebeneinander. So ist über die Professionsgrenzen hinweg ein regelrechtes Lager-Feeling entstanden, das noch dadurch verstärkt wurde, dass sich manche der Beteiligten bereits von früheren Gipfeln kannten. Einzelne PR-Verantwortliche wie etwa die Greenpeace-Vertreterin fungierten für Journalisten als Fachexperten und Informationsdrehscheibe: Sie erklärten Hintergründe, empfahlen Interviewpartner, setzten Themen, konnten im Einzelfall aber auch direkt Änderungen an journalistischen Veröffentlichungen erbitten, wenn aus ihrer Sicht ein Aspekt falsch dargestellt war (vgl. Adolphsen und Lück 2012). Besonders augenfällig war schließlich die eifrige Nutzung von „photo opportunities", die von NGOs gestaltet wurden, durch Journalisten.

> **Beispiel**
>
> **„Photo ops" für die globalen Medien** – „Look, this is full of talking heads – the media go nuts! […] And so the media are desperate for pictures. We know that. We know that, because we know that they have their broadcasters come here with their cameras, just like ‚getting pictures,' ‚getting pictures,' ‚getting pictures!' […]
>
> If anything went global, it was our pictures!" (PR-Chefin von Greenpeace im Interview)

Quelle: Reuters Pictures, http://24.media.tumblr.com/tumblr_lcx0cpSeZX1qe3obro1_500.jpg

Quelle: Reuters, http://msnbcmedia2.msn.com/j/MSNBC/Components/Photo/_new/101210_cancun-greenpeace.grid-8x2.jpg

Der Rettungsring verbunden mit der aus menschlichen Körpern zusammen gesetzten Frage, ob es noch Hoffnung für das Weltklima gibt, war eine von Greenpeace und der Global Campaign for Climate Action unter ihrer Dachmarke *tcktcktck* veranstaltete „photo op". Sie wurde am vorletzten Tag der Verhandlungen angeboten und entwickelte sich rasch zum Sinn-Bild der Konferenz, das rund um den Globus hohes Medieninteresse fand. Die offene Frage nach der Hoffnung wurde so Teil des unter den global agierenden NGOs und NGO-Allianzen abgestimmten Abschluss-Framings für die Konferenz in Cancún. Ganz im Sinne der Erwartungssenkung und der „genre deflation" verbreiteten die NGO-Vertreter in einer abgestimmten Aktion eine optimistische Deutung, die das magere Verhandlungsergebnis als Schritt in die richtige Richtung interpretierte.

10.1.4 Zusammenfassung der Fallstudie zur globalen Klimakommunikation

Unsere Analyse der Klimagipfel-Kommunikation verdeutlicht den integrierten Analyseansatz, den wir in diesem Buch entwickelt haben. Die Kommunikation rund um die UN-Klimagipfel hat zunächst einen *strategischen* Aspekt, weil sowohl die verhandelnden Staaten als auch die NGOs ihre Positionen in die weltweite Medienberichterstattung hineintragen wollen und zugleich im Gipfelgeschehen selbst kommunikativen Druck auf andere Verhandlungsdelegationen aufbauen möchten. Die Kommunikationsstrategien der NGOs und vieler Medien hatten – insbesondere rund um Kopenhagen 2009 – auch eine *rituelle* Komponente. Die NGOs haben versucht, mit unterhaltsamen und visuell attraktiven Aktionen den Gipfel als Kristallisationspunkt für globale Zusammengehörigkeit und Hoffnung (Stichwort „Hopenhagen") erlebbar zu machen. Viele Medien haben in den Medienevent-Modus umgeschaltet und ebenfalls zur symbolischen Aufladung beigetragen. Umso größer war allerdings hinterher die Enttäuschung. Zum Dritten lässt sich die Gipfelkommunikation unter einem *diskursiven* Blickwinkel analysieren, also im Hinblick darauf, inwiefern eine koproduzierte Gesamtdeutung des jeweiligen Gipfels und seine spezifische Erlebnisqualität als Medienevent diskursive Wirkungen in den nationalen Klimadebatten entfaltet und ob sie – je nach Deutung – einer Konvergenz oder Divergenz der nationalen Diskurse Vorschub leistet. Vorerst lässt sich diese Frage mangels empirischer Befunde noch nicht entscheiden. Und sicher ist Diskurskonvergenz im globalen Maßstab, also zwischen Industrie- und Schwellenländern unterschiedlicher Weltregionen, nicht einfach zu realisieren. Das Analysedesign, das wir hier vorgestellt haben, ermöglicht es aber, im Sinne des diskursiven Ansatzes zu fragen, inwieweit globale Öffentlichkeit ein Mythos bleibt oder ansatzweise empirische Realität gewinnt.

Neben der geschilderten theoretischen Multiperspektivität vereint unsere Analyse auch in methodischer Hinsicht vergleichende mit transnationalen Elementen. Verglichen haben wir zunächst das journalistische Framing in den nationalen Klimadebatten, das als Ausgangspunkt für die Frage nach möglichen diskursiven Wirkungen der Gipfelkommunikation dient. Der Vergleich der Kommunikationsstrategien von Länderdelegationen und global agierenden Nichtregierungsorganisationen einerseits und Journalisten andererseits hat dann zum Koproduktionsbefund geführt. Die zentrale Botschaft des Gipfels in Cancún wurde akteurs- und länderübergreifend und unter Führung der transnational agierenden NGOs hergestellt. Diese Botschaft kann dann als Deutungsimpuls für eine mögliche Transnationalisierung der nationalen Klimadebatten fungieren, womit das transnationale Element des Analysedesigns benannt ist.

In der weiteren Forschungsperspektive schließlich bietet es sich an, das globale Problem des Klimawandels mit anderen globalen Problemen zu vergleichen wie etwa Terrorismus (Gerhards et al. 2011), Finanzkrise (Pew Research Center 2009) oder Armut (Sireau 2009). Es ist nicht zu erwarten, dass die Befunde sich überall ähneln werden. Ganz im Gegenteil: Das Zusammenspiel strategischer, ritueller und diskursiver Aspekte wird sich jeweils themenspezifisch konfigurieren. Die grenzüberschreitende mediale Diskussion globaler Probleme bleibt wohl vielgestaltig und voraussetzungsvoll wie die Strukturen globaler Öffentlichkeit insgesamt. Gerade das macht sie zu einem zentralen Thema zukünftiger Forschung zur transnationalen Kommunikation.

10.2 Digitale Netzwerkmedien und der Arabische Frühling

Ein zweites Zukunftsthema der transnationalen Kommunikation ist der Einfluss, den digitale Netzwerkmedien, allen voran Twitter und Facebook, auf die transnationale Kommunikation haben. Der Arabische Frühling stellt ein Paradebeispiel für die Bedeutung, aber auch die Grenzen, von Netzwerkmedien dar. Und er wirft ein besonderes Schlaglicht auf die Verflochtenheit von lokalen, nationalen, weltregionalen und globalen Kommunikationsprozessen. Die Revolution in Ägypten, die mit dem ersten großen Protesttag am 25. Januar 2011 ihren Anfang nahm, spielte sich ganz wesentlich ortsgebunden ab: Der Tahrir-Platz im Zentrum von Kairo war der zentrale Ort des Geschehens, so wichtig für den Verlauf der Revolution, dass die Philosophin Seyla Benhabib in einem viel beachteten Aufsatz (2011) die revolutionäre Öffentlichkeit in diesem Fall nicht als „public sphere" bezeichnet, sondern als „public square". Die Proteste auf dem Tahrir-Platz waren aber zugleich so unmittelbar mit landesweiten und grenzüberschreitenden Kommunikationsprozessen verwoben, dass wir von einer transnationalisierten Revolution sprechen können. So waren Aktivisten in Kairo mit Aktivisten an anderen Orten in Ägypten vernetzt, z. B. in Suez, wo es von Beginn an Proteste und schwere Auseinandersetzungen mit der Polizei gab, und in Alexandria.[2] Sie hatten sich bereits Jahre zuvor mit Gleichgesinnten in anderen Ländern abgestimmt und waren von dort inspiriert worden. Im Vorfeld der Proteste hatte es einen regen Austausch mit Aktivisten in Serbien zum Thema gewaltfreier Widerstand gegeben; einige ägyptische Aktivisten wurden dort auch trainiert. Unmittelbar vor und während des Aufstands tausch-

---

[2] Unsere Darstellung des Arabischen Frühlings greift zum Teil auf Erkenntnisse zurück, die Maria Röder bei ihrer Feldforschung während und nach dem Volksaufstand in Ägypten gewonnen hat. Wir danken ihr für hilfreiche Auskünfte.

ten sich junge Ägypter vor allem mit tunesischen Aktivisten aus, wobei es vor allem um operative Ratschläge ging. Dieses Wissen wurde später wiederum an Aktivisten in anderen arabischen Ländern weiter gegeben.

10.2.1 Eine transnationalisierte Revolution

Wir können an dieser Stelle keine befriedigende Analyse der Kommunikationsstrukturen und -prozesse des Arabischen Frühlings liefern; dafür reicht der wissenschaftliche Erkenntnisstand zum Zeitpunkt der Fertigstellung diese Buches (November 2011) bei Weitem nicht aus. Wir konzentrieren uns daher auf die transnationale Dimension der Kommunikation während des Aufstands in Ägypten im Januar und Februar 2011 und fokussieren auf drei Aspekte der kommunikativen Transnationalisierung:

- die Rolle von englischsprachigen Twitter-Nachrichten in der ägyptischen Revolution (Lotan et al. 2011; Wilson und Dunn 2011);
- die Rolle des transnationalen arabischen TV-Nachrichtenkanals Al Jazeera für die Mobilisierung im Land (Rinke und Röder 2011; Etling et al. 2010) sowie
- die Rolle von Blogs und Facebook als Quellen für den westlichen Journalismus (Russell 2011; Harlow und Johnson 2011)

Um die Bedeutung einzelner Medien und Medienangebote für die kommunikative Transnationalisierung der ägyptischen Revolution zu verstehen, benötigen wir jedoch eine übergreifende Perspektive, die die verschiedenen Medientypen miteinander in Beziehung setzt. Rinke und Röder (2011) schlagen ein Modell vor, das drei Aspekte unterscheidet (Abb. 10.3). Die Kommunikationsrealität des ägyptischen Volksaufstands lässt sich demnach nur verstehen, wenn wir a) die zur Verfügung stehenden Medien in ihrer Gesamtheit, b) die zugrundeliegende Kommunikationskultur und c) die raum-zeitliche Entfaltung des Protestgeschehens im Zusammenhang betrachten. Eine Untersuchung, die sich etwa darauf beschränken würde festzustellen, wer sich in den Tagen seit dem 25. Januar 2011 auf Twitter zu Ägypten geäußert hat und wer diese Nachrichten als Retweet weitergereicht hat, würde zwar ein interessantes Einzelphänomen erfassen, aber die Kommunikationsrealität der Revolution deutlich verfehlen. Offen blieben in einem solchen Szenario Fragen wie diese: Wer hat Twitter in den Tagen des Aufstands überhaupt genutzt? Wie wichtig war Twitter für wen im Verhältnis zu anderen Medien (Fernsehen, Handy, Email etc.) und im Vergleich zur unvermittelten Face-to-face-Kommunikation? Welche Rolle spielt überhaupt schriftbasierte (Twitter, Email, Zeitungen) im Vergleich zu mündlicher Kommunikation (Gespräche, Telefonate, auch Fernsehen und Radio) in der ägyptischen Kommunikationskultur, also für Aktivisten wie für die zu mobilisierende Bevölkerung? Und schließlich: Welchen Einfluss haben einzelne Ereignisse wie die Abschaltung der Mobilfunkverbindungen (28.1.–30.1.) und des Internets (28.1.–2.2.) durch die ägyptische Regierung auf die raum-zeitliche Entfaltung des Protestgeschehens?

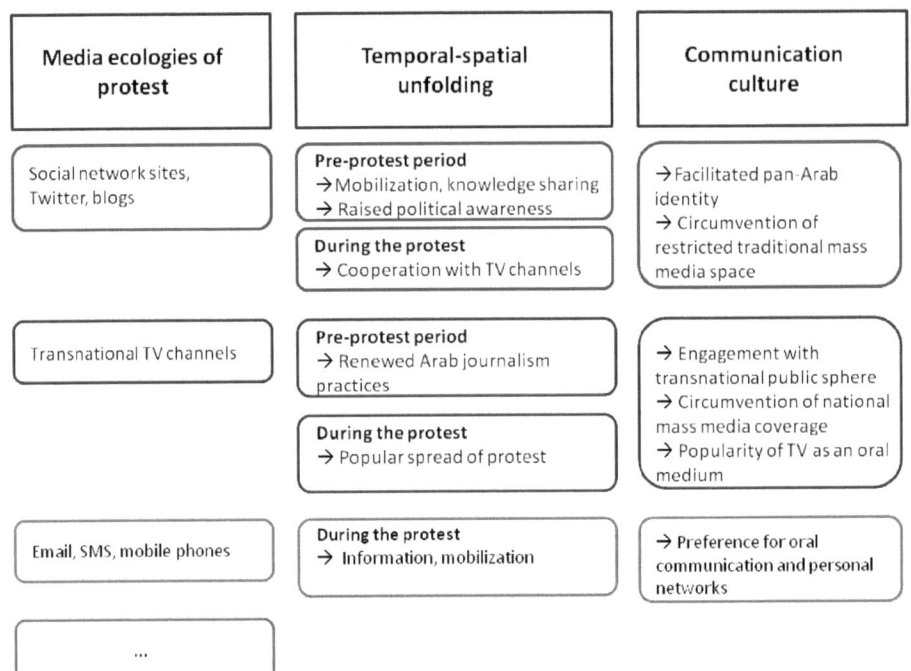

Abb. 10.3 Ein Kommunikationsmodell des ägyptischen Aufstands 2011 (Quelle: Rinke und Röder 2011, S. 1283)

Rinke und Röder (2011) legen mit ihrem Modell Wert darauf, das Zusammenspiel aller Medientypen in den Blick zu nehmen – wie auch das Zusammenspiel zwischen medienvermittelter und nicht-medienvermittelter Kommunikation –, um der Gefahr eines Technikdeterminismus und einer unangemessenen Idealisierung der jeweils neuesten Medien zu entgehen. Mit ihrem Fokus auf Kommunikationskulturen heben sie zweitens auf gewachsene kulturelle Präferenzen und Gewohnheiten in Ägypten wie der arabischen Welt insgesamt ab. Sie vermeiden damit eine kontextlose und kulturell unsensible Fixierung auf Oberflächenphänomene. Die Betrachtung der raum-zeitlichen Entfaltung schließlich ermöglicht es, zwischen der längeren Vorbereitungs- und Aufschaukelungsphase einerseits und den revolutionären Ereignissen und ihrem konkreten Verlauf andererseits zu unterscheiden (Abb. 10.3, mittlere Spalte). Völlig überraschend konnten die Ereignisse in Tunesien und Ägypten nur auf jene wirken, denen differenziertes Kontextwissen fehlt, also unter anderem viele westliche Medien. Rinke und Röder richten sich also gegen einen ahistorischen Blick von außen, der mangels genauerer Kenntnisse des Kontextes und Verlaufs fast zwangsläufig die Bedeutung einzelner, neuer (und vor allem auch vom Westen aus studierbarer) Medienphänomene wie Twitter oder Facebook für die Revolution hochspielen muss.

10.2 Digitale Netzwerkmedien und der Arabische Frühling

Welche wissenschaftlichen Erkenntnisse gibt es nun aber über die kommunikative Transnationalisierung des ägyptischen Aufstands? Besonders augenfällig ist diese Transnationalisierung, wie schon angedeutet, im Falle der (englischsprachigen) Twitter-Nachrichten über Ägypten in der Phase unmittelbar nach dem 25.1.2011. Solche Tweets, die häufig unter den Hashtags *#jan25, #egypt* oder *#tahrir* veröffentlicht wurden, stammten sowohl von Aktivisten, Bloggern und Journalisten aus Ägypten und dem arabischen Raum, also auch von Medien, Journalisten und Bloggern aus der westlichen Welt (Wilson und Dunn 2011, S. 1268; Lotan et al. 2011). Welche genauen quantitativen Verhältnisse man hier findet, hängt stark von der Methode der Datensammlung ab, die in der jeweiligen Studie verwendet wird.

Methodik

Twitter-Analyse – Wilson und Dunn (2011) untersuchen alle Tweets mit dem Hashtag *#jan25*, die zwischen dem 25.1. und dem 20.3.2011 erschienen sind. Sie schließen damit sowohl Tweets mit anderen Hashtags als auch alle arabischsprachigen Tweets aus der Analyse aus. In der Zeit bis zu Präsident Hosni Mubaraks Rücktritt am 11.2.2011 finden sich unter dem *#jan25*-Hashtag 675.713 Tweets von 106.563 Twitter-Nutzern. Aus dieser riesigen Menge greifen Wilson und Dunn (2011, S. 1265) diejenigen 200 Twitterer heraus, die die meisten Tweets publiziert hatten. Diese so genannten „Power-User" sind zur Hälfte in Ägypten und der arabischen Welt angesiedelt, während die andere Hälfte in Nordamerika und Europa beheimatet ist. Es waren allerdings im Wesentlichen die ägyptischen Tweets, die nach ihrer Veröffentlichung von anderen Twitterern weiter verbreitet wurden: Bei etwa Dreiviertel der Retweets stammte die Ursprungsinformation von ägyptischen Usern (Wilson und Dunn 2001, S. 1268). Die englischsprachige Twitter-Sphäre diente also wesentlich dazu, einzelne Informationen aus Ägypten zu verstärken und außerhalb Ägyptens wie auch im Land selbst leichter zugänglich zu machen.

Für die Protestmobilisierung in Ägypten spielten die englischsprachigen Tweets allerdings nur eine geringe Rolle. Denn erstens betrug der Anteil der Twitter-Nutzer an der ägyptischen Bevölkerung zu Beginn der Revolution 0,001 % (Wilson und Dunn 2011, S. 1250). Der Anteil der Internet-Nutzer insgesamt liegt in Ägypten unter 20 % (Rinke und Röder 2011), wächst allerdings rasch. Zum Zweiten wurden viele Twitterer durch die Internet- und Mobilfunksperre vorübergehend am Twittern gehindert. Und drittens sind für die Mobilisierung im Land natürlich die arabischsprachigen Tweets wichtiger. In der Tat fanden sich in diesen Tweets aktuelle taktische Informationen über das Geschehen in Kairo und auf dem Tahrir-Platz, die einen begrenzten Einfluss auf die Entfaltung der Proteste gehabt haben mögen. Zur Überlappung der englisch- und arabischsprachigen Twitter-Sphäre hat Kovas Boguta im Internet eine Grafik mit dem Titel „Egypt Influence Network" veröffentlicht (www.kovasboguta.com; reproduziert in Russell 2011, S. 1243). Je mehr Follower ein Twitterer hat, desto einflussreicher wird seine Position im Netzwerk. Die Grafik unterscheidet dabei zwischen Usern, die in Englisch, in Arabisch und in beiden

Sprachen twittern. Allerdings fehlt jede Information, für welchen Zeitpunkt die Grafik stehen soll und wie die einbezogenen Twitterer ausgewählt wurden. Hinzu kommt, dass Tweet-Retweet-Strukturen für den realen Einfluss in der Twitter-Sphäre wesentlich aussagekräftiger sind als die reine Follower-Struktur. Der wissenschaftliche Wert von Bogutas Auswertung bleibt also unklar.

Zwei weitere Faktoren sprechen zudem für die begrenzte Bedeutung von Twitter für die Protestmobilisierung in Ägypten. Wie Rinke und Röder (2011) deutlich machen, haben Netzwerkbeziehungen zwischen Unbekannten, wie sie für Twitter zumindest zu Beginn charakteristisch waren, gegenüber persönlichen Vertrauensbeziehungen in der Kultur Ägyptens und der arabischen Welt spezifische Nachteile.

> „In the Arab society, *personal networks of trust* are an important element of community life, and concepts such as family solidarity [Nasab] and brotherhood among the Muslim community [Umma] are pivotal to maintaining the social system [Ayish 2008, p. 64]. These partly pre-Islamic traditions are emphasized due to the lack of a welfare state and the low standard of living in many Arab countries. Personal health care, for example, is often maintained via the collective coverage of costs in tight-knit personal networks. Communication within such networks most often is one-to-one communication, either face-to-face or in its mediated varieties, using mobile phones and SMS. Surely, the *density of personal networks* in Egyptian community life *contributed to the continued mobilization* of protesters *after the online networks were no longer accessible* [Bayat 2009]" (Rinke und Röder 2011, S. 1279; Hervorhebungen hinzugefügt).

Neben den persönlichen Beziehungen in den „kleinen Lebenswelten" vor Ort spielt auch ein weiterer transnationaler Einfluss eine erhebliche Rolle für den Aufstand gegen das Regime von Hosni Mubarak.

> „Due in part to high *illiteracy rates* and a *cultural preference for orality, television is a highly popular medium in the Egyptian public sphere*. We can differentiate between three kinds of TV networks: national state-run channels, national private satellite channels, and transnational satellite channels like Al Jazeera and Al Arabiya. The coverage of the state-owned channels under the Mubarak regime was devoid of criticism toward the political elites, and interviews or talk programs were carefully orchestrated and supervised by the information ministry. […] State television promoted a dishonest version of events and broadcast calm scenes of Cairene street traffic or aired patriotic songs in favor of the established regime. […]
> Al Jazeera has been perceived as backbone of a newly evolving critical Arab public sphere and seen by some optimistic scholars as an agent of a revolutionized political culture, or at least as a voice of a popular reform movement [Ayish 2008; El-Nawawy und Gher 2003; El Oifi 2005; Hahn 2007; Lynch 2006; Zayani 2005]. In fact, Al Jazeera was at first reluctant to pay full attention to the events in Cairo. On the first day of protest, Al Jazeera aired an episode of its most famous political talk show, The Opposite Direction, that dealt with the secret cooperation of Palestinian and Israeli authorities. The major news headline of that day was al-

so dedicated to this issue. This *negligence did not last long*, however, as from the second day of the protests onward, Al Jazeera's coverage consisted of *constant live broadcasting* of the Egyptian uprising *until Mubarak finally resigned*" (Rinke und Röder 2011, S. 1279f.; Hervorhebungen hinzugefügt).

Die aggressive Live-Berichterstattung von Al Jazeera während des ägyptischen Aufstands hatte also eine mobilisierende Wirkung, die weit über das hinaus ging, was digitale Netzwerkmedien mit ihrer relativ geringen Verbreitung in der gegebenen historischen Situation ausrichten konnten. Durch seinen Standort außerhalb Ägyptens war es für Al Jazeera möglich, sich der ägyptischen Mediensteuerung weitgehend zu entziehen. Zugleich hat die panarabische Verbreitung des Programms dazu beigetragen, dass die Demokratiebewegungen in verschiedenen arabischen Ländern voneinander Kenntnis nehmen konnten. So gewann der Aufstand in Ägypten – zusammen mit der geglückten Revolution in Tunesien – einen gewissen Vorbildcharakter für andere arabische Länder, auch wenn der Verlauf dort wesentlich blutiger und der Ausgang bislang vielfach offen ist.

Für transnationalisierte Revolutionen wie diejenige in Ägypten spielen schließlich auch die grenzüberschreitenden Wechselwirkungen zwischen klassischen Massenmedien und digitalen Netzwerkmedien eine bedeutende Rolle. So weisen Etling et al. (2010) darauf hin, dass Nachrichtenkanäle wie Al Jazeera auch als Anreger für die nationalen Bloggerszenen in der arabischen Welt fungieren, weil Blogs sich sehr häufig diskutierend mit Informationen aus den Massenmedien beschäftigen. Während der ägyptischen Revolution haben Aktivisten zudem versucht, ein positives Bild der protestierenden Jugendlichen im Westen zu schaffen, indem sie systematisch und in großer Zahl Online-Berichte wichtiger westlicher Medien (wie etwa „Le Monde") kommentiert haben, um so mit westlichen Lesern in Kontakt zu kommen. Schließlich werden Blogs, Facebook-Seiten und Twitter-Nachrichten auch zunehmend zu wichtigen Quellen der Auslandsberichterstattung im Westen (vgl. Russell 2011; Harlow und Johnson 2011). Sie bringen die Berichterstattung der westlichen Medien näher an einzelne Aktivisten und Protestmilieus in den betreffenden Ländern heran und führen so tendenziell zu einem vielgestaltigeren Bild, als es westliche Auslandskorrespondenten allein zeichnen könnten. Eine besondere Stellung nimmt in diesem Prozess die Aggregation, Kuratierung und Übersetzung von Blogs und alternativen Bürgermedien aus aller Welt ein, wie sie etwa die Plattform „Global Voices" leistet (www.globalvoicesonline.org).

Beispiel

Selbstdarstellung Global Voices – „Global Voices sammelt, ordnet und erweitert die globale Online-Konversation – und beleuchtet dabei Orte und Menschen, die von anderen Medien oft ignoriert werden. Wir arbeiten daran, Hilfsmittel, Institutionen und Verbindungen zu entwickeln, die allen Stimmen überall helfen sollen, gehört zu werden." (http://de.globalvoicesonline.org/)

Bei Global Voices arbeiten weltweit rund 300 Freiwillige mit, die die Blogosphäre ihres jeweiligen Landes beobachten, darüber in eigenen Artikeln berichten sowie einzelne

Beiträge aus Blogs und Bürgermedien übersetzen. Das so zusammen gestellte Angebot von Global Voices wird selbst wiederum von Freiwilligen in viele Sprachen übersetzt und online kostenlos zur Verfügung gestellt, so auch in deutscher Sprache. Global Voices finanziert sich aus Spenden von Stiftungen, internationalen Organisationen und Einzelpersonen. Das Motto von Global Voices lautet: „Die Welt spricht zu dir, hörst du ihr zu?"

10.2.2 Zusammenfassung der Fallstudie zum Arabischen Frühling

Wir haben den Aufstand in Ägypten als transnationalisierte Revolution bezeichnet, weil er auf vielfältige Weise durch grenzüberschreitende Kommunikationen geprägt ist. Protestgruppen haben sich transnational vernetzt und so voneinander gelernt. Die Mobilisierung der Bevölkerung wurde durch transnational ausgestrahlte panarabische Programme wie Al Jazeera befördert. Es gab eine rege wechselseitige Interaktion zwischen Aktivisten vor Ort und westlichen Medien. Digitale Netzwerkmedien wie Twitter und Facebook spielten dabei sehr spezifische Rollen in der Vernetzung vor Ort, der Verstärkung nach draußen und der Mobilisierung von Unterstützung im Ausland.

Die kommunikative Verdichtung der revolutionären Situation in Ägypten ist ein Paradebeispiel für das, was wir zu Beginn dieses Buches als Grenzüberwindung bezeichnet haben. Die transnationalisierte Revolution in Ägypten ist geprägt durch Kommunikationen, die die Grenzen des Nationalstaates und der nationalen Kultur zumindest vorübergehend überwinden, d. h. ihre Prägekraft für Kommunikationsprozesse herabgesetzt haben. Für einen kurzen Moment ist eine sehr komplexe entgrenzte Kommunikationsrealität entstanden. Auch an dieser Kommunikationsrealität können wir strategische, diskursive und rituelle Aspekte unterscheiden, wobei das strategische Element in einer revolutionären Entscheidungssituation natürlich eindeutig im Vordergrund steht. Alle Seiten, vor allem natürlich die Aktivisten und der ägyptische Staat, haben in hohem Maße und mit allen zur Verfügung stehenden kommunikativen Mitteln versucht, den Ausgang für sich zu entscheiden. Dass die Protestierenden in Ägypten erfolgreich waren, spricht neben vielem anderen auch für ihre hochentwickelten Kommunikationsstrategien. Rituelle Elemente finden sich im Mitfeiern vieler Medien mit dem Erfolg der revolutionären Bewegungen. Die Geschehnisse in Tunis und Kairo, wie später die in Libyen, Syrien, Bahrain und Jemen, haben zudem eine globale Debatte über Demokratisierung und die Macht vernetzter Einzelner ausgelöst, an der sich – wahrscheinlich in größerem Ausmaß als jemals zuvor – auch Stimmen aus den Protestbewegungen selbst direkt beteiligen können.

10.3 Schlusswort

Niemand weiß, wie die Zukunft der transnationalen Kommunikation genau aussehen wird. Der Begriff der Transnationalisierung suggeriert einen Prozess stetig intensivierter grenzüberschreitender Vernetzung. Wie die vielfältigen Studien in diesem Buch zeigen, ist transnationale Kommunikation ein fundamentaler Bestandteil der globalisierten Welt. Gleichzeitig hat sich auch gezeigt, dass es keinen uniformen, stetigen Prozess der Transnationalisierung gibt. Es gibt keinen Automatismus, der den Wandel medialer Kommunikation antreibt. Wird die Transnationalisierung medienvermittelter öffentlicher Kommunikation also fortschreiten, hat sie ein Plateau erreicht oder wird sie gar zurückgehen? In welchen Bereichen, mit Hilfe welcher Medien und in welchen historischen Situationen sich welche Entwicklungsrichtung durchsetzen wird, ist nicht gewiss. Aber wir können doch mit Sicherheit sagen, dass ein beachtlicher und vor allem folgenreicher Teil medienvermittelter öffentlicher Kommunikation auch in Zukunft transnationalisiert sein wird. In einer durch grenzüberschreitende Finanzkrisen, ungelöste geostrategische Konflikte und ökologische Bedrohungen geprägten Welt ist transnationale Kommunikation schlicht ein unvermeidlicher Bestandteil der globalen Konstellation. In dem Maß, wie sich klassische Medienangebote aus ökonomischen oder anderen Gründen aus der Auslandsberichterstattung zurückziehen, verspielen sie auch ihre gesellschaftliche Relevanz. Denn globale Interdependenz verschwindet nicht dadurch, dass wir davor die Augen verschließen.

Umso wichtiger ist es, dass sich die Medien- und Kommunikationswissenschaft diesen Realitäten stellt – zum Beispiel indem sie die Kommunikation über globale Probleme in den Fokus nimmt oder in dem sie die Effekte medientechnologischer Neuerungen für die transnationale Kommunikation mit einem kritischen empirischen Blick reflektiert. Wir hoffen, mit diesem Buch nicht nur die Aufgaben vorgeführt zu haben, die in dieser Situation vor unserem Fach liegen. Wir hoffen, auch eine Reihe von produktiven Denkwerkzeugen und empirischen Erkenntnissen präsentiert zu haben, die zur weiteren eigenständigen Vertiefung der angesprochenen Themen anregen und neue Forschungsvorhaben inspirieren. In diesem Sinne: Let's go transnational!

Literaturverzeichnis

Adam, S. 2007. *Symbolische Netzwerke in Europa: Der Einfluss der nationalen Ebene auf europäische Öffentlichkeit. Deutschland und Frankreich im Vergleich.* Köln: Herbert von Halem.

Aday, S., Hebert, M., Livingston, S. 2005. Embedding the truth: A cross-cultural analysis of objectivity and television coverage of the Iraq war. *The Harvard International Journal of Press/Politics*, 10(1): 3–22.

Adolphsen, M., Lück, J. 2012. Non-routine interactions behind the scenes of a global media event: How journalists and political PR professionals coproduced the 2010 UN climate conference in Cancún. In Wessler, H., Averbeck-Lietz, S. (Hg.), *Grenzüberschreitende Medienkommunikation.* Baden-Baden: Nomos, Medien & Kommunikationswissenschaft, Sonderband Nr. 2.

Adoni, H., Cohen, A.A., Caspi, D. 2002. The consumer's choice: Language, media consumption and hybrid identities of minorities. *Communications*, 27(4): 411–436.

AIM Research Consortium (Hg.). 2007. *Reporting and managing European news: Final report of the project ‚Adequate information management in Europe' 2004–2007.* Dortmund: Projektverlag.

Alleyne, M.D. 2005. The United Nations' celebrity diplomacy. *SAIS Review of International Affairs*, 15(1): 175–185.

Althaus, S., Leetaru, K. 2011. *Do „we" have a stake in this war? A worldwide test of the in-group outgroup hypothesis using open-source intelligence.* Unveröffentlichtes Manuskript.

Altheide, D.L., Snow, R.P. 1979. *Media logic.* Beverly Hills/CA, London: Sage.

Amin, H. 2001. Mass media in the Arab states between diversification and stagnation: An overview. In Hafez, K. (Hg.), *Mass media, politics & society in the Middle East*, 23–42. Cresskill: Hampton Press.

Anderson, B. 1983. *Imagined communities: Reflections on the origins and spread of nationalism.* London: Verso.

Antilla, L. 2005. Climate of scepticism: US newspaper coverage of the science of climate change. *Global Environmental Change*, 15: 338–352.

Ayish, M.I. 2008. *The new Arab public sphere.* Berlin: Frank & Timme.

Baisnée O. 2002. Can political journalism exist at the EU level? In Kuhn, R., Neveu, E. (Hg.), *Political Journalism*, 108–128. London: Routledge.

Bayat, A. 2009. *Life as politics: How ordinary people change the Middle East.* Stanford, CA: Stanford University Press.

Beck, K. 2007. *Kommunikationswissenschaft.* Konstanz: UVK.

Beck, U., Sznaider, N. 2006. Unpacking cosmopolitanism for the social sciences: A research agenda. *The British Journal of Sociology*, 57(1): 1–23.

Beierwaltes, A. 2000. *Demokratie und Medien: Der Begriff der Öffentlichkeit und seine Bedeutung für die Demokratie in Europa*. Baden-Baden: Nomos.

Benhabib, S. (24.02.2011). *The Arab spring: Religion, revolution, and the public square*. Abgerufen von http://publicsphere.ssrc.org/benhabib-the-arab-spring-religion-revolution-and-the-public-square/

Berg-Schlosser, D., De Meur, G. 2009. Comparative research design: Case and variable selection. In Rihoux, B., Ragin, C. (Hg.), *Configurational comparative methods: Qualitative comparative analysis (QCA) and related techniques*, 19–32. Thousand Oaks, London, New Delhi: Sage.

Berkel, B. 2006. *Konflikt als Motor europäischer Öffentlichkeit: Eine Inhaltsanalyse von Tageszeitungen in Deutschland, Frankreich, Großbritannien und Österreich*. Wiesbaden: Verlag für Sozialwissenschaften.

Berkowitz, D. 2005. Telling what-a-story news through myth and ritual: The Middle East as Wild West. In Rothenbuhler, E.W., Coman, M. (Hg.), *Media anthropology*, 210–219. Thousand Oaks, London, New Delhi: Sage.

Beuthner, M., Buttler, J., Fröhlich S., Neverla, I., Weichert, S. (Hg.). 2003. *Bilder des Terrors – Terror der Bilder? Krisenberichterstattung am und nach dem 11. September*. Köln: Herbert von Halem.

Billett, S. 2010. Dividing climate change: Global warming in the Indian mass media. *Climatic Change*, 99: 295–329.

Blum, R. 2003. Medienstrukturen der Schweiz. In Bentele, G., Brosius, H., Jarren, O. (Hg.), *Öffentliche Kommunikation*, 366–381. Wiesbaden: Westdeutscher Verlag.

Blumler, J.G., Gurevitch, M. 1995. *The crisis of public communication*. London, New York: Routledge.

Blumler, J.G., McLeod, J.M., Rosengren, K.E. (Hg.). 1992. *Comparatively speaking: Communication and culture across space and time*. Newbury Park, London, New Delhi: Sage Publications.

Bolin, G. 2006. Visions of Europe: Cultural technologies of nation-states. *International Journal of Cultural Studies*, 9(2): 189–206.

Bösch, F.. 3.12.2010. Europäische Medienereignisse. In Institut für europäische Geschichte (Hg.), *Europäische Geschichte Online (EGO)*. Abgerufen von http://www.ieg-ego.eu/de/threads/europaeische-medien/europaeische-medienereignisse

Boyd-Barrett, O. 1977. Media imperialism: Towards an international framework for the analysis of media systems. In Curran, J., Gurevitch, M. (Hg.), *Mass communication and society*, 116–135. London: Edward Arnold.

Boyd-Barrett, O. 1998. Media imperialism reformulated. In Thussu, D.K. (Hg.), *Electronic empires: Global media and local resistance*, 157–176. London: Edward Arnold.

Boykoff, M.T. (2007a). Flogging a dead norm? Newspaper coverage of anthropogenic climate change in the United States and United Kingdom from 2003 to 2006. *Area*, 39(2): 470–481.

Boykoff, M.T. (2007b). From convergence to contention: United States mass media representations of anthropogenic climate change science. *Transactions of the Institute of British Geographers*, 32: 477–489.

Boykoff, M.T. 2008. Lost in translation? United States television news coverage of anthropogenic climate change, 1994–2004. *Climatic Change*, 1(11): 477–489.

Boykoff, M.T., Boykoff, J.M. 2007. Climate change and journalistic norms: A case study of US mass-media coverage. *Geoforum*, 38(6): 1190–1204.

Boykoff, M.T., Mansfield, M. 2008. ‚Ye Olde Hot Aire': Reporting on human contributions to climate change in the UK tabloid press. *Environmental Research Letters*, 3: 1–8.

Brüggemann M. 2005. How the EU constructs the European public sphere: Seven strategies of information policy. *Javnost/the Public*, 12(2): 57–74.

Brüggemann M. 2008. *Europäische Öffentlichkeit durch Öffentlichkeitsarbeit? Die Informationspolitik der EU-Kommission*. Wiesbaden: Verlag für Sozialwissenschaften.

Brüggemann M. 2011. Kultur als Methode: Redaktionskulturen als Schlüsselkonzept zur Erforschung journalistischer Praxis. In Quandt, T., Jandura, O. (Hg.), *Methoden der Journalismusforschung*. Wiesbaden: Verlag für Sozialwissenschaften.

Brüggemann M., Kleinen-v. Königslöw K. 2009. Let's talk about Europe: Explaining vertical and horizontal Europeanization in the quality press. *European Journal of Communication*, 24(1): 27–48.

Brüggemann M., Schulz-Forberg, H. 2009. Becoming pan-European?: Transnational media and the European public sphere. *International Communication Gazette*, 71(8): 693–712.

Brüggemann M., Hepp, A., Kleinen-v. Königslöw K., Wessler, H. 2009. Transnationale Öffentlichkeit in Europa: Forschungsstand und Perspektiven. *Publizistik*, 54(3): 391–414.

Brüggemann M., Sifft, S., Kleinen-v. Königslöw K., Peters, B., Wimmel, A. 2006. Segmentierte Europäisierung. Die Transnationalisierung von Öffentlichkeit in Europa: Trends und Muster. In Latzer, M., Saurwein, F. (Hg.), *Medialer Wandel und Europäische Öffentlichkeit*, 214–231. Wiesbaden: Verlag für Sozialwissenschaften.

Burkart, R., Lang, A. 2007. Die Theorie des kommunikativen Handelns von Jürgen Habermas: Eine kommentierte Textcollage. In Burkart, R., Hömberg R. (Hg.), *Kommunikationstheorien: Ein Textbuch zur Einführung*, 4. Aufl., 42–71. Wien: Wilhelm Braumüller.

Calhoun, C. 1992. Introduction: Habermas and the public sphere. In Calhoun, C. (Hg.), *Habermas and the public sphere*, 1–51. Cambridge: MIT Press.

Carey, J. (1988 [1975]). A cultural approach to communication. In Carey, J.W. (Hg.), *Communication as culture: Essays on media and society*, S. 23–34. New York: Routledge.

Castells, M. 2007. Communication, power and counter-power in the network society. *International Journal of Communication*, (1): 238–266.

Castells, M. 2008. The new public sphere: Global civil society, communication networks, and global governance. *The ANNALS of the American Academy of Political and Social Science*, 616(1): 78–93.

Chalaby, J.K. 1996. Journalism as an Anglo-American invention: A comparison of the development of French and Anglo-American journalism, 1830s–1920s. *European Journal of Communication*, 11(3): 303–326.

Chalaby, J.K. 2002. Transnational television in Europe: The role of pan-European channels. *European Journal of Communication*, 17(2): 183–203.

Chalaby, J.K. 2005. Deconstructing the transnational: A typology of cross-border television channels in Europe. *New Media and Society*, 7(2): 155–175.

Chitty, N. 2009. *International communication for global engagement*. Keynote speech at the Forum of Media and Communication Higher Education, Global Dialogue – Innovation, Collaboration and Action, in Connection with the 55th Anniversary of Communication University China (Unveröffentlichtes Manuskript).

Cobb, R.W., Elder, C. 1971. The politics of agenda-building: An alternative perspective for modern democratic theory. *Journal of Politics*, 33: 892–915.

Cooper, A.F. 2007. *Celebrity diplomacy*. Boulder, CO: Paradigm Publishers.

Cottle, S. 2006. Mediatized rituals: Beyond manufacturing consent. *Media, Culture & Society*, 28(3): 411–432.

Cottle, S., Rai, M. 2008. Global 24/7 news providers: Emissaries of global dominance or global public sphere? *Global Media and Communication*, 4(2): 157–181.

Couldry, N. 2003. *Media rituals: A critical approach*. New York: Routledge.

Couldry, N., Rothenbuhler, E.W. 2007. Simon Cottle on ‚mediatized rituals': A response. *Media, Culture, and Society*, 29(4): 691–695.

Couldry, N., Hepp, A., Krotz, F. (Hg.). 2010. *Media events in a global age*. New York, NY: Routledge.

Cowan, P., Cull, N.J. 2008. Public diplomacy in a changing world. *The ANNALS of the American Academy of Political and Social Science*, 616(1): 6–8.

Cull, N.J. 2008. Public diplomacy: Taxonomies and histories. *The ANNALS of the American Academy of Political and Social Science*, 616(1): 31–54.

Curran, J., Park, M.-J. (Hg.). 2000. *De-Westernizing media studies*. London, New York: Routledge.

Dahl, R.A. 1998. *On democracy*. New Haven: Yale University Press.

Dayan, D. 2010. Beyond media events: Disenchantment, derailment, disruption. In Couldry, N., Hepp, A., Krotz, F. (Hg.), *Media events in a global age*, 23–31. New York: Routledge.

Dayan, D., Katz, E. 1992. *Media events: The live broadcasting of history*. Cambridge/MA, London: Harvard University.

de Vreese, C. 2001. Frames in television news: British, Danish, and Dutch television news coverage of the introduction of the Euro. *Media, Culture and Society*, 23(1): 179–193.

de Vreese, C.H. 2007. A spiral of Euroscepticism: The media's fault? *Acta Politica*, 42(2–3), 271–286.

de Vreese, C.H., Boomgaarden, H. (2006a). News, political knowledge and participation: The differential effects of news media exposure on political knowledge and participation. *Acta Politica*, 41(4): 317–341.

de Vreese, C.H., Boomgaarden, H.G. (2006b). Media effects on public opinion about the enlargement of the European Union. *Journal of Common Market Studies*, 44(2): 419–436.

de Vreese, C., Boomgaarden, H. 2003. Valenced news frames and public support for the EU. *Communications*, 28(4): 361–381.

Della Porta, D., Caiani, M. 2009. *Social movements and Europeanization*. Oxford, New York: Oxford University Press.

D'Essen, C. 2010. Brazil: COP15 as a political platform. In Eide, E., Kunelius, R., Kumpu, V. (Hg.), *Global climate – local journalisms: A transnational study of how media makes sense of climate summits*, 83–96. Bochum, Freiburg: Projektverlag.

Deutsch, K.W. 1956. Shifts in the balance of communication flows: A problem of measurement in international relations. *The Public Opinion Quarterly*, 20(1): 143–160.

Dewey, J. 1927. *The public and its problems*. New York: Henry Holt & Company.

Diez Medrano, J. 2003. *Framing Europe: Attitudes to European integration in Germany, Spain and the United Kingdom*. Princeton, N.J.: Princeton University.

Dominikowski, T. 2004. Massenmedien und Massenkrieg: Historische Annäherungen an eine unfriedliche Symbiose. In Löffelholz, M. (Hg.), *Krieg als Medienereignis II: Krisenkommunikation im 21. Jahrhundert*, 59–80. Wiesbaden: Verlag für Sozialwissenschaften.

Donsbach, W. (Hg.). 2008. *The international encyclopedia of communication*. John Wiley & Sons.

Downey, J., Stanyer, J. 2010. Comparative media analysis: Why some fuzzy thinking might help: Applying fuzzy set qualitative comparative analysis to the personalization of mediated political communication. *European Journal of Communication*, 25(4): 331–347.

Eckstein, H. 1975. Case studies and theory in political science. In Greenstein, F.I., Polsby, N.W. (Hg.), *Handbook of political science. Vol. 1: Political science: Scope and theory*, 94–137. Reading, MA: Addison-Wesley.

Eder, K. 2007. Europa als besonderer Kommunikationsraum. *Berliner Journal für Soziologie*, 17(1): 33–50.

Eder, K., Kantner, C. 2000. Transnationale Resonanzstrukturen in Europa: Eine Kritik der Rede vom Öffentlichkeitsdefizit. In Bach, M. (Hg.), *Die Europäisierung nationaler Gesellschaften. Sonderheft 40 der Kölner Zeitschrift für Soziologie und Sozialpsychologie*, 307–331. Wiesbaden: Westdeutscher Verlag.

Eder, K., Trenz, H. 2004. The democratizing dynamics of a European public sphere: Towards a theory of democratic functionalism. *European Journal of Social Theory*, 7(1): 5–25.

Eide, E., Kunelius, R., Kumpu, V. (Hg.). 2010. *Global climate – local journalisms: A transnational study of how media make sense of climate summits*. Bochum, Freiburg: Projektverlag.

Eide, E., Kunelius, R., Phillips, A. 2008. *Transnational media events: The Mohammed cartoons and the imagined clash of civilizations*. Göteborg: Nordicom.

Eilders, C., Voltmer, K. 2003. Zwischen Deutschland und Europa: Eine empirische Untersuchung zum Grad von Europäisierung und Europa – Unterstützung der meinungsführenden deutschen Tageszeitungen. *Medien & Kommunikationswissenschaft*, 51(2): 250–270.

El Oifi, M. 2005. Influence without power: Al Jazeera and the Arab public sphere. In Zayani, M. (Hg.), *The Al Jazeera phenomenon: Critical perspectives on new Arab media*, 66–79. London: Pluto Press.

Elasmar, M.G. (Hg.) 2003. *The impact of international television: A paradigm shift*. Mahwah, NJ: Lawrence Erlbaum Associates.

Elasmar, M.G., Hunter, J.E. 2003. A meta-analysis of crossborder effect studies. In Elasmar, M.G. (Hg.), *The Impact of international television: A paradigm shift*, 133–155. Mahwah, NJ: Lawrence Erlbaum Associates.

El-Nawawy, M. 2006. US public diplomacy in the Arab World: The news credibility of Radio Sawa and Television Alhurra in five countries. *Global Media & Communication*, 2(2): 183–203.

El-Nawawy, M., Gher, L.A. 2003. Al Jazeera: Bridging the East-West gap through public discourse and media diplomacy. *Transnational Broadcasting Studies*, 10.

Entman, R.M. 2004. *Projections of power: framing news, public opinion, and U.S. foreign policy*. Chicago, London: University of Chicago Press.

Entman, R.M. 2008. Theorizing mediated public diplomacy: The U.S. Case. *International Journal of Press/Politics*, 13(2): 87–102.

Esser, F. 2003. Gut, dass wir verglichen haben: Bilanz und Bedeutung der komparativen politischen Kommunikationsforschung. In Esser, F., Pfetsch, B. (Hg.), *Politische Kommunikation im internationalen Vergleich*, 437–494. Wiesbaden: Westdeutscher Verlag.

Esser, F. 2004. Journalismus vergleichen: Komparative Forschung und Theoriebildung. In Löffelholz, M. (Hg.), *Theorien des Journalismus. Ein diskursives Handbuch, 2. Auflage*, 151–179. Wiesbaden: Verlag für Sozialwissenschaften.

Esser, F. 2008. Dimensions of political news cultures: Sound bite and image bite news in France, Germany, Great Britain, and the United States. *The International Journal of Press/Politics*, 13(4): 401–428.

Esser, F. 2010. Komparative Publizistik- und Kommunikationswissenschaft. In Bonfadelli, H., Jarren, O., Siegert, G. (Hg.), *Einführung in die Publizistikwissenschaft. 3., vollständig überarbeitete Auflage*, 19–56. Bern, Stuttgart, Wien: Haupt Verlag.

Esser, F., Hanitzsch, T. (Hg.) 2012. *The handbook of comparative communication research*. New York: Routledge.

Esser, F., Pfetsch, B. (Hg.) 2003. *Politische Kommunikation im internationalen Vergleich: Grundlagen, Anwendungen, Perspektiven*. Wiesbaden: Westdeutscher Verlag.

Etling, B., Kelly, J., Faris, R., Palfrey, J. 2010. Mapping the Arabic blogosphere: Politics and dissent online. *New Media & Society*, 12(8): 1225–1243.

European Commission 2001. *European Governance: A white paper*. COM (2001) 428 final. Brussels.

Ferree, M.M., Gamson, W.A., Gerhards, J., Rucht, D. (2002a). Four models of the public sphere in modern democracies. *Theory and Society*, 31(3): 289–324.

Ferree, M.M., Gamson, W.A., Gerhards, J., Rucht, D. (2002b). *Shaping abortion discourse: Democracy and the public sphere in Germany and the United States*. Cambridge: Cambridge University Press.

Firmstone, J. 2008. Approaches of the transnational press to reporting Europe. *Journalism*, 9(4): 423–442.

Fraser, N. 2005. *Transnationalizing the public sphere*. European Institue for Progressive Cultural Policies.

Fraser, N. 2007. Transnational public sphere: On the legitimacy and efficacy of public opinion in a post-Westphalian world. *Theory, Culture & Society*, 24(4): 7–30.

García Canclini, N. 1995. *Hybrid cultures: Strategies for entering and leaving modernity*. Minneapolis: University of Minnesota Press.

George, A.L., Bennett, A. 2005. *Case studies and theory developement in the social sciences*. Cambridge: MIT Press.

Georgiou, M. 2006. *Diaspora, identity and the media: Diasporic transnationalism and mediated spatialities*. Cresskill: Hampton Press.

Gerhards, J. 1993. Westeuropäische Integration und die Schwierigkeiten der Entstehung einer europäischen Öffentlichkeit. *Zeitschrift für Soziologie*, 22(2): 96–110.

Gerhards, J. 1998. Öffentlichkeit. In Jarren, O., Sarcinelli, U., Saxer, U. (Hg.), *Politische Kommunikation in der demokratischen Gesellschaft: Ein Handbuch mit Lexikonteil*, 694–695. Wiesbaden: Westdeutscher Verlag.

Gerhards, J. 2000. Europäisierung von Ökonomie und Politik und die Trägheit der Entstehung einer europäischen Öffentlichkeit. In Bach, M. (Hg.), *Die Europäisierung nationaler Gesellschaften. Sonderheft 40 der Kölner Zeitschrift für Soziologie und Sozialpsychologie.*, 277–305. Wiesbaden: Westdeutscher Verlag.

Gerhards, J., Neidhardt, F. 1991. Strukturen und Funktionen moderner Öffentlichkeit: Fragestellungen und Ansätze. In Müller-Doohm, S., Neumann-Braun, K. (Hg.), *Öffentlichkeit, Kultur, Massenkommunikation*, 31–90. Oldenburg: Universitätsverlag.

Gerhards, J., Offerhaus, A., Roose, J. 2009. Wer ist verantwortlich? Die Europäische Union, ihre Nationalstaaten und die massenmediale Attribution von Verantwortung für Erfolge und Misserfolge. In Marcinkowski, F., Pfetsch, B. (Hg.), *Politik in der Mediendemokratie, Sonderheft 42 der Politischen Vierteljahresschrift*, 529–558.

Gerhards, J., Schäfer M.S., Al-Jabiri, I., Seifert, J. 2011. *Terrorismus im Fernsehen*. Wiesbaden: Verlag für Sozialwissenschaften.

Gilboa, E. 2001. Diplomacy in the media age: Three models of uses and effects. *Diplomacy & Statecraft*, 12(2): 1-28.

Gilboa, E. 2008. Searching for a theory of public diplomacy. *The ANNALS of the American Academy of Political and Social Sciences*, 616(1): 55-77.

Gramberger, M.R., Lehmann, I. 1995. UN und EU: Machtlos im Kreuzfeuer der Kritik? Informationspolitik zweier internationaler Organisationen im Vergleich. *Publizistik*, 49(2): 186-204.

Grimm, D. 1995. Does Europe need a constitution? *European Law Journal*, 1(3): 282-302.

Gudykunst, M. (Hg.). 2002. *Handbook of international and intercultural communication*. Thousand Oaks: Sage

Gunaratne, S.A. 2005. *The Dao of the press: A humanocentric theory*. Cresskill, NJ: Hampton Press.

Habermas, J. 1988. *Theorie des kommunikativen Handelns*. Frankfurt: Suhrkamp.

Habermas, J. (1990 [1962]). *Strukturwandel der Öffentlichkeit*. Frankfurt a. M.: Suhrkamp.

Habermas, J. 1992. *Faktizität und Geltung: Beiträge zur Diskurstheorie des Rechts und des demokratischen Rechtsstaats*. Frankfurt a. M.: Suhrkamp.

Habermas, J. 1998. *Die postnationale Konstellation: Politische Essays*. Frankfurt a.M.: Suhrkamp.

Habermas, J. (2001a). Braucht Europa eine Verfassung? In Habermas, J. (Hg.), *Zeit der Übergänge: Kleine politische Schriften IX*, 104-129. Frankfurt am Main: Suhrkamp.

Habermas, J. (2001b): Warum braucht Europa eine Verfassung? *Die Zeit*, 28.06.2001, Nr. 27: 7. Abgerufen von http://www.zeit.de/2001/27/Warum_braucht_Europa_eine_Verfassung_

Hafez, K. 2005. *Mythos Globalisierung: Warum die Medien nicht grenzenlos sind*. Wiesbaden: Verlag für Sozialwissenschaften.

Hahn, O. 2005. Arabisches Satelliten-Nachrichtenfernsehen: Entwicklungsgeschichte, Strukturen und Folgen für die Konfliktberichterstattung aus dem Nahen und Mittleren Osten. *Medien & Kommunikationswissenschaft*, 53(2-3): 241-260.

Hahn, O. 2007. Culture of TV news journalism and prospects for a transcultural public sphere. In Sakr, N. (Hg.), *Arab media and political renewal: Community, legitimacy and public life*, 13-27. London: I.B. Tauris.

Hall, P.A. 2003. Aligning ontology and methodology in comparative research. In Mahoney, J., Rueschemeyer, D. (Hg.), *Comparative historical analysis in the social sciences*, 373-404. Cambridge: Cambridge University Press.

Hall, S. 1999. Kodieren/Dekodieren. In Bromley, R., Göttlich U., Winter, C. (Hg.), *Cultural Studies. Grundlagentexte zur Einführung*, 93-110. Lüneburg: zu Klampen.

Hallin, D.C. 1994. *We keep America on top of the world: Television journalism and the public sphere*. London u. a.: Routledge.

Hallin, D.C., Mancini, P. 2004. *Comparing media systems: Three models of media and politics*. Cambridge: Cambridge University Press.

Hamilton, J.M., Jenner, E. 2004. Redefining foreign correspondence. *Journalism*, 5(3): 301-321.

Hanitzsch, T., Seethaler, J. 2009. Journalismuswelten: Ein Vergleich von Journalismuskulturen in 17 Ländern. *Medien & Kommunikationswissenschaft*, 57(4): 464-483.

Hans-Bredow-Institut (Hg.). 2009. *Internationales Handbuch Medien* (28. Aufl.). Baden-Baden: Nomos.

Harlow, S., Johnson, T.J. 2011. Overthrowing the protest paradigm? How the New York Times, global voices and Twitter covered the Egyptian revolution. *International Journal of Communication*, 5: 1359–1374.

Hasebrink, U., Herzog, A. 2009. Mediennutzung im internationalen Vergleich. In Matzen, C., Herzog, A. (Hg.), *Internationales Handbuch Medien*, 131–155. Baden-Baden: Nomos.

Heikkilä H., Kunelius, R. 2008. Ambivalent ambassadors and realistic reporters: The calling of cosmopolitanism and the seduction of the secular in EU journalism. *Journalism*, 9(4): 377–397.

Hepp, A. 2002. Translokale Medienkulturen. In Hepp, A., Löffelholz M. (Hg.), *Grundlagentexte zur transkulturellen Kommunikation*, 862–885. UVK: Konstanz.

Hepp, A. 2004. *Netzwerke der Medien: Medienkulturen und Globalisierung*. Wiesbaden: Verlag für Sozialwissenschaften.

Hepp, A. 2006. *Transkulturelle Kommunikation*. Konstanz: UVK.

Hepp, A. 2009. Transkulturalität als Perspektive: Überlegungen zu einer vergleichenden empirischen Erforschung von Medienkulturen. *Forum Qualitative Sozialforschung/Forum: Qualitative Social Research*, 10(1). http://www.qualitative-research.net/index.php/fqs/article/view/1221/2659. Zugegriffen: 15.03.2012.

Hepp, A. 2010. *Cultural Studies und Medienanalyse: Eine Einführung*, 3. Aufl. Wiesbaden: Verlag für Sozialwissenschaften.

Hepp, A., Couldry, N. 2009. What should comparative media research be comparing?: Towards a transcultural approach to ‚media cultures'. In Thussu, D.K. (Hg.), *Internationalizing Media Studies*, 32–47. Milton Park, New York: Routledge.

Hepp, A., Couldry, N. 2010. Media events in globalised media cultures. In Couldry, N., Hepp, A., Krotz, F. (Hg.), *Media events in a global age*. London: Routledge.

Hepp, A., Löffelholz, M. (Hg.) 2002. *Grundlagentexte zur transkulturellen Kommunikation*. Konstanz: UVK.

Hepp, A., Vogelgesang, W. (Hg.). 2003. *Populäre Events: Medienevents, Spielevents und Spaßevents*. Opladen: Leske + Budrich.

Hepp, A., Wessler, H. 2009. Politische Diskurskulturen: Überlegungen zur empirischen Erklärung segmentierter europäischer Öffentlichkeit. *Medien & Kommunikationswissenschaft*, 57(2): 174–197.

Hepp, A., Bozdag, C., Suna, L. 2010. Herkunfts-, Ethno- und Weltorientierte: Aneignungstypen der kulturellen Identität und kommunikativen Vernetzung in der Diaspora. *Medien & Kommunikationswissenschaft*, 58(3): 320–340.

Hepp, A., Brüggemann M., Kleinen-v. Königslöw K., Lingenberg, S., Möller J. 2012. *Politische Diskurskulturen in Europa: Die Mehrfachsegmentierung europäischer Öffentlichkeit*. Wiesbaden: Verlag für Sozialwissenschaften.

Hepp, A., Krotz, F., Winter, C. (Hg.). 2005. *Die Globalisierung der Medienkommunikation: Eine Einführung*. Wiesbaden: Verlag für Sozialwissenschaften.

Hepp, A., Möller J., Kleinen-von Königslöw K., Brüggemann M., Lingenberg, S. 2009. Political discourse cultures in Europe: Explaining the multi-segmentation of the European public sphere through a transnational and transcultural perspective. In Carpentier, N. (Hg.), *Communicative approaches to politics and ethics in Europe*, 45–58. Brüssel: ECREA.

Hilgartner, S., Bosk, C.L. 1988. The rise and fall of social problems: A public arena model. *American Journal of Sociology*, 94(1): 53–78.

Hobsbawm, E.J. 1991. *Nations and nationalism since 1780: Programme, myth, reality*. Cambridge: Cambridge University Press.

Hofstede, G. 1991. *Culture's consequences: Software of the mind*. London: McGraw Hill.

Höijer, B. 2004. The discourse of global compassion: The audience and media reporting of human suffering. *Media, Culture & Society*, 26(4): 513.

Holtz-Bacha, C. 2003. Kampagnen politischer Kommunikation: Zur Internationalisierung und Konvergenz moderner Medienwahlkämpfe. In Esser, F., Pfetsch, B. (Hg.), *Politische Kommunikation im internationalen Vergleich: Grundlagen, Anwendungen, Perspektiven*, 240–258. Wiesbaden: Westdeutscher Verlag.

Holtzhausen, D. 2008. Strategic communication. In Donsbach, W. (Hg.), *The international encyclopedia of communication*. Malden, Oxford, Victoria: Blackwell.

Holzinger, K. 2005. Institutionen und Entscheidungsprozesse der EU. In Holzinger, K., Knill, C., Peters, D., Rittberger, B., Schimmelfennig, F., Wagner, W. (Hg.), *Die Europäische Union: Theorien und Analysekonzepte*, 81–152. Paderborn: Ferdinand Schöningh.

Hooghe, L., Marks, G. 2005. Calculation, community, and cues: Public opinion on European integration. *European Union Politics*, 6(4): 419–443.

Howard, P.N. 2011. *The digital origins of dictatorship and democracy: Information technology and political Islam*. Oxford: Oxford University Press.

Huntington, S.P. 1996. *The clash of civilizations: Remaking of world order*. New York: Simon & Schuster.

Imhof, K. 2008. Theorie der Öffentlichkeit als Theorie der Moderne. In Winter, C., Hepp, A., Krotz, F. (Hg.), *Theorien der Kommunikations- und Medienwissenschaft: Grundlegende Diskussionen, Forschungsfelder und Theorieentwicklungen*, 65–89. Wiesbaden: Verlag für Sozialwissenschaften.

Imhof, K. 2011. *Die Krise der Öffentlichkeit. Kommunikation und Medien als Faktoren des sozialen Wandels*. Frankfurt am Main: Campus.

Iyengar, S., Hahn, K.S., Bonfadelli, H., Marr, M. 2009. ‚Dark areas of ignorance' revisited: Comparing international affairs knowledge in Switzerland and the United States. *Communication Research*, 36(3): 341–358.

Jahn, D. 2006. *Einführung in die vergleichende Politikwissenschaft*. Wiesbaden: Verlag für Sozialwissenschaften.

Jahn, D. 2009. Globalisierung als Galton-Problem: Regionale und temporale Diffusionsschübe. In Pickel, S., Pickel, G., Lauth, H.J., Jahn, D. (Hg.), *Methoden der vergleichenden Politik- und Sozialwissenschaft. Neue Entwicklungen und Anwendungen*, 541–566. Wiesbaden: Verlag für Sozialwissenschaften.

Jandt, F.E. 2003. *An introduction to intercultural communication: Identities in a global community*. Thousand Oaks (u. a.): Sage.

Jentges, E., Trenz, H., Vetters, R. 2007. Von der politischen zur sozialen Konstitutionalisierung Europas: Verfassungsgebung als Katalysator europäischer Vergesellschaftung? *Politische Vierteljahresschrift*, 48(4): 705–729.

Kantner, C. 2004. *Kein modernes Babel: Kommunikative Voraussetzungen europäischer Öffentlichkeit*. Wiesbaden: Verlag für Sozialwissenschaften.

Katz, E., Liebes, T. 2007. ‚No more peace!': How disaster, terror and war have upstaged media events. *International Journal of Communication*, 1(1): 157–166.

Kevin, D. 2003. *Europe in the Media: A comparison of reporting, representation, and rhetoric in national media systems in Europe*. Mahwah, New Jersey, London: Lawrence Erlbaum Associates.

Kielmansegg, P.G. 1996. Integration und Demokratie. In Jachtenfuchs, M., Kohler-Koch, B. (Hg.), *Europäische Integration*, 49–71. Opladen: Leske + Budrich.

Kleinen-v. Königslöw K. 2010. Europe for the people? The Europeanization of public spheres in the tabloid press. In Tréfás D., Lucht, J. (Hg.), *Europe on trial: Shortcomings of the EU with regard to democracy, public sphere and identity*, 44–60. Innsbruck: Studienverlag/Transaction Press.

Kleinen-von Königslöw K. (im Erscheinen). Europe in crisis? Testing stability and explanatory factors for the Europeanization of national public dpheres. *International Communication Gazette,*

Kleinsteuber, H.J. 2000. Öffentlichkeit und öffentlicher Raum. In Faulstich, W., Hickethier, K. (Hg.), *Öffentlichkeit im Wandel*, 34–48. Bardowick: Wissenschaftler-Verlag.

Kleinsteuber, H.J. 2003. Medien und Kommunikation im internationalen Vergleich: Konzepte, Methoden und Befunde. In Esser, F., Pfetsch, B. (Hg.), *Politische Kommunikation im internationalen Vergleich*, 78–103. Wiesbaden: Westdeutscher Verlag.

Kleinsteuber, H.J. 2004. Strukturwandel der europäischen Öffentlichkeit? Der Öffentlichkeitsbegriff von Jürgen Habermas und die European public sphere. In Hagen, L.M. (Hg.), *Europäische Union und mediale Öffentlichkeit*, 29–46. Köln: Herbert von Halem.

Kleinsteuber, H.J. 2006. Deutsche Welle & Co und ihr Beitrag zur Stärkung europäischer Öffentlichkeit. In Langenbucher, W.R., Latzer, M. (Hg.), *Europäische Öffentlichkeit und medialer Wandel: Eine transdisziplinäre Perspektive*, 305–317. Wiesbaden: Verlag für Sozialwissenschaften.

Kohn, M.L. 1987. Cross-national research as an analytic strategy. *American Sociological Review*, 52(6): 713–731.

Koopmans, R. 2007. Who inhabits the European public sphere? Winners and losers, supporters and opponents in Europeanised political debates. *European Journal of Political Research*, 46(2): 183–210.

Koopmans, R. 2010. Winners and losers, supporters and opponents in Europeanized public debates. In Koopmans, R., Statham, P. (Hg.), *The making of a European public sphere*, 97–121. Cambridge: Cambridge University Press.

Koopmans, R., Erbe, J. 2004. Towards a European public sphere? Vertical and horizontal dimensions of Europeanised political communication. *Innovation: The European Journal of Social Science Research*, 17(2): 97–118.

Koopmans, R., Zimmermann, A. 2010. Transnational political communication on the Internet. In Koopmans, R., Statham, P. (Hg.), *The making of a European public sphere*, 171–194. Cambridge: Cambridge University Press.

Koopmans, R., Erbe, J., Meyer, M.F. 2010. The Europeanization of public spheres: Comparisons across issues, time, and countries. In Koopmans, R., Statham, P. (Hg.), *The making of a European public sphere*, 63–96. Cambridge: Cambridge University Press.

Kraidy, M.M. 2005. *Hybridity, Or the cultural logic of globalization*. Philadelphia: Temple University Press.

Krause, M. 2007. Vom „Weltbeben" zur „Spendenflut": Die Tsunami-Katastrophe des 26. Dezember 2004. In Schneider, I., Bartz, C. (Hg.), *Formationen der Mediennutzung*, 119–137. Bielefeld: Transcript.

Krotz, F. 2005. Von Modernisierungs- über Dependenz- zu Globalisierungstheorien. In Hepp, A., Krotz, F., Winter, C. (Hg.), *Die Globalisierung der Medienkommunikation: Eine Einführung*, 21–43. Wiesbaden: Verlag für Sozialwissenschaften.

Krotz, F. 2006. Konnektivität der Medien: Konzepte, Bedingungen und Konsequenzen. In Hepp, A., Krotz, F., Moores, S., Winter, C. (Hg.), *Konnektivität, Netzwerk und Fluss: Konzepte gegenwärtiger Medien-, Kommunikations- und Kulturtheorie*, 21–42. Wiesbaden: Verlag für Sozialwissenschaften.

Kumar, P. 2011. Foreign correspondents: Who covers what. *American Journalism Review* (Dezember/ Januar 2011).

Kunelius, R., Nossek, H. 2008. Between the ritual and the rational: From media events to moments of global public spheres. In Eide, E., Kunelius, R., Phillips, A. (Hg.), *Transnational media events: The Mohammed cartoons and the imagined clash of civilizations*, 253–273. Göteborg: Nordicom.

Kyriakidou, M. 2008. Rethinking media events in the context of a global public sphere: Exploring the audience of global disasters in Greece. *Communications*, 33(3): 273–291.

Landman, T. 2008. *Issues and methods in comparative politics* (3. Aufl.). London: Routledge.

Lasswell, H. 1948. Structure and function of communication in society. In Bryson, L. (Hg.), *The communication of ideas*, 32–51. New York: Harper.

Latzer, M., Saurwein, F. 2006. Europäisierung durch Medien: Ansätze und Erkenntnisse der Öffentlichkeitsforschung. In Langenbucher, W.R., Latzer, M. (Hg.), *Europäische Öffentlichkeit und medialer Wandel: Eine transdisziplinäre Perspektive*, 10–45. Wiesbaden: Verlag für Sozialwissenschaften.

Lauth, H.J., Pickel, G., Pickel, S. 2009. *Methoden der vergleichenden Politikwissenschaft. Eine Einführung*. Wiesbaden: Verlag für Sozialwissenschaften.

Leibfried, S., Zürn, M. (Hg.) 2006. *Transformationen des Staats?* Frankfurt a.M.: Suhrkamp.

Liebes, T., Katz, E. 1990. *The export of meaning: Cross-cultural readings on Dallas*. New York and Oxford: Oxford University Press.

Liebes, T. 1998. Television's disaster marathons: A danger for democratic processes? In Liebes, T., Curran, J. (Hg.), *Media, ritual and identity*, 71–84. London: Routledge.

Lingelbach, G. 2007. Das Bild des Bedürftigen und die Darstellung von Wohltätigkeit in den Werbemaßnahmen bundesrepublikanischer Wohltätigkeitsorganisationen. *Archiv für Kulturgeschichte*, 89: 345–365.

Lingenberg, S. 2010. *Europäische Publikumsöffentlichkeiten*. Wiesbaden: Verlag für Sozialwissenschaften

Livingstone, S. 2012. Cross-national and transnational approaches to the globalising media landscape. In Esser, F., Hanitzsch, T. (Hg.), *Handbook of comparative communication research*. New York: Routledge (im Erscheinen).

Lockwood, A. 2008. *Seeding doubt: How skeptics use new media to delay action on climate change*. Association for Journalism Education annual conference paper, Sheffield University, 12.9.2008.

Löffelholz M., Weaver, D. (Hg.) 2008. *Global journalism research: Theories, findings, future*. Malden, Oxford, Victoria: Blackwell.

Lotan, G., Graeff, E., Ananny, M., Gaffney, D., Pearce, I., Boyd, D. 2011. The revolutions were tweeted: Information flows during the 2011 Tunisian and Egyptian revolutions. *International Journal of Communication*, 5: 1375–1405.

Lucht, J. 2010. European public sphere: Semantics of difference in European public communication. In Tréfás D., Lucht, J. (Hg.), *Europe on trial: Shortcomings of the EU with regard to democracy, public sphere, and identity*, 32–43. Innsbruck: Studienverlag.

Luhmann, N. 2004 [1995]. *Die Realität der Massenmedien*. Wiesbaden: Verlag für Sozialwissenschaften.

Lynch, M. 2006. *Voices of the new Arab public: Iraq, Al-Jazeera, and Middle East politics today*. New York: Columbia University Press.

MacBride, S. 1980. *Many voices, one world: Communication and society today and tomorrow: Towards a more just and more efficient world information and communication order*. Paris: UNESCO, International Commission for the Study of Communication Problems.

Maier, J. (12.12.2008). *Jury soll „Ostblockmafia" knacken*. Abgerufen am 18.4.2011 von http://www.stern.de/kultur/musik/eurovision-song-contest-jury-soll-ostblockmafia-knacken-648899.html

Maletzke, G. 1966. Interkulturelle Kommunikation und Publizistikwissenschaft. *Publizistik*, 11(4): 318–331.

Marcinkowski, F. 1993. *Publizistik als autopoietisches System*. Opladen: Westdeutscher Verlag.

Mau, S. 2007. *Transnationale Vergesellschaftung: Die Entgrenzung sozialer Lebenswelten*. Frankfurt a. M., New York: Campus.

McComas, K., Shanahan, J. 1999. Telling stories about global climate change: Measuring the impact of narratives on issue cycles. *Communication Research*, 26: 30–57.

McMichael, P. 1990. Incorporating comparison within a world-historical perspective: An alternative comparative method. *American Sociological Review*, 55(3): 385–397.

McMichael, P. 2000. World-systems analysis, globalization, and incorporated comparison. *Journal of World-Systems Research*, 6(3): 68–99.

McMillin, D. 2007. *International media studies*. Malden, Oxford, Victoria: Blackwell Publishing.

McPhail, T.L. 2007. *Global communication: theories, stakeholders, and trends* (2. Aufl.). Malden, Oxford, Victoria: Blackwell Publishing.

McQuail, D. 2010. *McQuail's mass communication theory* (6. Aufl.). London: Sage.

Melissen, J. 2005. The new public diplomacy: Between theory and practice. In Melissen, J. (Hg.), *The new public diplomacy: Soft power in international relations*, 3–27. Basingstoke: Palgrave Macmillan.

Meyer, C.O. 1999. Political legitimacy and the invisibility of politics: Exploring the European Union's communication deficit. *Journal of Common Market Studies*, 37(4): 617–639.

Meyer, C.O. 2002. *Europäische Öffentlichkeit als Kontrollsphäre: Die Europäische Kommission, die Medien und politische Verantwortlichkeit*. Berlin: Vistas.

Moeller, S.D. 1999. *Compassion fatigue. How the media sell disease, famine, war and death*. New York: Routledge.

Muno, W. 2009. Fallstudien und die vergleichende Methode. In Pickel, S., Pickel, G., Lauth, H.J., Jahn, D. (Hg.), *Methoden der vergleichenden Politik- und Sozialwissenschaft. Neue Entwicklungen und Anwendungen*, 113–131. Wiesbaden: Verlag für Sozialwissenschaften.

Neidhardt, F. 1994. Öffentlichkeit, öffentliche Meinung, soziale Bewegungen. In Neidhardt, F. (Hg.), *Öffentlichkeit, öffentliche Meinung, soziale Bewegungen*. Sonderheft 34/1994 der Kölner Zeitschrift für Soziologie und Sozialpsychologie, 7–41. Opladen: Westdeutscher Verlag.

Neidhardt, F. 2006. Europäische Öffentlichkeit als Prozess: Anmerkungen zum Forschungsstand. In Langenbucher, W.R., Latzer, M. (Hg.), *Europäische Öffentlichkeit und medialer Wandel: Eine transdisziplinäre Perspektive*, 46–61. Wiesbaden: Verlag für Sozialwissenschaften.

Neverla, I. 2008. *The IPCC reports 1990–2007 in the media: A case-study on the dialectics between journalism and natural sciences*. Paper presented in the panel ‚A global dialogue on climate change' at the ICA conference ‚Communicating for Social Impact', May 22th–26th, Montreal, Canada.

Nguyen Vu, H. 2010. *Money matters. A cross-national study of economic influences on TV-News*. Dissertation an der Universität Zürich.

Nicolaidis, K. 2004. „We, the peoples of Europe…", *Foreign Affairs*, 83(6): 97–110.

Nisbet, E.C., Myers, T.A. 2010. Challenging the state: Transnational TV and political identity in the Middle East. *Political Communication*, 27(4): 347–366.

Nisbet, E.C., Nisbet, M.C., Scheufele, D.A., Shanahan, J.E. 2004. Public diplomacy, television news, and Muslim opinion. *Harvard International Journal of Press/Politics*, 9(2): 11–37.

Norris, P. 2003. Globale politische Kommunikation: Freie Medien, gutes Regieren und Wohlstandsentwicklung. In Pfetsch, B., Esser, F. (Hg.), *Politische Kommunikation im internationalen Vergleich. Grundlagen, Anwendungen, Perspektiven*, 135–178. Wiesbaden: Westdeutscher Verlag.

Norris, P. 2009. Comparative political communications: Common frameworks or Babelian confusion? *Government and Opposition*, 44(3): 321–340.

Norris, P., Inglehart, R. 2009. *Cosmopolitan communications: Cultural diversity in a globalized world*. Cambridge: Cambridge University Press.

Nossek, H. 2008. ‚News media'-media events: Terrorist acts as media events. *Communications – the European Journal of Communication Research*, 33(3): 313–330.

Oberhuber, F., Bärenreuter C., Krzyzanowski, M., Schönbauer H., Wodak, R. 2005. Debating the European constitution: On representations of Europe/the EU in the press. *Journal of Language and Politics*, 4(2): 227–271.

Offerhaus, A. 2011. *Die Professionalisierung des deutschen EU-Journalismus: Expertisierung, Inszenierung und Institutionalisierung der europäischen Dimension im deutschen Journalismus*. Wiesbaden: Verlag für Sozialwissenschaften.

O'Keefe, D.J. 2008. Persuasion. In Donsbach, W. (Hg.), *International encyclopedia of communication*. Malden, Oxford, Victoria: Blackwell.

Olson, S.R. 1999. *Hollywood planet: Global media and the competetive advantage of narrative transparency*. Mahwah, NJ: Lawrence Erlbaum Associates.

Orgeret, K.S. 2010. South Africa: A balancing act in a country of (at least) two nations. In Eide, E., Kunelius, R., Kumpu, V. (Hg.), *Global climate – local journalisms: A transnational study of how media makes sense of climate summits*, 291–308. Bochum, Freiburg: Projektverlag.

Peter, J., de Vreese, C.H. 2004. In search of Europe: A cross-national comparative study of the European Union in national television news. *The Harvard International Journal of Press/Politics*, 9(4): 3–24.

Peter, J., Lauf, E., Semetko, H.A. 2004. Television coverage of the 1999 European parliamentary elections. *Political Communication*, 21: 415–433.

Peters, B. 1993. *Die Integration moderner Gesellschaften*. Frankfurt a. M.: Suhrkamp.

Peters, B. 1994. Der Sinn von Öffentlichkeit. In Neidhardt, F. (Hg.), Öffentlichkeit, öffentliche Meinung, soziale Bewegungen. *Kölner Zeitschrift für Soziologie und Sozialpsychologie*, Sonderheft 34: 42–76. Opladen: Westdeutscher Verlag.

Peters, B. 2002. Die Leistungsfähigkeit heutiger Öffentlichkeiten: Einige theoretische Kontroversen. In Imhof, K., Jarren, O., Blum, R. (Hg.), *Integration und Medien*, 23–35. Wiesbaden: Westdeutscher Verlag.

Peters, B. 2005. Public discourse, identity, and the problem of democratic legitimacy. In Eriksen, E.O. (Hg.), *Making the European polity: Reflexive integration in the EU*, 84–123. London: Routledge.

Peters, B. 2007a. *Der Sinn von Öffentlichkeit*. Herausgegeben von H. Wessler, mit einem Vorwort von J. Habermas. Frankfurt am Main: Suhrkamp.

Peters, B. 2007b. Öffentlicher Diskurs, Identität und das Problem demokratischer Legitimität. In Peters, B., *Der Sinn von Öffentlichkeit*. Herausgegeben von H. Wessler, mit einem Vorwort von J. Habermas, 322-376. Frankfurt am Main: Suhrkamp.

Peters, B. 2007c. Über öffentliche Deliberation und öffentliche Kultur. In Peters, B., *Der Sinn von Öffentlichkeit*. Herausgegeben von H. Wessler, mit einem Vorwort von J. Habermas, 103-186. Frankfurt am Main: Suhrkamp.

Peters, B., Wessler, H. 2006. Transnationale Öffentlichkeit: Analytische Dimensionen, normative Standards, sozialkulturelle Produktionsstrukturen. In Imhof, K., Blum, R., Bonfadelli, H., Jarren, O. (Hg.), *Demokratie in der Mediengesellschaft*, 125-144. Wiesbaden: Verlag für Sozialwissenschaften.

Peters, H.P., Heinrichs, H. 2007. Das öffentliche Konstrukt der Risiken durch Sturmfluten und Klimawandel. In Schuchardt, B., Schirmer, M. (Hg.), *Land unter: Klimawandel, Küstenschutz und Risikomanagement in Nordwestdeutschland: Die Perspektive 2050*, 115-143. München: Oekom Verlag.

Peters, H., Heinrichs, H. 2008. Legitimizing climate policy: The ‚risk construct' of global climate change in the German mass media. *International Journal of Sustainability Communication*, 3: 14-36.

Pew Research Center's Project of Excellence in Journalism (Hg.). (5.10.2009). *Covering the great recession. How the media have depicted the economic crisis during Obama's presidency* . Abgerufen von http://www.journalism.org/analysis_report/covering_great_recession.

Pfetsch, B., Esser, F. (Hg.) 2003. *Politische Kommunikation im internationalen Vergleich. Grundlagen, Anwendungen, Perspektiven*. Wiesbaden: Westdeutscher Verlag.

Pfetsch, B., Esser, F. 2008. Conceptual challenges to the paradigms of comparative media systems in a globalized world. *Journal of Global Mass Communication*, 1(3/4), 118-131.

Pfetsch, B., Adam, S., Berkel, B. 2008. The contribution of the press to Europeanization of public debates: A comparative study of issue salience and conflict lines of European integration. *Journalism*, 9(4), 465-492.

Pfetsch, B., Adam, S., Eschner, B. 2010. The media's voice over Europe: Issue salience, openness, and conflict lines in editorials. In Koopmans, R., Statham, P. (Hg.), *The making of a European public sphere*, 151-170. Cambridge: Cambridge University Press.

Phillips, L. (18.3.2010). Brussels press corps shaken by declining numbers. *EUobserver*. Abgerufen von http://euobserver.com/851/29717

Plasser, F., Plasser, G. 2003. *Globalisierung der Wahlkämpfe: Praktiken der Campaign Professionals im weltweiten Vergleich*. Wien: WUV Universitätsverlag.

Price, M.E., Dayan, D. (Hg.). 2008. *Owning the Olympics: Narratives of the new China*. Ann Arbor: Michigan University Press.

Pries, L. 2008. *Die Transnationalisierung der sozialen Welt: Sozialräume jenseits von Nationalgesellschaften*. Frankfurt a.M.: Suhrkamp.

Przeworski, A., Teune, H. 1970. *The logic of comparative social inquiry*. Malabar, FL: Krieger.

Raeymaeckers, K., Cosijn, L., Deprez, A. 2007. Reporting the European Union: An analysis of the Brussels press corps and the mechanisms influencing the news flow. *Journalism Practice*, 1(1): 103-119.

Ragin, C. 1987. *The comparative method: Moving beyond qualitative and quantitative methods*. Berkeley, Los Angeles, London: University of California Press.

Ragin, C. 2008. *Redesigning social inquiry. Fuzzy sets and beyond*. Chicago: The University of Chicago Press.

Redelfs, M. 1996. *Investigative Reporting in den USA: Strukturen eines Journalismus der Machtkontrolle*. Opladen: Westdeutscher Verlag.

Reese, S.D. 2001. Understanding the global journalist: A hierarchy-of-influences approach. *Journalism Studies*, 2(2): 173–187.

Riegert, K., Olsson, E. 2007. The importance of ritual in crisis journalism. *Journalism Practice*, 1(2): 143–158.

Rihoux, B., Ragin, C. (Hg.). 2009. *Configurational comparative methods: Qualitative comparative analysis (QCA) and related techniques*. Thousand Oaks u. a.: Sage Publications.

Rinke, E.M., Röder M. 2011. Media ecologies, communication culture, and temporal-spatial unfolding: Three components in a communication model of the Egyptian regime change. *International Journal of Communication*, 5: 1273–1285.

Risse, T. 2002. Zur Debatte um die (Nicht-)Existenz einer europäischen Öffentlichkeit: Was wir wissen, und wie es zu interpretieren ist. *Berliner Debatte Initial*, 13(5/6), 15–23.

Risse, T. 2010. *A community of Europeans? Transnational identities and public spheres*. Ithaca, London: Cornell University Press.

Robins, K. 2010. *Transcultural communication: Achievements and challenges of a research field*. Keynote address, Third European Communication Conference, Hamburg, October 2010. Abgerufen von http://lecture2go.uni-hamburg.de/konferenzen/-/k/11387;jsessionid=1C43E385CAD0CDA763CFA805B8528FBC

Rohn, U. 2010. *Cultural barriers to the success of foreign media content: Western media in China, India, and Japan*. Frankfurt am Main: Peter Lang.

Rothenbuhler, E.W. 2010. From media events to ritual to communicative form. In Couldry, N., Hepp, A., Krotz, F. (Hg.), *Media events in a global age*, 61–76. New York, NY: Routledge.

Rugh, W.A. 2009. Repairing American public diplomacy. *Arab Media & Society*, Nr. 7 (Februar 2009).

Russell, A. 2010. Old media, new journalism: The changing landscape of climate news. In Kunelius, R., Eide, E. (Hg.), *Reading the environment: An international analysis of press discourses on the climate crisis*. Gothenburg: Nordicom.

Russell, A. 2011. Extra-national information flows, social media, and the 2011 Egyptian uprising. *International Journal of Communication*, 5: 1238–1247.

Sabry, T. 2009. Media and cultural studies in the Arab world: Making bridges to local discourses of modernity. In Thussu, D.K. (Hg.), *Internationalizing media studies*, 196–213. London (u. a.): Routledge.

Sarcinelli, U. 2005. *Politische Kommunikation in Deutschland: Zur Politikvermittlung im demokratischen System*. Wiesbaden: Verlag für Sozialwissenschaften.

Schäfer M.S., Ivanova, A., Schmidt, A. 2011. Globaler Klimawandel, globale Öffentlichkeit? Medienaufmerksamkeit für den Klimawandel in 23 Ländern. *Studies in Communication/Media*, 1(1): 131–148.

Scherer, H., Tiele, A., Haase, A., Hergenröder S., Schmid, H. 2006. So nah und doch so fern: Zur Rolle des Nachrichtenfaktors „Nähe" in der internationalen Tagespresse. *Publizistik*, 51(2): 201–224.

Schlesinger, P.R. 1999. Changing spaces of political communication: The case of the European Union. *Political Communication*, 16(3): 263–280.

Schlütz D. 2012. Der Prozess grenzüberschreitender Medienwirkungen. Das Susceptibility to Imported Media(SIM)-Modell am Beispiel US-amerikanischer Fernsehserien. In Wessler, H., Averbeck-

Lietz, S. (Hg.), *Grenzüberschreitende Medienkommunikation. Sonderband Nr. 2 von Medien & Kommunikationswissenschaft*. Baden-Baden: Nomos.

Schneider, C.Q., Wagemann, C. 2007. *Qualitative Comparative Analysis (QCA) und Fuzzy Sets: Ein Lehrbuch für Anwender und jene, die es werden wollen*. Opladen, Farmington Hills: Barbara Budrich.

Schneider, S. 2008. United in protest? The European struggle over genetically modified food. In Wessler, H., Peters, B., Brüggemann M., Kleinen-v.Königslöw K., Sifft, S. (Hg.), *Transnationalization of public spheres*, 131-167. Basingstoke, New Yoke: Palgrave Macmillan.

Schulz, W. 1990. *Die Konstruktion von Realität in den Nachrichtenmedien. Analyse der aktuellen Berichterstattung*. Freiburg, München: Alber.

Shaw, M. 1996. *Civil society and media in global crises. Representing distant violence*. New York: Pinter.

Sheafer, T., Gabay, I. 2009. Mediated public diplomacy: A strategic contest over international agenda building and frame building. *Political Communication*, 26(4): 447-467.

Shoemaker, P.J., Reese, S. 1996. *Mediating the message: Theories of influence on mass media content*. White Plains, NY: Longman.

Shore, C. 2000. *Building Europe: The cultural politics of European integration*. London: Routledge.

Siebert, F.S., Peterson, T., Schramm, W. 1956. *Four theories of the press. The authoritarian, libertarian, social responsibility and Soviet communist concepts of what the press should be and do*. Urbana: University of Illinois Press.

Simons, J. 2009. Obama's Egyptian report card: His first 100 days and the Cairo speech. *Arab Media & Society*, Nr. 9 (Fall 2009).

Sinclair, J., Jacka, E., Cunningham, S. (Hg.). 2002. *Peripheral vision: New patterns in global television*. Oxford: Oxford University Press.

Sireau, N. 2009. *Make poverty history: Political communication in action*. Basingstoke: Palgrave Macmillan.

Smith, P. 2005. *Why war? The cultural logic of Iraq, the Gulf War, and Suez*. Chicago: University of Chicago Press.

Snow, N., Taylor, P.M. (Hg.). 2009. *Routledge handbook of public diplomacy*. New York: Routledge.

Statham, P. 2007. Journalists as commentators on European politics: Educators, partisans or ideologues? *European Journal of Communication*, 22: 461-477.

Stevenson, R.L. 1992. Defining international communication as a field. *Journalism Quarterly*, 69(3): 543-553.

Stewart, B. (2.12.2004). *Strange destiny*. Abgerufen am 20.4.2011 von http://www.cbc.ca/news/background/ethiopia/

Straubhaar, J.D. 2007. *World television: From global to local*. London, California, New Delhi, Singapore: Sage.

Thomaß, B. (Hg.) 2007. *Mediensysteme im internationalen Vergleich*. Konstanz: UVK.

Thussu, D.K. 2006. *International Communication. Continuity and Change*. New York: Hodder Arnold.

Thussu, D.K. (Hg.) 2007a. *Media on the move: Global flow and contra-flow*. London, New York: Routledge.

Thussu, D.K. 2007b. *News as entertainment. The rise of global infotainment*. London, Thousand Oaks, CA, New Delhi: Sage.

Thussu, D.K. (Hg.) 2009. *Internationalizing media studies*. London, New York: Routledge.

Thussu, D.K. (Hg.) 2010. *International communication: A reader*. London, New York: Routledge.

Tobler, S. 2010. *Transnationalisierung nationaler Öffentlichkeit: Konfliktinduzierte Kommunikationsverdichtungen und kollektive Identitätsbildung in Europa.* Wiesbaden: Verlag für Sozialwissenschaften.

Tomlinson, J. 1991. *Cultural imperialism: A critical introduction.* London: Pinter.

Tomlinson, J. 1999. *Globalization and culture.* Chicago: University of Chicago Press.

Trenz, H. 2004. Media coverage on European governance: Exploring the European public sphere in national quality newspapers. *European Journal of Communication,* 19(3): 291-319.

Trenz, H. 2005. *Europa in den Medien: Die europäische Integration im Spiegel nationaler Öffentlichkeiten.* Frankfurt, New York: Campus Verlag.

Trenz, H. 2007. ‚Quo vadis Europe¿: Quality newspapers struggling for European unity. In Fossum, J.E., Schlesinger, P. (Hg.), *The European Union and the public sphere: A communicative space in the making?,* 89-109. London: Routledge.

Trenz, H. 2008. Methodologischer Nationalismus oder Mediennationalismus? Über die begrenzte Notwendigkeit einer Neuorientierung der Medien- und Öffentlichkeitsforschung in Europa. *Medien & Zeit,* 23(3): 4-17.

Trenz, H. 2009. European civil society: Between participation, representation and discourse. *Policy and Society,* 28: 35-46.

Trepte, S. 2008. Cultural proximity in TV entertainment: An eight-country study on the relationship of nationality and the evaluation of U.S. prime-time fiction. *Communications: The European Journal of Communication Research,* 33(1): 1-25.

Tsaliki, L., Frangonikolopoulos, C.A., Huliaras, A. 2011. *Transnational celebrity activism in global politics: Changing the world?.* Bristol, u. a.: Intellect Books.

Tuch, H. 1990. *Communicating with the world: US public diplomacy overseas.* New York: St. Martin's.

Tunstall, J. 2008. *The media were American. US mass media in decline.* New York, Oxford: Oxford University Press.

Uplinger, H. 1989. Global TV: What follows Live Aid? *Intermedia,* 17(6): 17-19.

van de Steeg, M. 2006. Does a public sphere exist in the EU? An analysis of the content of the debate on the Haider case. *European Journal of Political Research,* 45(5): 609-634.

van den Daele, W., Neidhardt, F. (Hg.). 1996. *Kommunikation und Entscheidung: Politische Funktionen öffentlicher Meinungsbildung und diskursiver Verfahren.* Berlin: Edition Sigma.

Vetters, R. 2007. Vor Ort in Europa: Ein Vergleich der EU-Berichterstattung deutscher Qualitäts- und Regionalzeitungen. *Medien & Kommunikationswissenschaft,* 3: 355-371.

Vliegenthart, R., Schuck, A.R., Boomgaarden, H.G., De Vreese, C.H. 2008. News coverage and support for European integration, 1990-2006. *International Journal of Public Opinion Research,* 20(4): 415-439.

Volkmer, I. 2002. Sphären transkultureller Öffentlichkeit: Dialektische Räume im globalen Diskurs. In Hepp, A., Löffelholz M. (Hg.), *Grundlagentexte zur transkulturellen Kommunikation,* 819-834. UVK: Konstanz.

Volkmer, I. 2003. The global network society and the global public sphere. *Development,* 46(1): 9-16.

Wang, G. (Hg.). 2011. *De-Westernizing communication research: Altering questions and changing frameworks.* London: Routledge.

Wark, M. 1994. *Virtual geography: Living with global media events.* Bloomington: Indiana University Press.

Weber, M. (1980 [1922]). *Wirtschaft und Gesellschaft* (5. Aufl.). Tübingen: Mohr.

Weber, M. (1988 [1922]). *Gesammelte Aufsätze zur Wissenschaftslehre*. Tübingen: Mohr.

Weiler, J.H.H. 1999. *The constitution of Europe: Do the new clothes have an emperor?* Cambridge: Cambridge University Press.

Weischenberg, S. 1995. *Journalistik. Theorie und Praxis. Band 2: Medientechnik, Medienfunktionen, Medienakteure*. Opladen: Westdeutscher Verlag.

Wessler, H. 1999. *Öffentlichkeit als Prozess: Deutungsstrukturen und Deutungswandel in der deutschen Drogenberichterstattung*. Opladen, Wiesbaden: Westdeutscher Verlag.

Wessler, H. 2002. Journalismus und Kommunikationswissenschaft: Eine Einleitung. In Jarren, O., Wessler, H. (Hg.), *Journalismus – Medien – Öffentlichkeit: Eine Einführung*, 17–38. Wiesbaden: Westdeutscher Verlag.

Wessler, H. 2008a. Investigating deliberativeness comparatively. *Political Communication*, 25(1), 1–22.

Wessler, H. 2008b. Mediale Diskursöffentlichkeiten im internationalen Vergleich – ein Forschungsprogramm. In Melischek, G., Seethaler, J., Wilke, J. (Hg.), *Medien & Kommunikationsforschung im Vergleich: Grundlagen, Gegenstandsbereiche, Verfahrensweisen*, 219–236. Wiesbaden: Verlag für Sozialwissenschaften.

Wessler, H. 2011. A common ground in studying global media? Review of ‚Cosmopolitan communications: Cultural diversity in a globalized world' and ‚The anthropology of news and journalism: Global perspectives'. *International Studies Review*, 13(4), 627–630.

Wessler, H., Adolphsen, M. 2008. Contra-flow from the Arab world?: How Arab television coverage of the 2003 Iraq war was used and framed on Western international news channels. *Media, Culture & Society*, 30(4): 439–461.

Wessler, H., Adolphsen, M. 2011. Nachhaltige Medienevents? Strategische, rituelle und diskursive Aspekte langfristiger transnationaler Mediendebatten. *Vortrag auf dem Dreiländerkongress „Neuer Strukturwandel der Öffentlichkeit"*, Innsbruck, 29.9.–1.10.2011.

Wessler, H., Röder M. 2010. Politische Diskurskulturen im interkulturellen Vergleich: Das Beispiel arabischer und westlicher Talkshows. In Hepp, A., Höhn M., Wimmer, J. (Hg.), *Medienkultur im Wandel*, 181–195. Konstanz: UVK Verlagsgesellschaft.

Wessler, H., Schultz, T. 2007. Can the mass media deliberate? Insights from print media and political talk shows. In Butsch, R. (Hg.), *Media and public spheres*, 15–27. Basingstoke: Palgrave Macmillan.

Wessler, H., Wingert, L. 2007. Der Sinn von Öffentlichkeitsforschung: Worum es Bernhard Peters ging. Eine Einleitung. In Peters, B., *Der Sinn von Öffentlichkeit*, herausgegeben von H. Wessler, mit einem Vorwort von J. Habermas, 11–27. Frankfurt am Main: Suhrkamp.

Wessler, H., Peters, B., Brüggemann M., Kleinen-v. Königslöw K., Sifft, S. 2008. *Transnationalization of Public Spheres*. Basingstoke: Palgrave Macmillan.

Wilke, J. 2008. Nachrichtenberichterstattung im internationalen Vergleich. In Melischek, G., Seethaler, J., Wilke, J. (Hg.), *Medien & Kommunikationsforschung im Vergleich. Grundlagen, Gegenstandsbereiche, Verfahrensweisen*, 237–251. Wiesbaden: Verlag für Sozialwissenschaften.

Wilson, C., Dunn, A. 2011. Digital media in the Egyptian revolution: Descriptive analysis from the Tahrir data set. *International Journal of Communication*, 5, 1248–1272.

Wirth, W., Kolb, S. 2003. Äquivalenz als Problem: Forschungsstrategien und Designs der komparativen Kommunikationswissenschaft. In Esser, F., Pfetsch, B. (Hg.), *Politische Kommunikation im internationalen Vergleich*, 104–134. Wiesbaden: Westdeutscher Verlag.

Wrobel-Leipold, A. 2010. *Warum gibt es die Bild-Zeitung nicht auf Französisch? Zu Gegenwart und Geschichte der tagesaktuellen Medien in Frankreich*. Wiesbaden: Verlag für Sozialwissenschaften.

Zayani, M. 2005. Introduction: Al-Jazeera and the vicissitudes of the new Arab mediascape. In Zayani, M. (Hg.), *The Al-Jazeera phenomenon: Critical perspectives on new Arab media*, 1–47. London: Pluto Press.

Zayani, M., Ayish, M.I. 2006. Arab satellite television and crisis reporting: Covering the fall of Baghdad. *International Communication Gazette*, 68(5–6), 473–497.

Zehr, S.C. 2000. Public representations of scientific uncertainty about global climate change. *Public Understanding of Science*, 9(2): 85–103.

Zimmermann, A.C. 2006. *Demokratisierung und Europäisierung online? Massenmediale politische Öffentlichkeiten im Internet*. Dissertation am Fachbereich Politik- und Sozialwissenschaften der Freien Universität Berlin.

Zöllner O. 2009. Internationaler Auslandsrundfunk. In Matzen, C., Herzog, A. (Hg.), *Internationales Handbuch Medien*, 175–183. Baden-Baden: Nomos.

MIX
Papier aus verantwortungsvollen Quellen
Paper from responsible sources
FSC® C105338

If you have any concerns about our products,
you can contact us on
ProductSafety@springernature.com

In case Publisher is established outside the EU,
the EU authorized representative is:
**Springer Nature Customer Service Center GmbH
Europaplatz 3, 69115 Heidelberg, Germany**

Printed by Libri Plureos GmbH
in Hamburg, Germany